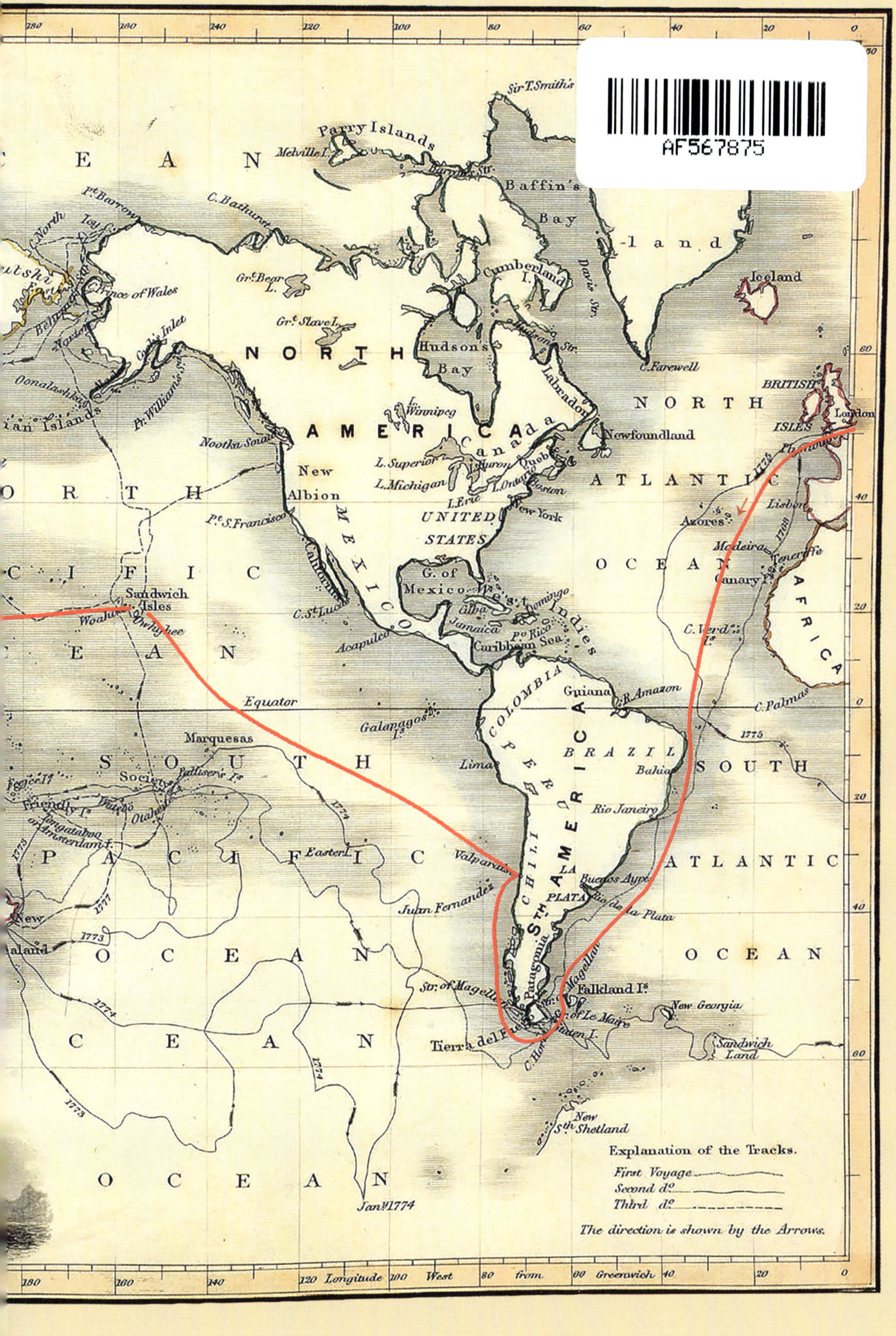

Parry Islands
Melville I.
Barrow Str.
Baffin's Bay
Sir T. Smith's
C. Bathurst
P. Barrow
Gr. Bear L.
Gr. Slave L.
Cumberland I.
Davis Str.
Iceland
Prince of Wales
Cook's Inlet
Pr. William's Sd.
Oonalashka
Hudson's Bay
Hudson's Str.
Labrador
C. Farewell
NORTH AMERICA
L. Winnipeg
Canada
Nootka Sound
Newfoundland
BRITISH ISLES
London
NORTH ATLANTIC OCEAN
L. Superior
L. Michigan
L. Huron
L. Erie
L. Ontario
Quebec
Boston
New York
New Albion
UNITED STATES
MEXICO
Pt. S. Francisco
California
Azores
Lisbon
Madeira
Teneriffe
Canary I.
AFRICA
G. of Mexico
West Indies
Cuba
Jamaica
Domingo
Po. Rico
Caribbean Sea
C. St. Lucas
Acapulco
Sandwich Isles
Woahoo
Owhyhee
C. Verd Is.
Guiana
R. Amazon
C. Palmas
Equator
COLOMBIA
Galapagos Is.
Marquesas
PERU
BRAZIL
Lima
Bahia
SOUTH ATLANTIC OCEAN
Society Is.
Palliser's Is.
Friendly Is.
Otaheite
Easter I.
Rio Janeiro
CHILI
Valparaiso
SOUTH PACIFIC OCEAN
LA PLATA
Buenos Ayres
Rio de la Plata
Juan Fernandez
ST. AMERICA
Patagonia
Str. of Magellan
Falkland Is.
New Georgia
Str. of Le Maire
Staten I.
Tierra del Fuego
C. Horn
Sandwich Land
New Sth. Shetland
New Zealand
Jany. 1774
1773
1774
1775
1776
1777
Explanation of the Tracks.
First Voyage
Second do.
Third do.
The direction is shown by the Arrows.
Longitude West from Greenwich
180
160
140
120
100
80
60
40
20
0
AF567875

Michael Stoffregen-Büller

DER SANDWICH-INSULANER

Von Polynesien auf Preußens Pfaueninsel

Michael Stoffregen-Büller

DER SANDWICH-INSULANER

Von Polynesien auf Preußens Pfaueninsel

Bäßler

Für HILKE

Die Deutsche Nationalbibliothek verzeichnet diese Publikation in der Deutschen Nationalbibliografie; detaillierte bibliografische Daten sind im Internet über http://dnb.d-nb.de abrufbar.

1. Auflage 2019

Fon: +49(0)30.240 858 56 · Fax: +49(0)30.24 926 53
E-Mail: info@baesslerverlag.de · Internet: www.baesslerverlag.de

Satz und Umschlaggestaltung: Hendrik Bäßler · Berlin
Druck und Bindung: Standartu spaustuve · Vilnius

ISBN 978-3-945880-38-8

INHALT

AUF DER PAUENINSEL 1830–1840

DER PENSIONÄR DES KÖNIGS 1840–1872

VORWORT

In diesem Buch geht es um einen „Eingeborenen“ und zwei sehr unterschiedliche Inseln: Die hawai‘ianische Insel O’AHU in der Weite eines Weltmeeres und die preußische PFAUENINSEL, 12000 Kilometer nordöstlich im träge dahinfließenden Havelstrom. Verbunden waren beide, die große Pazifikinsel der Palmen und die kleine Flussinsel der Eichen und Rosenstöcke, für wenige Jahre durch das Schicksal eines Fremdlings in der ersten Hälfte des 19. Jahrhunderts. Im Herbst 1823 hatte ein junger Insulaner den Mut, sich ins Unbekannte zu wagen und kam nach einer Tausende Seemeilen langen Fahrt als erster Polynesier in Preußen an. Von seinem ungewöhnlichen Schicksal, wie den Männern und Frauen, denen er Hilfe und Zuwendung verdankte, soll mit Hilfe von Originaldokumenten erzählt werden, aber ebenso vom Neuanfang der Königlich Preußischen Übersee-Schifffahrt nach dem Sieg über Napoleon und Aufbruch in entlegene Gewässer zur Erschließung erfolgversprechender Handelsrouten.

O‘WAIHI – „Hawai‘i“, die größte der auf dem 20. Breitengrad des Stillen Ozeans liegende Insel gab einer Kette von mehr als hundert Eilanden, Riffen und Atollen ihren Namen, die als nördlichster Punkt des sogenannten *„polynesischen Dreiecks“* ein riesiges Gebiet umfasst. Die Südsee, mit Tahiti als verklärtem Mittelpunkt, liegt über 4000 Kilometer südlich. Früher hieß der Archipel im Nordpazifik *„Sandwich-Islands“*. James Cook hatte ihn bei einer ersten Anlandung im Jahr 1778 zu Ehren seines Gönners, des Ersten Lords der Britischen Admiralität, dem Earl of Sandwich, so genannt.

O’AHU – Haupthafen der SANDWICH-ISLANDS und die PFAUENINSEL – zu jener Zeit waren beide Orte außergewöhnliche Schauplätze. Der eine, Teil eines rätselhaften „Südseereiches“, der andere durch fremdartige wilde Tiere und den Bau eines gläsernen Palmenhauses auf dem Höhepunkt der Anziehungskraft für Besucher aus Berlin, Potsdam und den umliegenden Landen.

Seltsamer Zufall – merkwürdige Fügung?

Ein Heimatloser aus fernen Meereswelten sollte zum Augenzeugen der zehnjährigen Blütezeit dieser *„Zauber-Insel“* werden und dazu die Verwandlung einer brandenburgisch-märkischen Wasserlandschaft miterleben, in der sich Könige und Hohenzollernprinzen ihre Traumkulissen südlicher Schönheit schufen, die man später *„Preußisches Arkadien“* nennen würde.

Am Beginn steht jedoch das große Abenteuer, die zum ersten Mal beschriebene erste WELTUMSEGELUNG IN DER GESCHICHTE DER DEUTSCHEN SEEFAHRT.

DIE WELTUMSEGELUNG
1822 bis 1824

AUF CHINAREISE FÜR DIE PREUSSISCHE SEEHANDLUNG – ANKERN VOR DEN SANDWICH-INSELN

HONOLULU, Freitag, 28. November 1823. In der beginnenden Abenddämmerung flanieren Einwohner der Inselhauptstadt vor ihren mit Palmstroh oder Holzschindeln gedeckten

Walfänger auf der Reede von Honolulu

Häusern auf der Uferstraße entlang. Dabei bilden sich Gruppen, die stehenbleiben und auf das weite Rund der Reede mit verstreut vor Anker liegenden Schiffen blicken. Einige Handelsschoner, ein Dutzend Walfänger von der amerikanischen Westküste, aber auch aus New Bedford und Nantucket, Schiffe, die um Kap Hoorn gesegelt sind. Ein erst am Morgen angekommener Neuzugang erregt bei den Zuschauern besonderes Interesse, ein rahgetakelter Dreimaster, dessen an der Besangaffel wehende Flagge allgemeines Rätselraten auslöst. Wo kommt dieses *„Fregatt-Schiff“* her? Niemand hat bisher eine solche Flagge gesehen, die acht abwechselnd rot-weiße, waagerechte Streifen, und an der Flaggenleine eine schmale, senkrechte Leiste mit würfelförmigem Schachbrettmuster zeigt. Keiner kann etwas zur Herkunft, zur Nationalität des fremden Schiffes sagen, das offenbar kein Waljäger ist und mit an den Rahen angeschlagenen Segeln in der leichten Abendbrise vor dem Anker schwoit, also sacht hin- und herschwingt. Einige Passanten, die sich für ihren Spaziergang mit Fernrohren bewaffnet haben, richten diese auf das Schiff. Sie zählen Stückpforten für sechs Kanonen, sehen Männer an Deck, kommentieren die schönen Linien, die auf einen schnellen Segler schließen lassen. Dann erkennt jemand den Namen: MENTOR. Ein klassisch gebildeter Missionar klärt die Menge auf: Mentor, das war doch der Freund des Odysseus, der dessen Sohn während der väterlichen Irrfahrt-Jahre so vorbildlich betreut hat. Aber die Erläuterung hilft nicht weiter. Der unbekannte Segler bleibt ein Gegenstand unerfüllter Neugier. Die einzige Beruhigung: Am nächsten Tag wird man mehr wissen.

An Bord der MENTOR völlige Stille. Besatzungsmitglieder liegen müßig an Deck, sitzen auf Taurollen, lehnen am Schanzkleid und werfen sehnsüchtige Blicke in Richtung Ufer, auf die niedrigen Häuser, das beflaggte Fort, die Zackenlinie der Kokospalmen, während die dahinter aufragenden Berge durch tiefliegende Wolkenbänke verborgen bleiben. Was für ein gutes Gefühl für die Männer, nach 41 Tagen auf See in der Sicherheit einer Ankerbucht die verlockend herüberwehenden Landgerüche einzuatmen und das donnernde Geräusch der Brandungswellen am Korallenriff zu hören.

In den Häfen von Valparaiso und Coquimbo haben die Matrosen Verheißungsvolles über die *„Sandwich-Inseln“* gehört. Die halbnackten, blumenbekränzten Frauen seien bildschön und willig, man könne für billige Eisengegenstände oder wenige Dollars alle nur denkbaren Freuden genießen, berauschende Getränke gebe es im Überfluss.

Eigentlich war das Anlaufen von O'ahu nicht geplant, der Kurs der MENTOR sollte von der chilenischen Küste direkt zur Insel Macao vor dem chinesischen Festland führen. Aber schon nach wenigen Tagen unter Segeln begann in den Fässern das Trinkwasser zu faulen, wodurch ein Zwischenhalt überlebenswichtig wurde. In der menschenleeren Einsamkeit

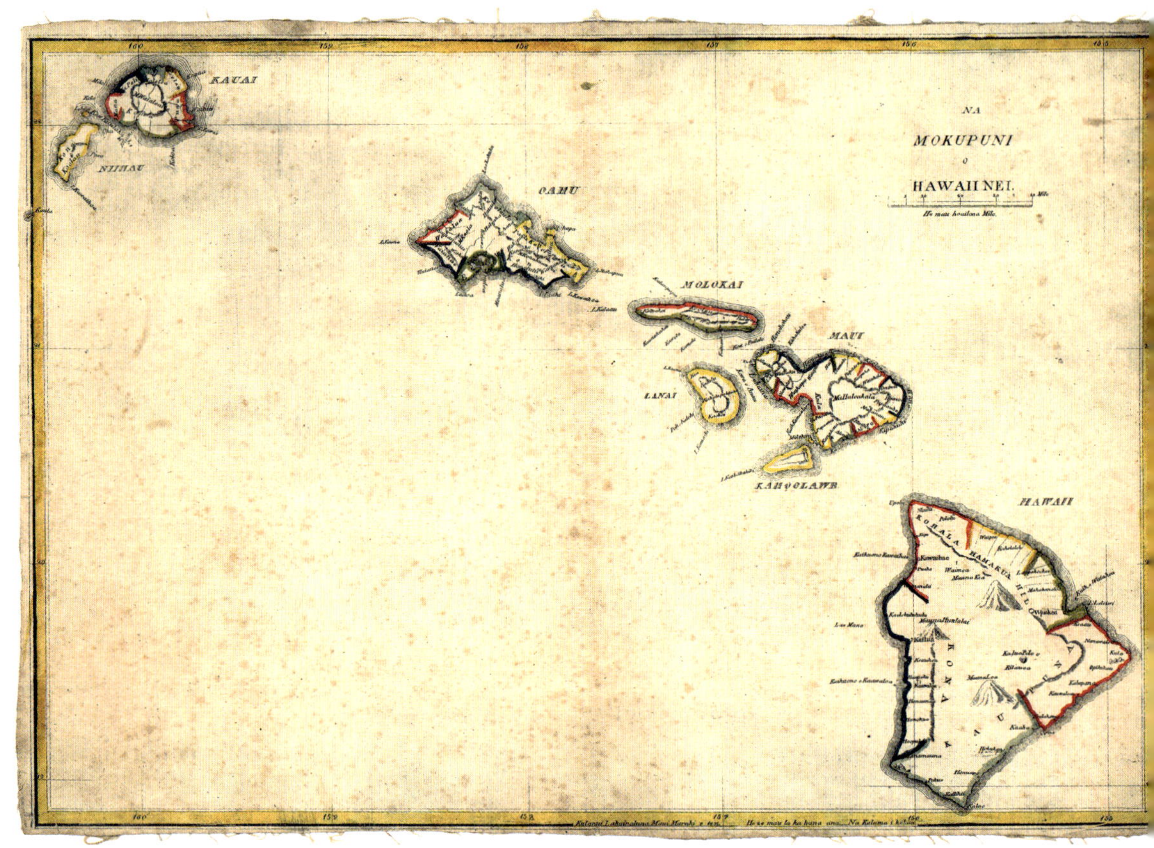

Karte der Sandwich-Inseln von 1837

des Nordpazifik, – im Umkreis von fast 2 000 Seemeilen kein Festland, – gab es zum Wohlgefallen der Besatzung nur ein Ziel, das eine problemlose Proviantübernahme versprach: Die Versorgungsbasis der Walfänger auf O'ahu.

Am Vormittag, gleich nach Fallen des Ankers, bekamen die Männer einen ersten Eindruck vom verheißenen Paradies, als sich eine Auslegerkanu-Flotte vom Land löste und die MENTOR umschwärmte. Die Matrosen konnten beim Blick auf die zahlreich unter ihnen durcheinanderschwimmenden Boote *„dunkelhäutige Schönheiten"* mit üppigen Warenangeboten entdecken: Früchte, Zuckerrohr, Yamswurzeln, Fisch und kräftig quiekende Ferkel. Nachdem der Tauschhandlungs-Trubel nun schon seit Stunden vorbei ist, liegen wie zur Erinnerung nur noch einige Kokosnusshaufen und Bananenstauden an Deck. In der schnell zunehmenden Dunkelheit versammelt sich die Besatzung auf dem Vorschiff zur gemeinsamen Abendmahlzeit, die durch die am Morgen eingekauften, frischen, fremdartigen Zutaten ungewöhnlich reichhaltig ausfällt. Alle sind sich einig, sie haben nur einen Wunsch: „Erlaubnis zum Landgang".

Die große Kajüte im Achterschiff ist ein niedriger, schmuckloser, nur durch zwei Oberlichter schwach erhellter Raum mit Schreibtisch, Kommode, Schrank, grünem Ledersofa und mehreren, am Boden festgeschraubten Sesseln. In der Mitte die große, polierte Mahagonitafel, über der eine frei schwingende Waltranlampe kaum spürbar pendelt. Das Auffälligste und Ungewöhnlichste in diesem Raum ist neben dem kardanisch aufgehängten englischen Barometer mit Haarhygrometer, ein mit Tauen gut festgelaschtes Klavier.

Am Tisch, drei Männer bei einer Flasche Rotspon. Kapitän, Untersteuermann und der „*Supercargo*", der als Berater des Schiffsführers für die Ladung, so wie für alles Geschäftliche verantwortlich ist. Er handelt im Auftrag des Reeders selbständig und gehört damit rechtlich nicht zur Besatzung. Zwischen den Dreien liegt aufgeschlagen das Schiffs-Journal mit der letzten, am Vormittag gemachten Eintragung über die Ansteuerung von O'ahu:

„*Nachmittags starker Wind. Der Cours war westlich. Abends in Lee von Morotai und Banai Windstille. Gegen Mitternacht frischer Wind, kleine Segel und legten bey – 4 Uhr Morgen das 2. Reff in die Marssegel. Bei Tagesanbruch setzten Segel, erblickten bald nachher die Insel Woahoo* (O'ahu) *und um 9 Uhr liefen in die Bay von Kanäarora* (Honolulu) *auf der Insel Woahoo und ankerten in 14 Faden Wasser.*"

Die Herren genießen die Abendstunde. Kein Steward stört, Wein nachschenken wird selbst besorgt, und im Vorschiff, auf der Back, herrscht Ruhe. Kapitän wie Trinkgefährten empfinden das ungewollte Ankern als günstige Fügung, verdanken sie dem Zwangsaufenthalt doch nun die Möglichkeit, am kommenden Morgen die legendenumwobenen Sandwich-Inseln zu betreten, die seit 44 Jahren den zweifelhaften Ruhm genießen, Ort der Ermordung des großen Entdeckers James Cook zu sein. In der kleinen Runde besteht Einvernehmen, diese unfreiwillige Station als eine Zäsur zu betrachten, als „Halbzeit der Reise", und damit Anlass, Zwischenbilanz zu ziehen.

Ausgangspunkt Weser – Bauwerft der MENTOR und Ausrüstungshafen für die erste deutsche Erdumrundung

Elf Monate dauerte die Fahrt bisher, Tausende von Seemeilen sind zurückgelegt und zum Glück ging trotz aller Fährnisse kein Mann verloren. Ja – sie haben den Auftrag der KÖNIGLICH PREUSSISCHEN SEEHANDLUNGS-SOCIETÄT zu Berlin treulich erfüllt, ihr Schiff zum vorbestimmten Hauptziel Kanton zu führen.

Die MENTOR ist ein 1808 an der Weser auf der Janssen-Sagerschen Werft in Vegesack gebauter dreimastiger Rahsegler, der im Kiel 92 Fuß in der Länge und zwischen den Barkhölzern 28 Fuß in der Breite misst, und über eine Tragfähigkeit von *„225 neuen Preuß. Normal Lasten“* verfügt. Vegesack, der bereits 1622 in Betrieb genommene, erste künstlich angelegte deutsche Hafen, ist auch der Ausgangspunkt der großen Reise. Hier erhielt die ursprünglich als Bark geriggte MENTOR im Vorjahr eine Fregatt-Takelage und wurde so zum Vollschiff mit zusätzlichem Kupferbeschlag und neuer Galionsfigur. Hier, im alten Seehafen der Hansestadt Bremen, wurde sie für die Langfahrt ausgerüstet.

Das Schiff ist Eigentum des Bremer Handelshauses Gebrüder Friedrich & Everhard Delius und unter Bremer Flagge an die PREUSSISCHE SEEHANDLUNG verchartert.

Auf dem Kajüt-Tisch liegt das Schiffs-Journal als Beweis, dass während der Reise auch alle zusätzlichen Aufgaben gewissenhaft ausgeführt werden: Wettergeschehen wie Meeresströmungen notieren und jede Beobachtung festhalten, die für die PREUSSISCHE AKADEMIE DER WISSENSCHAFTEN oder das KÖNIGLICHE OBSERVATORIUM von Interesse sein könnten. Der Hauptauftrag lautet aber: Neue Handelsverbindungen in Südamerika und China als künftige Absatzmärkte für preußische Waren erschließen. Dabei geht es vornehmlich um schlesisches Leinen, das durch die Konkurrenz des englischen, auf modernen, mechanischen Webstühlen hergestellten Kattuns schwer in Bedrängnis geraten ist. Darüber hinaus gibt es noch einen politischen Hintergrund der SEEHANDLUNGS-Offensive zu Wasser: Russland hat ein Verbot für die Durchfuhr schlesischen Tuches nach China erlassen, sodass nur der Seeweg als direkte Verbindung zu Handelspartnern in Kanton übrigbleibt.

Die MENTOR segelt auf Weisung König Friedrich Wilhelm III., der mit einer Kabinettsorder vom 18. März 1822 die Absendung von drei Schiffen befohlen hat: AMERIKA, ARMINIUS und MENTOR. Ihre Ziele: Rio de Janeiro, Vera Cruz, Lima und Kanton, also Brasilien, Mexiko, Peru und China. Mit diesem Schritt veranlasste er die Wiederaufnahme der Preußischen Übersee-Handelsschifffahrt nach den Jahren schmachvoller napoleonischer Besatzung und kräftezehrenden Befreiungskriegen (1813–1815).

Bei ihrer Rückschau machen sich die drei Männer in der Achterkajüte noch einmal klar, welche Bedeutung ihre Mission für das Königreich Preußen hat. Sie wissen, dass bereits vor 160 Jahren, zur Zeit des Großen Kurfürsten, brandenburgische Handelsschiffe vor der afrikanischen Guinea-Küste kreuzten, und dass unter Friedrich II., dem Großen, Preußische Segler im Auftrag der ASIATISCHEN KOMPAGNIE vom Seehafen Emden im 1744 erworbenen Fürstentum Ostfriesland sogar bis nach Kanton im fernen China fuhren. Aber die MENTOR wird, wenn die Reise glücklich endet, das erste deutsche Schiff sein, das eine Erdumrundung vollbringt. Schiffsführer und Mannschaft können hoffen, als Weltumsegler in die Geschichte einzugehen.

Wer sind diese drei Männer? Kapitän Johann Andreas Harmssen, ein 41-jähriger, erfahrener Bremer Seeschiffer, führt seit acht Jahren das Kommando auf größeren Seglern. Er hat vor zwei Jahren seine Frau Anna Helena verloren und musste bei Abreise die erst sieben Jahre alte Tochter Henriette in der Obhut von Verwandten zurücklassen. Der Zweite am Tisch ist sein erst einundzwanzigjähriger Neffe, Johann Wilhelm Wendt, dessen Seelaufbahn als Fünfzehnjähriger auf dem Schiff des Vaters begann und der sich nun durch nautische Kenntnisse, Umsicht und Hilfsbereitschaft unentbehrlich gemacht hat. Die Hauptperson ist jedoch der in Berlin geborene, zum Zeitpunkt der Ernennung zum Supercargo mit nur 24 Jahren erstaunlich junge Wilhelm Oswald, der die verantwortungsvolle Stellung als Expeditionsleiter mit Bravour ausfüllt. Auch wenn er die Berufung seinem in der SEEHANDLUNG als Rechnungsrat tätigen Vater verdankt, es ist die eigene Leistung, die ihn zur Schlüsselfigur der Unternehmung macht. Oswald ist ungewöhnlich vielseitig begabt, hat in Frankfurt (Oder) und Hamburg eine solide kaufmännische Ausbildung absolviert und zuletzt in Berlin der SEEHANDLUNG gedient. Der junge Mann spricht vorzüglich Englisch, interessiert sich für Astronomie, liebt die Mathematik, das Schachspiel und die Musik. Für ihn wurde das Klavier an Bord gebracht. Sieben Monate vor dem Ankerlichten auf der Unterweser hat sich Wilhelm Oswald mit der Hamburgerin Lucie Adelheid Weigel verlobt, und den in *„treuer Liebe Willy“* an die *„Theure Adele“* oder *„innigstgeliebte Adele“* geschriebenen Briefen ist es zu verdanken, dass die historisch bedeutsame Fahrt, neben dem auf nautische Fakten beschränkten Schiffs-Journal, detailreich dokumentiert ist.

Supercargo Carl Heinrich Wilhelm Oswald

Wie aber verlief diese Reise bis zu dem Augenblick, als der schwere Anker auf der Bay von Honolulu zum vulkanfelsigen Grund herabsank, welche Herausforderungen mussten die MENTOR-Mannen bestehen, bevor sie die Sandwich-Inseln erreichten?

Von der Wesermündung nach Kap Hoorn – Piraten im Pazifik – Zwischenstation Hawaiʻi

Sonntag, 15. Dezember 1822. An diesem Tag lief die MENTOR mit 120 Hühnern, 20 Gänsen, 8 Schweinen, 7 Tauben, 2 Katzen, 2 Kanarienvögeln, dem Pinscher „Terry“ als Kapitänshund, einer Ladung Leinenballen und 16 Mann Besatzung weserabwärts in die Nordsee, passierte trotz der späten Jahreszeit ohne Schwierigkeiten den Ärmelkanal und segelte Kurs Südwest in den Atlantik. Alles lief wunschgemäß, ohne Zwischenfälle, *„alles ist nach englischer Manier und echtem Seemannsbrauch aufgezogen“*, schrieb Oswald an Adele. Am 31. Dezember, am letzten Tag des Jahres, kam im Morgengrauen Porto Santo, eine Insel der Madeira-Gruppe, in Sicht, verlor sich aber bald wieder am Horizont. Nach Abwettern eines ersten, heftigen Sturms erreichte die MENTOR die Passatwind-Zone, jene von allen Seefahrern herbeigesehnte Region der Wärme und friedlichen Fahrt nach Süden, dem Äquator entgegen. An Bord: Zuversicht und gute Stimmung – die Matrosen hatten wenig Arbeit in der Takelage und vergnügten sich mit Haifischangeln. Wilhelm Oswald spielte mit dem einzigen Passagier, dem SEEHANDLUNGS-Agenten Friedrich Scholtz, ausdauernd Schach und ließ sich von ihm zudem noch täglich eineinhalb Stunden in Spanisch unterrichten. Scholtz sollte in Lima von Bord gehen, um dort künftig preußische Wirtschaftsinteressen zu vertreten. Aber auch Oswalds eigentliche Leidenschaft, die Musik, kam nicht zu kurz. Er saß stundenlang in der Achterkajüte am Klavier und ließ seine kräftige Singstimme vom Bug bis Heck ertönen.

Allzu bald kannten Kapitän und Mannschaft die Lieblingslieder und Klavierstücke ihres Supercargos, dessen bevorzugte Komponisten sämtlich Zeitgenossen waren: Johann Nepomuk Hummel mit der Fantasie in Es-Dur oder Etüden des Engländers Johann Baptist Cramer. Zu jener Zeit dürfte die MENTOR der einzige Rahsegler mit Kurs Kap Hoorn gewesen sein, auf dem Klaviersonaten von Beethoven erklangen.

Um Mitternacht des 28. Januar 1823 wurde die *„Linie"* passiert, sodass am nächsten Tag das gefürchtete Ritual auf dem Programm stand: „Äquatortaufe". 13 Matrosen und der Supercargo mussten sich den Prozeduren unterziehen, die Neptun und sein mit einer Krone aus Stroh und Kabelgarn geschmücktes Weib an den wehrlos Ausgelieferten vollzogen. Zehn Tage später meldete der Mann im Vortopp: *„Land in Sicht"*. Voraus tauchte die Küste Brasiliens auf. Beim Näherkommen konnte das 120 Kilometer östlich von Rio de Janeiro liegende Kap Frio ausgemacht werden, ein Wegepunkt, den Harmssen ansteuerte, um die Navigation und Funktion des Chronometers zu überprüfen. Nach der Neujustierung drehte die MENTOR ab und lief Südwestkurs Richtung Le-Maire-Straße.

Die Reise bot wenig Abwechslung. Es blieben nur das Wettergeschehen, gelegentliche Segelwechsel, der Blick auf Fliegende Fische, Bonito-Schwärme oder den Atemstrahl eines Wales. Nachts wurde es zumindest für einen spannend. Mit Hingabe und Ausdauer beobachtete Oswald den südlichen Sternenhimmel. Als Fachbuch hatte er die *„Anleitung zur Kenntnis des gestirnten Himmels"* in seiner Kammer, das 1801 in 7. Auflage erschienene Werk des Direktors des BERLINER OBSERVATORIUMS Johann Elert Bode. Doch auch für die Tage war ausreichend Lektüre an Bord: Bücher über die großen Entdeckungsreisen, die alle denselben Titel trugen, wie Georg Forsters *„Reise um die Welt"* oder die *„Reise um die Welt"* von Antoine de Bougainville, der durch seinen Südseeaufenthalt während der ersten französischen Weltumsegelung von 1766 bis 1769 das Bild vom edlen Wilden, von Tahiti als Ort der Glückseligkeit, als Garten Eden prägte.

Und je südlicher die MENTOR kam, je kälter es wurde, um so öfter nahm Oswald Lord Ansons *„A voyage round the world"* zur Hand, einen Bericht, der schon bei Erscheinen vor fünfundsiebzig Jahren europaweit Aufsehen erregte. Der in den Jahren 1740 bis 1744 in pazifischen Gewässern operierende britische Kommandant war damals in unvorstellbarem Maß vom Unglück verfolgt. Fünf seiner sechs Schiffe gingen im Handelskrieg mit Spanien verloren und von den ursprünglich 1872 Mann Besatzung kamen nur 201 Überlebende nach England zurück. Oswald interessierte sich vor allem für die beiden *„Hauptstücke"* des Buches, in denen die Fahrt um Kap Hoorn beschrieben wird. Ein zu diesem Zeitpunkt eigentlich wenig geeigneter Lesestoff, denn das Geschwader George Ansons, – etwa zur selben *„unbequemen"* Jahreszeit wie die MENTOR unterwegs, – musste entsetzliche, lange drei Monate kämpfen, bis die Umrundung des Kaps endlich glückte. Immer wieder von Stürmen, Orkanen und Strömungen zurück nach Osten getrieben, passierte alles, was in der aufgewühlten See passieren kann: Männer wurden über Bord gerissen, stürzten aus der Takelage, Rahen splitterten, Segel flogen in Fetzen davon, Tauwerk und Masten brachen, hinzu kam die Kälte und im letzten Monat durch Hunger auch noch der *„Scharbock"* (Skorbut), der allein auf dem Flaggschiff, der CENTURION, 43 Mann tötete. In der Geschichte der Kap Hoorn-Umrundungen ist diese wohl eine der schrecklichsten.

Auch für die MENTOR begann mit Überqueren des 50. Breitengrades, etwa 170 Seemeilen nordwestlich der Falkland-Inseln, am 26. Februar 1823 das Kapitel Kap Hoorn, den 72. Tag in See. In den nächsten Wochen stehen im Schiffs-Journal täglich ähnlich lautende Einträge:

6. März: *In den ganzen 24 Stunden anhaltender heftiger Sturm und viele starke Windstöße mit Hagel, Schnee und Regen. Viel Seewasser über das Vordeck. Morgens 8 Uhr Halsten nach Norden, die See ging sehr hoch. Strichen die Großbramstenge.*

7. März: *Nachmittags 1 Uhr heftiger Sturm. Eine schwere Welle brach sich gegen das Schiff und zerschlug ein Theil der Verschanzung. Bis Morgen 4 Uhr mehrere Windstöße, mitunter Schnee und Hagel.*

9. März: *Morgens sahen ein Schiff welches auch westlich steuerte. Vormittags starkes Schneegestöber. Erhielten keine Observation.*

14. März: *In diesen 24 Stunden sehr hohe Dünung aus Westen. Das Schiff arbeitete schwer. Sahen eine Brigg welche östlich segelte.*

17. März: *Nachmittags trübe Luft. Der Wind wurde heftiger. 5 Uhr machten die Marssegel fest, refften Besan u. Besanstagsegel, und die Fock eingenommen. Während der ganzen Nacht war der Sturm sehr heftig und die See ging hoch – viel Seewasser übers Vordeck.*

18. März: *Abends 7 Uhr fing es wieder heftig an zu stürmen, sodaß die Marssegel und Kreuzsegel nebst Fock mußten festgemacht werden, die Wellen gingen sehr hoch und mit großer Kraft und Geschwindigkeit wodurch denn auch fortwährend viel Seewasser aufs Vordeck kam. Es war beständig dunkle Luft. Erhielten Mittags keine Observation zur Bestimmung der Breite.*

Wilhelm Oswalds tagebuchartig geschriebenen Briefe an Braut Adele im fernen Hamburg klingen weitaus dramatischer: „*Der heutige Sonntag war ein sehr unruhiger. Der Sturm hatte zugenommen, die See ging hoch, das Schiff rollte heftig, wir bekamen viel Wasser aufs Deck. Der Horizont war dick und die Luft sah schrecklich aus, das Schiff lag ständig zwischen haushohen Wellen eingepreßt. Der Sturm heulte in den Wandten, es war schaurig anzuhören.*" Und einige Tage später heißt es: „*Die Luft war abwechselnd mit starkem Schnee- und Hagelgestöber angefüllt. Das Thermometer zeigte unter Null, der Wind war schneidend kalt und dazu contrair, sodaß wir beiliegen mußten und viele Sturzseen über Bord erhielten. Nachmittags abwechselnd Schneegestöber und Hagelböen. Daß unsere Matrosen viel auszustehen haben, wirst Du verstehen; alle Augenblicke müssen Segel eingenommen oder wieder gesetzt oder gerefft werden. Das Arbeiten in den Masten ist gefährlich, kommen die Matrosen dann wieder an Deck, so ergießen sich Wellen auf sie, so daß sie durch und durch naß werden. Dabei sind sie lustig und guter Dinge und suchen sich gegenseitig aufzuheitern.*"

Offenbar hielt sich die Bremer Mannschaft tapfer. Kapitän Harmssen und seine beiden Steuermänner Eggers und Wendt konnten wegen des anhaltend üblen Wetters tagelang keine Positionsbestimmung vornehmen, sodass niemand an

März 1823 – die MENTOR umrundet Kap Hoorn

Bord wusste, ob sie es schon geschafft hatten, an dem Steuerbord liegenden Kap vorbeizukommen, und wann sie endlich auf den erlösenden Nordkurs gehen konnten. Am 10. März glaubte die Schiffsführung zwar, das Hoorn passiert zu haben, doch drei Tage später schrieb Oswald: *„Ein heftiger Sturm aus Nordwest treibt uns wieder zurück, wann wird unsere Erlösungsstunde schlagen und wir aus dieser entsetzlichen Lage herauskommen. Man möchte manchmal verzweifeln.“*

Die Lage wurde kritisch. Fast die gesamte Mannschaft litt an Händen, Füßen und in den Gesichtern unter Frostbeulen. Durch die Kälte starben die letzten noch übriggebliebenen Hühner, sodass es weder Eier noch frisches Fleisch mehr gab. Es sollte aber noch zwei Wochen dauern, bis die MENTOR, jetzt nach Norden segelnd, am 28. März 1823 den 50. Breitengrad auf dem Pazifik erreichte. 31 Tage hatten die Männer für die Umrundung Kap Hoorns gebraucht und damit eine von drei Prüfungen hinter sich, die sie auf der Fahrt bis zu den Sandwich-Inseln bestehen mussten.

Valparaiso, der erste Zielhafen der Reise, lag 700 Seemeilen vor dem Bug des Schiffes, das mit 9 Knoten nordwärts segelnd gute Fahrt machte. Täglich steigende Temperaturen trugen dazu bei, auch die Stimmung an Bord merklich zu bessern. Am 6. April sah die Besatzung seit Kap Frio zum ersten Mal nach 58 Tagen wieder Land: *„Wir stiegen alle in den Vortop, um uns an diesem schönen Anblick zu erfreuen."* In einigen Meilen Entfernung lag die chilenische Küste mit den schneebedeckten Kordilleren. Zwei Tage später segelten sie in die Hafenbucht von Valparaiso. Und Oswald schrieb ebenso stolz wie erleichtert: *„Majestätisch und wie ein Sieger einziehend aus schwerem Kampf, wogte der „Mentor" durch die Bay unter Begrüßung und Salutierung der vielen im Hafen liegenden Schiffe und der Forts."* In Schussweite der Stadt ging das Bremer Vollschiff *„auf 30 Faden Tiefe mit der Kette vor Anker, nachdem wir 112 Tage zwischen Himmel und Wasser geschwebt und in diesem Zeitraum 10980 nautische Meilen zurückgelegt hatten."*

Der erste Landgang war für die Männer der MENTOR ein Schock. Valparaiso – ein Trümmerhaufen. Am 19. November 1822, vier Wochen vor dem Ankerlichten auf der Weser, hatte ein schweres Erdbeben die Stadt verwüstet. Trotzdem versuchte Oswald seine Aufgabe zu erfüllen, für die mitgebrachten Produkte des Königreiches Preußen Interesse zu wecken, neue Verbindungen anzuknüpfen und eine Grundlage für dauerhafte Handelsbeziehungen zu schaffen. Er reiste zu Pferd in die zwölf Preußische Landmeilen südöstlich gelegene Hauptstadt Santiago und nahm dort Kontakt zu den führenden einheimischen Kaufherren auf. Dabei leisteten ihm seine musikalischen Talente auf den bald erfolgenden Einladungen zu abendlichen Gesellschaften überaus hilfreiche Dienste.

Am 11. Juni 1823 erreichte den Supercargo in Santiago die alarmierende Nachricht, dass in Valparaiso zu allem Elend noch ein dreitägiger Orkan gewütet habe, dem 24 Schiffe zum Opfer gefallen seien. Es wurde gemeldet, einige der gestrandeten, völlig zertrümmerten Segler lägen sogar hoch oben in den Straßen der Stadt. Nur die MENTOR hätte es, bis auf Verlust des Großbootes, geschafft, heil davon zu kommen. Dafür bewunderten die Einwohner der schwer geprüften Stadt Kapitän Harmssen, der es vollbracht hatte, sein Schiff zu retten und auch noch die Mannschaft eines anderen zu bergen. Oswald beschreibt das Geschehen im Brief vom 22. August 1823 an die *„Innigstgeliebte Adele"*: *„Der*

„Mentor" hat seine Rettung dem schweren Ankergeschirr zu danken, das an Bord ist, und der geschickten Ruderstellung und Segelsetzung, die Capitain Harmssen persönlich leitete, um das Stampfen des Schiffes zu mindern und den Bug nach der einen oder anderen Seite zu halten. Hoch anzuerkennen ist, daß Capitain Harmssen neben der unausgesetzten Aufmerksamkeit, die er dem eigenen Schiff zuwenden mußte, Zeit fand, noch andere Schiffe zu beobachten und daß, als die Brigg „Clarion" auf ihn zutrieb, er sofort Befehl ertheilte, Taue über Bord zu werfen, um den Leuten beim Überbordspringen Gelegenheit zu geben, die Taue zu ergreifen und sich zu retten. Die Mehrzahl der Mannschaft ist auf diese Weise gerettet worden. "

Ein Stranden der MENTOR – das hätte das Ende, das Scheitern zumindest dieser preußischen Mission an der Westküste Südamerikas und in China bedeutet. Mit Glück und Harmssens guter Seemannschaft wurde nach Kap Hoorn die zweite Prüfung gemeistert, wobei zu diesem Zeitpunkt niemand ahnen konnte, dass noch eine weitere, weitaus gefährlichere bevorstand.

Nach sechsmonatigem Aufenthalt, bei dem sich die Mannschaft *„stets der besten Gesundheit erfreut hat"*, verließ das Schiff am 2. Oktober 1823 den Hafen von Valparariso, steuerte aber nicht, wie ursprünglich geplant, das 120 Seemeilen nördlich gelegene Lima, die Hauptstadt von Peru an. Der Grund: Das Land hatte zwar im Kampf mit der Kolonialmacht Spanien vor zwei Jahren den endgültigen Sieg errungen und die Unabhängigkeit erklärt, trotzdem trafen kurz vor dem Auslaufen Nachrichten über erneute Kampfhandlungen in Lima ein. So fiel die Entscheidung, nur bis in die zwei Tagesreisen entfernte 4000-Einwohner-Stadt Coquimbo zu segeln. Dort ging Scholtz von Bord, und Oswald gelang es, in zwei Wochen etliche Ballen schlesischen und westfälischen Leinens zu verkaufen, sodass am 19. Oktober erneut der Anker gelichtet und mit gut aufgefüllter Bordkasse Kurs auf Kanton genommen werden konnte.

Am dritten Tag der Reise entdeckten Harmssen und Eggers bei ihren Vorbereitungen zur mittäglichen Positionsbestimmung in etwa 12 Seemeilen Entfernung eine Brigg, die ebenfalls WNW Richtung China segelte. Einige Stunden später fiel auf, dass das langsam näher kommende fremde Schiff auf die MENTOR zuhielt und ihr auch nach einer absichtlich vorgenommenen Kursänderung im Kielwasser folgte. Zwei überraschende Signalschüsse bestätigten wenig später den Verdacht, es könnte ein Kaperschiff auf der Jagd nach Beute sein. Bald kam die offenbar feindselige Brigg so weit heran, dass mit Fernrohren die Männer an Deck, Stückpforten für Kanonen und die englische Flagge zu erkennen waren. Daraufhin setzte die MENTOR ihre Bremer Flagge und sämtliche verfügbaren Segel – Oswald zählte eindrucksvolle dreißig. Alle sehnten die Nacht herbei, in der es vielleicht eine Chance gab, dem Gegner in der Dunkelheit zu entkommen. Wunschgemäß blieb dann der aufgehende Mond hinter Wolken verborgen. Harmssen ließ alle Lichter löschen und befahl einen erneuten Kurswechsel. Auf Oswalds Vorschlag trat in der Achterkajüte ein Schiffsrat zusammen, bei dem man sich schnell einig war: Sollte die Bewaffnung beider Schiffe etwa gleich sein, müssten sie den Verteidigungskampf wagen, nur bei deutlicher Überlegenheit schwerer Geschütze sei an ein Aufgeben ohne Gegenwehr zu denken.

Mit spürbar zunehmendem Südostwind und im Vertrauen auf die guten Segeleigenschaften der MENTOR wuchs die Hoffnung, der Bedrohung doch noch zu entrinnen. „*Wir vertrauten Gott und der gerechten Sache und warteten ruhig ab, was uns die nächsten Stunden bringen würden*“, schrieb Oswald einige Tage später an Adele, „*Daß mir das Warten nicht leicht wurde, wirst Du begreifen. Wo sollte Hülfe herkommen mitten auf dem Stillen Ocean?*“

Alle Vorbereitungen zum Kampf waren getroffen: Stückpforten geöffnet – die sechs Kanonen mit doppelter Ladung schussbereit – Gewehre und Pistolen geladen – zusätzliche Munition und Blankwaffen an die Mannschaft verteilt. Kurz vor Mitternacht ließ der Wind nach. Völlig überraschend kam der Mond durch die Wolken, sodass sich die Szenerie mit einem Schlag erhellte. Zum Erschrecken der MENTOR-Besatzung tauchte die Brigg in nur noch einer halben Seemeile Entfernung auf und feuerte sofort eine Steuerbord-Breitseite. Kugeln flogen durch die Takelage und schlugen Löcher in die Segel. Die Männer der MENTOR begriffen, es gab keine Aussicht auf erfolgreiche Verteidigung, sie waren dem Angreifer auf Gnade und Ungnade ausgeliefert. Oswald über diese bittere Einsicht: „*Was ich in diesem Augenblick gelitten, wo Alles auf dem Spiele stand, nicht allein die großen Werthe, sondern auch unser Leben, vermag ich nicht zu sagen.*“

Der Supercargo bangte weniger um die im Laderaum gestaute Leinenfracht, sondern eher um einige wertvolle Kupferbarren und 150 000 Dollar in bar, mit denen er in Kanton Tee einkaufen wollte. Als die Brigg die MENTOR auf Flintenschussweite erreichte, zeigte sich ihre furchteinflößende Übermacht: 14 achtzehnpfündige Kanonen und etwa 70 gefechtsbereite Männer. Widerstand aussichtslos. Kapitän Harmssen gab Befehl, beizudrehen, also aufzugeben.

In den nächsten Stunden sollte sich entscheiden, ob die erste, nach den napoleonischen Kriegen in den Pazifik ausgesandte Preußische Handelsexpedition durch einen Piratenüberfall ihr vorzeitiges Ende finden würde. Trotz nächtlicher Dunkelheit wurde die MENTOR aufgefordert, umgehend ein Boot mit ihrem Kapitän und den Schiffspapieren herüberzuschicken. Wenig später legte von der Brigg eine Barkasse mit dem englischen Kapitän ab, der von 22 schwerbewaffneten Männern begleitet, an Bord kam. Während die Angreifer die Übergabe aller Waffen verlangten und mit der Durchsuchung des Schiffes begannen, fand in der Kajüte eine Unterredung zwischen Oswald und dem Freibeuterkapitän statt. Der erklärte, die EL GENERAL VALDEZ sei ein spanisches Kaperschiff, und damit im Namen des spanischen Königs berechtigt, Schiffe aufzubringen, die widerrechtlich mit spanischen Kolonien oder Feinden der spanischen Krone Geschäfte machten. Bei der MENTOR handele es sich um ein solches Schiff, das zudem noch mit gefälschten Papieren zu täuschen versuche. Darum würde es zur Insel Chiloé vor der chilenischen Küste gebracht und dort als Prise beschlagnahmt. Vom Gegner wenig eingeschüchtert, entgegnete der junge Supercargo Oswald in fließendem Englisch, die MENTOR sei ein deutsches Schiff auf einer Handelsreise mit einer Ladung in deutschem Eigentum. Er protestiere deshalb im Namen des Königs von Preußen und kündige an, bei Rückkehr nach Europa den Preußischen Staat zu veranlassen, jeden geraubten Real von der Cortes, dem spanischen Parlament, zurückzuverlangen. Vom energischen Protest wenig beeindruckt, gab der Kaperkapitän ungerührt Weisung, Oswald, die beiden Steuermänner und den Steward zum Verhör auf die Brigg zu bringen.

Dort spitzte sich in den frühen Morgenstunden die Lage dramatisch zu. Damit Schiff und Ladung requiriert werden konnten, sollten Oswald, die Schiffsoffiziere oder Mannschaftsmitglieder, denen man Belohnungen versprach, endlich gestehen, dass sie illegal Handel getrieben hätten. Weil der in spanischen Diensten stehende englische Kapitän und seine beutehungrige Mannschaft befürchteten, die gute Prise zu verlieren, erhöhten sie den Druck. Sie hielten dem Supercargo eine scharf geladene Pistole mit gespanntem Hahn vor die Brust, führten vor seinen Augen den ersten Steuermann und Steward auf das Hauptdeck, wo sie ihnen einen Strick um den Hals legten und drohten, Befehl zum Erhängen zu geben. Zum Glück befanden sich an Bord der Brigg etwa zwanzig Passagiere, sodass es wohl nur wegen dieser unerwünschten Augenzeugen zu keiner Gewalttat kam.

Auch nach qualvollen Stunden blieben alle Erpressungsversuche erfolglos, kein Mitglied der MENTOR-Besatzung gab das gewünschte Geständnis ab. Trotzdem hielt der englische Kapitän das deutsche Schiff für seine Beute. In diesem Augenblick spielte Oswald eine letzte Karte aus und präsentierte seinen „*Passport*“. Der enthielt einen Eintrag, eine „*legalizacion*“ der SPANISCHEN GESANDTSCHAFT in Berlin, von der er behauptete, sie erteile ihm persönlich, vom Preußischen König bestätigt, Vollmacht, Handel mit Spanisch-Südamerika zu treiben. Nach längerer Beratung der spanischen Schiffsführung zeigte das Dokument Wirkung. Es wurde mitgeteilt, das Verfahren gegen die MENTOR sei eingestellt, sie dürfe ihre Reise fortsetzen. Alle auf der Brigg Inhaftierten wurden freigelassen und kehrten ebenso erschöpft wie ausgehungert auf ihr Schiff zurück. Dort mussten sie feststellen, dass sämtliche Schränke und Kisten der Offiziere wie Mannschaften aufgebrochen, und alles mitgenommen war, was brauchbar schien. An den Kupferbarren zeigten die Eindringlinge kein Interesse und die amerikanischen Dollars hatte Oswald zu gut versteckt.

„*Nachdem die große Erregung sich gelegt hatte,*“ berichtete Oswald an Adele, „*traten die Eindrücke der nichtswürdigen Behandlung, die wir erlitten hatten, immer mehr zurück und wir konnten uns der Freude hingeben, den Händen dieser ruchlosen Bande glücklich entrückt zu sein.*“

Inzwischen liegt der Überfall, der Schiff und Leben hätte kosten können, mehr als fünf Wochen zurück. Dennoch kreist das Gespräch der spätabendlichen Runde um dieses Erlebnis. Harmssen ist stolz auf die Mannschaft. Keiner ließ während der Geiselhaft Anzeichen von Feigheit erkennen, keiner erlag den Verlockungen der üppigen Bestechungsversuche. Und hatten sie sich nicht in den Stunden vor der Überwältigung beim Schiffsrat die Hand gegeben und versprochen, alles zu tun, um das anvertraute Gut zu retten und Ehrenmänner zu bleiben? Ja – sie haben Wort gehalten. Und nun liegt zur Belohnung das „*Paradies*“ in Kanonenschussweite. Morgen werden sie den Fuß auf die Sandwich-Inseln setzen.

Landgang auf O'ahu – Walfänger und Missionare – der Wunsch des Sandwich-Insulaners

In aller Frühe wird die am Heck in Davits hängende Schaluppe zu Wasser gelassen und mit vier Ruderern bemannt. Nach kurzer Überfahrt gehen Harmssen und Oswald an Land. Der Kapitän, um bei den Hafenbehörden die Schiffspapiere vorzulegen und eine mehrtägige Ankererlaubnis zu erbitten, der Supercargo mit der Absicht, die Wasserübernahme zu klären und Kontakt zu den Amts- und Geschäftsträgern der Insel aufzunehmen. Am Ufer stehend können beide Männer die acht bis zehn Meilen breite Reede mit etwa zwanzig ankernden, vorwiegend amerikanischen Schiffen überblicken. Die weite, von den Landmarken Barbaro Point und Diamond Hill eingefasste Bucht auf der Südseite der Insel, mit der Hauptstadt Honolulu, ist tatsächlich vor den hier

Flagge der Sandwich-Inseln

vorherrschenden Nordostwinden gut geschützt und damit ein sicherer Ankerplatz. Mit Wohlgefallen mustern sie ihr trotz der Entfernung eindrucksvoll aussehendes Schiff. Drei hohe Masten mit weit ausladenden Rahen, der langestreckte pechschwarze Rumpf mit dem schneeweißen Band des Kanonengangs, auf dem drei echte und, wie in jener Zeit üblich, sechs zur Abschreckung aufgemalte Stückpforten gut zu erkennen sind. Die MENTOR sieht wirklich nicht wie ein Handelsschiff aus, sondern eher wie eine britische Fregatte zu Nelsons Zeiten.

Beim Besuch der *„Port Authority"* erfährt Harmssen, dass hier die erst vor wenigen Jahren eingeführten Hafengelder fällig werden: 80 Dollar für Schiffe dicht am Land und 60 Dollar für die weiter entfernt liegenden, – und er muss zur

Kenntnis nehmen, die offenbar früher billigen Lebensmittel sind seit der starken Zunahme des Verkehrs durch Walfangschiffe aus Amerika und Europa erheblich teurer geworden.

Zur selben Zeit marschiert Oswald durch Honolulu, sieht sich die regelmäßig angelegten Straßen mit den zum Teil aus Korallen- oder Lavablöcken gebauten Häuser aufmerksam an. Im Gewühl der Geschäftsleute, Schiffsbesatzungen und einheimischen Händler begegnet er zum ersten Mal *„Insulanern“*. *„Ein sehr gesunder Menschenschlag“* schreibt er an Adele, *„die Farbe der Eingeborenen ist kupferbraun, sie gehen fast alle nackend und sind mit dem Lendentuch bekleidet. Die Häuptlinge tragen europäische Kleidung.“* Gleichzeitig hört er sie zum ersten Mal reden, *„Fast jedes Wort endet mit einem Vocal, die Sprache klingt daher ungemein weich.“*

Das Ziel dieses Weges durch die fremde kleine Stadt ist, einer Empfehlung folgend, die Kanzlei des amerikanischen Konsuls und Handelsagenten John Coffin Jones. Der empfängt den Supercargo Wilhelm Oswald überaus zuvorkommend, hat er doch nun das Vergnügen, zum ersten Mal mit einem Abgesandten aus deutschen Landen zu sprechen, jener Weltgegend, der so viele Amerikaner entstammen.

Von Jones erfährt Oswald als erstes, dass der König der Sandwich-Inseln, Kamehameha II., zusammen mit Gemahlin Kamamalu am Tag vor Ankunft der MENTOR sein Inselreich an Bord des englischen Walfängers L'AIGLE verlassen hat. Der 26-jährige König segelt gerade nach London zu seinem Amtsbruder Georg IV., von dem er dringend Hilfe erhofft. Im Vorjahr gelobte der ursprünglich Liholiho Genannte öffentlich, sein Herrschaftsgebiet unter die Obergewalt des Königs von England zu stellen. Dies tat zwar sein Vater vor fast drei Jahrzehnten schon einmal, ein einseitiger Akt, der aber damals von der Regierung in London abgelehnt wurde. Trotzdem sehen sich die Hawaiianer als Untertanen Seiner Britischen Majestät und führen den Union-Jack in ihrer Flagge. Kamehameha II. beabsichtigt nun, sich von dieser bedeutenden europäischen Seemacht Beistand in der Auseinandersetzung mit unbotmäßigen Häuptlingen zu holen, die seine Herrschaft im Pakt mit amerikanischen Missionaren bedrohen.

Kamehameha I.
König der
Sandwich-Inseln,
um 1820

Mit möglichst wenigen Worten versucht Konsul Jones, dem Neuankömmling die jüngsten Entwicklungen auf den Sandwich-Inseln zu erklären. Verstehen könne man die gegenwärtige kritische Lage nur mit Blick auf einen Mann, den einige den *„Napoleon des Pazifik"* nennen. Der hatte es bis 1795 mit britischen Feuerwaffen und Unterstützung des einstigen Cook-Gefährten und Entdeckers George Vancouver durch eine Reihe erfolgreicher Kriegszüge vollbracht, die Häuptlinge der Nachbarinseln zu unterwerfen, ein Vereinigtes Königreich von Hawai'i zu schaffen und als Kamehameha I. die Macht zu übernehmen. Vor vier Jahren ist der vom Volk als *„der Große"*, als Einiger des Archipels und Friedensbewahrer verehrte, verstorben. Sein Todesjahr 1819 markiert einen Wendepunkt in der Geschichte Hawai'is.

Der Amerikaner Jones lebt seit Jahren auf O'ahu und hat die tiefgreifende, das Gesellschaftssystem der Inseln völlig verändernde „Kulturrevolution" miterlebt. Um seinem offenbar höchst interessierten deutschen Gast die Hintergründe begreiflich zu machen, beschreibt er die Zeit vor 1819. Bis dahin galt das über Jahrhunderte festgefügte, dreistufige Kastensystem: Häuptlinge, *„die* Söhne der Sonne" – eine kleine Schicht von Adligen – und das einfache Volk, das durch das *„Kapu"*, das Tabu, mit einer Unzahl von Verboten in völliger Abhängigkeit gehalten wurde. Bei Übertretungen drohten schwerste Strafen bis zum Tod. Kein Mann niedriger Herkunft durfte einen Schatten auf den König werfen oder die Kleidung eines Adligen berühren, niemand den heiligen Häuptlingen direkt in die Augen sehen. Frauen war untersagt, gemeinsam mit Männern zu essen. Der Verzehr von geweihter Nahrung, von Schweinefleisch, Bananen und Kokosnüssen, blieb Männern vorbehalten. Es gab eine kaum überblickbare Fülle von zum Teil zeitlich wechselnden Tabus, mit denen der Fischfang von Bonitos und Makrelen, Fahrten im Kanu oder Schwimmen in abgegrenzten Strandabschnitten belegt waren. Das Tabu als höchst wirkungsvolles Herrschaftsinstrument einer Oberschicht, die im Bündnis mit den Tempelpriestern ihre Privilegien sicherte. Im November 1819, sechs Monate nach dem Tod Kamehameha I., beging sein Sohn Liholiho, offenbar unter dem Einfluss der verstärkt aktiven christlichen Missionare absichtlich einen Frevel, der das offizielle Ende des Tabus einläuten sollte: Er aß geweihte Speisen mit Frauen am selben Tisch.

Diese Tat, verbunden mit der Aufforderung, die alten, hölzernen Standbilder der Götter Ku, Lono, Kane und Kanaloa den Flammen zu übergeben und die *„Morais"*, die Tempelbezirke, verfallen zu lassen, waren das Zeichen für den Beginn der neuen Zeit. Zugleich verbreitete sich in der Bevölkerung eine starke Verunsicherung, die durch Spannungen der Häuptlinge mit ihrem König und der Furcht vor einer Invasion der Amerikaner oder Russen verstärkt wurde. Während Jones über die vermutete Verschwörung seiner Landsleute

Großfamilie auf den Sandwich-Inseln im Jahr 1821

zur Besetzung der Inseln nur lacht, findet er die zweite Sorge nicht ganz unbegründet.

Es gibt ungute Erfahrungen mit Russen, die vor acht Jahren mit zwei Handelsschiffen auf einer der kleineren Sandwich-Inseln landeten und die russische Flagge mit der Erklärung hissten, sie damit für den Zaren in Besitz zu nehmen. Als die Eindringlinge dann noch betrunken heilige Tempel entweihten und zerstörten, wurden sie mit Waffengewalt vertrieben. In Erinnerung an diesen Vorfall hatte ein Jahr später, im November 1816, eine russische Brigg das Pech, bei ihrem ersten Erscheinen in der Bucht vor Honolulu feindselig empfangen und von bewaffneten Kriegern bedroht zu werden. Doch dem Baltendeutschen, in Diensten der russischen Marine stehenden Kapitän der RURIK, Otto von Kotzebue, gelang es, König Kamehameha I. zu überzeugen, dass sie auf einer Forschungsreise zur Entdeckung der Nordwestpassage, also in wissenschaftlicher Mission unterwegs seien. Zum Beweis konnte er als Mitglieder der vom Petersburger Grafen Rumjazew privat finanzierten Expedition einen Zeichner und drei Naturforscher präsentieren, unter ihnen den eigentlich in Berlin lebenden 35-jährigen Adelbert von Chamisso.

Der in Frankreich geborene ehemalige preußische Offizier, Botaniker und Schriftsteller hatte 1814, ein Jahr vor Abreise, die phantastische Novelle *„Peter Schlemihls wundersame Geschichte“* veröffentlicht, in der die Hauptfigur ihren Schatten an den Teufel verkauft und nach gescheiterter Liebe die Welt als Naturforscher in Siebenmeilenstiefeln durchmisst. Dabei vermag er zwar über Land von Kap Hoorn bis zur Beringstraße zu marschieren, kann aber zu seinem Kummer die verlockenden Inseln im Pazifik nicht erreichen, just jene Regionen, die der Autor dann durchsegeln durfte.

Oswald nimmt zur Kenntnis, auch sieben Jahre nach dem Besuch der RURIK herrscht weiterhin Misstrauen, und es ist nicht ausgeschlossen, dass die Russen doch noch versuchen, Hawai‘i als Versorgungsbasis im Pazifik zu erobern. Er versichert seinem Gastgeber, die MENTOR sei, trotz einiger Kanonen, ein friedliches Handelsschiff und König Friedrich Wilhelm von Preußen habe wahrhaftig kein Interesse an Eroberungen. Der einzige Grund dieser Reise: Warenaustausch, Geschäfte und Gewinne. Am Ende des Gesprächs hat Oswald noch zwei Fragen an den Handelsagenten Jones. Er will wissen, welche Gegenstände man auf O'ahu für die ethnografischen oder zoologischen Sammlungen der Hauptstadt Berlin erwerben kann, aber noch wichtiger: Was ist mit dem Handel?

Die Antwort: Schiffsproviant und Sandelholz. Seitdem O'ahu vor einigen Jahren Hauptstützpunkt der amerikanischen und europäischen, im Pazifik jagenden Walfänger wurde, floriert der Tauschhandel mit Schweinefleisch, Kartoffeln, Früchten und Frischwasser. Das Geschäft liegt in den Händen ausländischer Agenten, die im Auftrag und zu Gunsten der vom König ausgewählten Häuptlinge handeln.

Erheblich bedeutsamer ist dagegen die Ausfuhr des als Räuchermittel für religiöse Zwecke, Duftstoff bei der Parfümherstellung und Material für Schnitzarbeiten vornehmlich in China hochbegehrten Sandelholzes. Der Verkauf ist ein Vorrecht des Königs und damit Grundlage des Reichtums der Oberklasse, sichert aber zugleich die finanzielle Unabhängigkeit des Inselreiches.

„Der Sandelbaum, dessen in China so sehr gepriesenes Holz dem Beherrscher dieser Inseln zu Schätzen verhilft,

während das bedrückte Volk, welches dasselbe einsammeln muss, seinem Feldbau und seinen Künsten entzogen, verarmen muss," kritisiert Adelbert von Chamisso später zutreffend in seiner 1835 veröffentlichten „*Reise um die Welt*". Zu Beginn der 20-er Jahre wird das Sandelholz in derartigen Mengen auf Frachtsegler mit Ziel Kanton verladen, dass es auf O'ahu kaum noch Waldbestände gibt und der Nachschub von den Nachbarinseln mit Lastbooten herangeschafft werden muss.

Jones gibt Oswald Hinweise auf zu erwerbende, interessante Kultgegenstände und empfiehlt, unbedingt von der Insel-Obrigkeit die Genehmigung zur Proviantübernahme einzuholen. Er bietet seine Begleitung an und so gehen beide zum Fort, das die Bucht mit 45 Kanonen beherrscht und auf dessen Spitze die Flagge der Sandwich-Inseln weht. Sie treffen auf Häuptling Fahamaru, der die Aufsicht über den 10-jährigen Sohn des Königs führt, der den nach London gereisten Vater als Regent vertritt. Oswald schildert die Begegnung in einem Brief an Adele: „*Ich fand Fahamaru in europäischer Tracht, in einem Lehnstuhl sitzend. Ich setzte mich ihm gegenüber und theilte ihm den Zweck meines Kommens – Provisionen einzunehmen – mit. Er spricht zwar ein wenig Englisch, jedoch wurde die Unterhaltung durch einen Dolmetscher geführt. Er war von den Hauptchiefs umgeben, von denen einige bekleidet, die meisten aber nackt dasaßen, und nur das Lendentuch trugen.*"

Nach dem zufriedenstellenden Gespräch mit Fahamaru wird Oswald im Hof des Forts noch Zeuge einer ihn beeindruckenden Szene. Dort liegen Frauen und Kinder auf dem Boden und stoßen Klagelaute aus, weil am Morgen ein bedeutender Häuptling gestorben ist, den nun alle hingebungsvoll betrauern. Am Tor sitzen schweigend die Gemahlinnen der „*vornehmen Chiefs*", unter ihnen die alte, hochgeehrte Königin-Witwe Kamehamehas I., die eigentliche Herrscherin Hawai'is. Zum Abschluss des erfolgreichen Tages besucht Oswald auf Jones Rat noch einige einflussreiche Persönlichkeiten der Insel, unter ihnen Captain Bribble von der CHAMPION und lässt sich dann von der wartenden Schaluppe zurück auf die MENTOR rudern.

Am nächsten Morgen ist das Boot voll besetzt, als es erneut Kurs auf das Ufer nimmt. Vier Mann an den Riemen und vier Passagiere: Harmssen, Oswald, Eggers und Wendt, die alle am sonntäglichen Gottesdienst teilnehmen wollen. Der findet in einem dafür eingerichteten Haus statt und wird von Reverend William Ellis abgehalten, einem Geistlichen, den die *„Londoner Missionsgesellschaft"* vor neun Jahren mit dem Auftrag nach Tahiti geschickt hat, Polynesiern durch das Christentum die Segnungen der Zivilisation zu bringen. Ellis hat zahlreiche Inseln besucht, eifrig gepredigt, dabei Sprachstudien getrieben und ist vor zwölf Monaten von Huahine, einem kleinen Atoll der Gesellschaftsinseln, nach O'ahu gekommen. Eine schwere Erkrankung seiner Frau hat den Abbruch der Missionstätigkeit erzwungen. Bisher ist es ihm aber nicht gelungen, ein nach England segelndes Schiff zu finden. Und ärgerlicherweise weigerte sich Kapitän Starbuck, der Eigentümer der L'AIGLE, vor zehn Tagen, das Ehepaar Ellis, zusammen mit König und Gefolgschaft, an Bord zu nehmen. Deshalb bemüht sich der Reverend nun intensiv um Wilhelm Oswald. *„Er schenkte mir Schriften und Bücher in der Tahiti- und Sandwich-Inselsprache und machte mir sehr interessante Mittheilungen über das religiöse Leben auf den Inseln."*

Der nur vier Jahre ältere Ellis ist eine fast unerschöpfliche Quelle für den wissbegierigen Supercargo. Er erzählt ihm vom zunehmenden Einfluss der amerikanischen Missionare, die 1820 als 23-köpfige Gruppe strenggläubiger Calvinisten aus Boston unter Führung von Hiram Bingham mit der Brigg THADDEUS auf O'ahu gelandet sind. Hier verfolgen sie ihr Ziel, die heidnischen Hawai'ianer vom Götzendienst zu befreien, mit einem fanatischen Eifer, der selbst dem Kirchenmann Ellis zu weit geht. Den lebensfrohen Insulanern soll fast alles verboten werden: Singen, Hula-Tanzen, gemeinsames Schwimmen von Frauen und Männern, die freizügige Bekleidung – alles ist Teufelswerk. Ellis gibt zu, dass die Bekehrung der Eingeborenen vor allem auf O'ahu nicht ganz einfach ist, da hier der Widerspruch zwischen den sittlichen Geboten des Christentums und dem Auftreten der Walfänger aus aller Herren Länder, die ja behaupten, Christen zu sein, allzu offensichtlich ist.

„Es gibt keinen Gott auf dieser Seite von Kap Hoorn“ ist das Motto der Besatzungen, die während der Fangsaison von Herbst bis Frühjahr hauptsächlich in der Bucht von Honolulu ankern. Seit dem Todesjahr Kamehamehas I. hat sich der Zustrom der Pottwal-Jäger durch das Gerücht verstärkt, um Hawai‘i besonders ergiebige Fanggründe zu finden. Bei den Landgängen der Mannschaften kommt es ständig zu Ausschweifungen und Gewalttaten, gegen die alle Mahnungen der Missionare wirkungslos bleiben. William Ellis hofft auch aus diesem Grund, endlich wieder nach England in die Heimat zu kommen. Zu seiner großen Enttäuschung wird ihm jedoch die Bitte abgeschlagen, mit der MENTOR nach Europa zurückzukehren. Diese Entscheidung ist nach kurzer Beratung zwischen Harmssen und Oswald gefallen: Für zwei zusätzliche Passagiere, noch dazu eine kranke Frau, ist kein Platz an Bord.

Am Montag ist die Besatzung damit beschäftigt, alle Wasserfässer zu füllen und mit einer Reihe von Bootsfahrten zum Schiff zu bringen. Währenddessen machen Kapitän und Supercargo einen Ausflug ins Inselinnere. Beide reagieren begeistert auf die Schönheit der Landschaft, die Fruchtbarkeit, das frische, strahlende Grün in den zerklüfteten, schluchtartigen Tälern mit herabstürzenden Wasserfällen. Die Männer steigen in Begleitung einiger Einheimischer auf bröckelndem Lavagestein bergan und erreichen einen der beiden Vulkane. *„Auf Owhyhu befindet sich ein fortwährend Feuer speiender Berg, der einen sehr großen Krater von mehr als vier englischen Meilen Umfang hat,“* heißt es im Bericht an Braut Adele, *„Man sieht tief unten die brennende Lava, aus welcher sich, wie kleine Inseln, eine Menge kleiner Krater erheben. Ein furchtbar schöner Anblick.“* Am Rand des Vulkans stehend bestaunen die Schiffsgefährten grandiose Ausblicke auf schroffe Klippen, auf Korallenrifflinien schäumender Gischt in der tiefblauen See und die hohen, steilen Berge der entfernten Nachbarinseln mit weißen Segeln am Horizont.

Oswald verspürt eine tiefe Sehnsucht, einige Zeit in diesem *„Garten Eden“* bleiben zu dürfen, um die Insel wirklich kennenzulernen, so wie er das während des monatelangen Aufenthaltes in Chile getan hat, als er die Umgebung Santiagos im Sattel erkundete. Er kann nicht ahnen, dass wenige

Jahre zuvor ein anderer Berliner dasselbe Verlangen hatte, Adelbert von Chamisso, der damals Kapitän von Kotzebue ernsthaft bat, ihn für ein Jahr zurückzulassen und auf dem Rückweg wieder abzuholen. Während der Botaniker sechs Wochen auf Hawai'i bleiben durfte, sind dem Supercargo nur sechs Tage vergönnt.

Für den Abend haben die beiden Bergwanderer eine Einladung zum Dinner auf der CHAMPION. Die ankert nicht draußen auf Reede, sondern in dem durch einen Kanal erreichbaren Innenhafen, der allen Schiffen auf vier bis fünf Faden Wassertiefe vollkommene Sicherheit bietet. Auch die CHAMPION ist ein Vollschiff wie die MENTOR, nur 50 Fuß länger, und damit gibt es achtern einen erheblich größeren, eleganteren Salon. Dort ist die Tafel zu Ehren der deutschen Gäste festlich gedeckt. Walrat-Kerzenlicht beleuchtet feines Porzellan, edles Tafelsilber und die im Halbdunkel sitzenden Herren: Kapitäne, Hafenmeister, Händler und diplomatische Würdenträger wie John Coffin Jones. An der Stirnseite, Gastgeber Bribbles, der das Gespräch zu lenken versucht. Zu Beginn geht es um die amerikanischen Missionare, deren Geschäftstüchtigkeit die Kaufleute am Tisch ärgert, aber auch um ihre neueste Maßnahme, das populäre Wellenreiten auf hölzernen Planken als unnütz, unsittlich und heidnische Zeitverschwendung zu verdammen. Offenbar wehrt sich keiner der Häuptlinge gegen das drohende Verbot einer seit Jahrhunderten mit Leidenschaft betriebenen Vergnügung. „*Headchiefs und Chiefs*“ sind wohl zu sehr damit beschäftigt, ihre beim Sandelholzhandel erzielten Gewinne in den Erwerb von Statussymbolen, von europäisch-vornehmer Kleidung und Seidenstoffen aus China zu stecken. Die möglichst fettleibigen, ranghohen Häuptlinge haben nicht nur Namen bekannter britischer und amerikanischer Staatsmänner wie Billy Pitt, Charles Fox oder James Madison angenommen, sie kleiden sich auch nach britisch-amerikanischer Mode. In jüngster Zeit hat der Wettbewerb um den Besitz der meisten europäischen Kleider und chinesischen Seidenballen einen Höhepunkt erreicht. Unmengen von nutzlosen Textilien verrotten in den extra errichteten Stofflagerhäusern der Häuptlinge.

Ein anderes, ernstes Thema der abendlichen Herrenrunde: Das Benehmen der Walfänger, deren ständige Übergriffe ein großes, die öffentliche Sicherheit gefährdendes Problem bedeuten. Hinzu kommt eine weitere ungute Entwicklung: Unter der einfachen einheimischen Bevölkerung, den „*Kanaka*", nehmen die Krankheiten zu. Sie bekommen Grippe oder Masern, und Frauen, die sich für Armbänder, Scheren, Glasperlen und zunehmend Dollars den Matrosen hingeben, stecken sich mit der „*Lustseuche*" an. Die gibt es auf den Inseln allerdings schon seit James Cook's Landung im Jahr 1778. Aber auch George Vancouvers Männer haben zur Verbreitung der Krankheit beigetragen, als dieser 1793 und 1794 während seiner Entdeckungsreisen der nordamerikanischen Westküste zum Überwintern die Sandwich-Inseln besuchte, Aufenthalte, bei denen er dem späteren König Kamehameha I. mit Gewehren und Verhandlungsratschlägen half, die kriegerischen Auseinandersetzungen zu beenden. Die Erinnerung an Vancouver gibt das Stichwort, um über den allgemein anerkennend bewerteten, nicht ungefährlichen Ausflug von Harmssen und Oswald zum Krater zu sprechen. Haben doch Vancouvers Schiffsarzt mit drei Begleitern im Februar 1794 auf „*Big Island*" (Hawai'i) den Vulkan Mauna Loa als erste bestiegen und mit ihrem Barometer die unvorstellbare Höhe von 4155 Metern gemessen.

Am nächsten Tag nimmt sich Oswald die Zeit, zurückgezogen in der Achterkajüte eine ausführliche Beschreibung seiner Insel-Eindrücke für die in Hamburg wartende künftige Gemahlin zu verfassen. Dabei erweist er sich als mitteilsamer, an allen Aspekten des Alltagslebens interessierter, genauer Beobachter. Willy berichtet Adele von der Fruchtbarkeit des Bodens, den fremden, bisher unbekannten Pflanzen, dem Häuserbau, den Koch- und Essgewohnheiten der Eingeborenen, ihrer alten Religion, dem Tabu und Wirken der Missionare. Er schreibt: „*Seitdem Amerikaner und Europäer in so großer Zahl in's Land gekommen sind, ist manches Laster eingeführt worden, wie namentlich der Genuß von Branntwein, aber man kann immer noch sagen, die Insulaner sind ein sehr gesunder Menschenschlag.*" Oswald erwähnt, dass Ellis die Zahl der Einwohner auf allen Inseln auf 250000 schätzt und stellt zum Schluss des Briefes, die Insulaner lobend, fest: *„ihr Charakter ist gutmüthig und die Gastfreundschaft ist groß. Sie sind fleißig im Erlernen von Schreiben und Lesen und auch im Rechnen."*

Mittwoch, 3. Dezember 1823 – „MENTOR bereit zum Auslaufen" – Harmssen nimmt die Meldung des Bootsmanns erfreut entgegen. Alle Mann sind an Bord, keiner fehlt, keiner ist in eine Schlägerei mit Waljägern verwickelt, verwundet oder in Gewahrsam genommen worden. Die Hafengelder sind ordnungsgemäß gezahlt, Wasser und Proviant gebunkert. Noch herrscht Unordnung an Deck. Einige Eingeborene haben für Oswald zwei alte Holzschnitzwerke gebracht, die für eine öffentliche Zurschaustellung in Berlin in Frage kommen. Der Supercargo lehnt am Steuerbord-Schanzkleid auf dem Achterdeck, als sich der seit ihrer Ankunft tätige Dolmetscher in Begleitung eines Insulaners nähert und um Gehör bittet.

Dieser junge Mann habe den dringenden Wunsch, von der MENTOR mitgenommen zu werden, er sei Waise, lebe ganz allein, ohne Familie, und wolle deshalb unbedingt an Bord des Schiffes kommen. Oswald mustert den Eingeborenen, der barfuß, nur mit dem üblichen Lendentuch bekleidet, vor ihm steht. Ein kräftiger, gut gebauter Jüngling mit dunkler, kupferfarbener Haut, pechschwarzen Haaren und einer blauen Tätowierungslinie, die sich von einer Gesichtshälfte bis auf den Arm fortsetzt. Der Bittsteller blickt Oswald offen an und zeigt lächelnd wunderbar weiße Zähne. Was bewegt diesen jungen Mann? Abenteuerlust? Will er als Matrose Geld verdienen, so wie es zahlreiche seiner Landsleute machen, die auf amerikanischen Walfängern und Frachtseglern anheuern, oder muss er aus unbekanntem Grund von der Insel fliehen. So viel hat Oswald schon von Jones und Ellis erfahren, völlig alleinstehende Waisen, wie zu Hause in Preußen, kann es auf O'ahu nicht geben. Großfamilien von bis zu 300 Mitgliedern, bei denen die *„Kupuna"*, die Großeltern, eine besondere Rolle spielen, sind hier die Regel. Doch der Dolmetscher wiederholt, der Junge sei allein, hieße Henry, wolle aber Harry genannt werden und wünsche, unter allen Umständen mitzufahren. Oswald überlegt und blickt Harmssen an. Einen unerfahrenen Matrosen brauchen sie nicht, die Mannschaft ist vollzählig, auch in der Kombüse fehlt kein Helfer. Aber hat nicht die Cook'sche Expedition, erinnert sich Oswald, 1775 bei Rückkehr von der zweiten Südsee-Reise aus Tahiti den Eingeborenen Omai als ersten Polynesier auf britischem Boden nach London mitgenommen? Damals erregte dessen Erscheinen großes Aufsehen, zumal der exotische Fremde ganz dem Idealbild vom *„edlen Wilden"* entsprach. Allgemein bewundert, durfte Omai vor der ROYAL SOCIETY auftreten und wurde sogar von König Georg III. wie ein Südsee-Prinz empfangen.

Dem Supercargo kommt eine Idee: Wie wäre es, wenn er, Oswald, den ersten Polynesier nach Berlin mitbrächte und ihn dort, zusammen mit den erworbenen Sandwich-Insel-Schätzen, der Öffentlichkeit präsentiert? Sicher könnte man diesen Harry, wie vor einem halben Jahrhundert Omai dem englischen Monarchen, auch dem Preußischen König vorstellen und damit für die große Reise der MENTOR allerhöchsten Beifall gewinnen. Es wird entschieden: Der auf etwa 16 Jahre geschätzte Bursche darf an Bord bleiben, wenn morgen die Fahrt nach China beginnt.

Kurs Kanton – Warten vor Macao und Lintin – auf dem Perlfluss nach Whampoa

„Auf Deck wurde es lebendig; das Singen der Matrosen, das Gepolter und Gerassel der Taue und Ketten, die Kommandorufe waren köstliche Musik für uns. Der Capitain gab Befehl die Segel zu hißen und alles bereit zu halten, um mit Tagesanbruch in See zu gehen. Endlich wurde der Anker gelichtet. Blutroth stieg die Sonne aus dem Wasser und schien uns Glück zu wünschen und der herrlichste Ostwind blähet die Segel."

Diese Zeilen schrieb Wilhelm Oswald zu Beginn des großen Abenteuers am 15. Dezember 1822 *„Morgens 9 Uhr"* beim Wremertief auf der Unterweser an Bord der MENTOR während ihrer Ausreise in die Nordsee. Bis auf wenige Tage genau ein Jahr später spielt sich die gleiche Szene in der Bucht von Honolulu ab. Es gibt Bewegung auf dem Bremer Vollschiff, deutliche, auch von Land zu erkennende Anzeichen, dass dort Vorbereitungen zum Auslaufen getroffen werden. Matrosen laufen auf dem Vordeck mit anfeuernden Rufen um das Gangspill und mühen sich nach Kräften, die Kette mit dem schweren Anker hochzuhieven. Die Pfeife des Bootsmanns mit dem Kommando: *„Aufentern zum Segel losmachen“* bringt die Männer auf Trab. Sie klettern die Wanten in die Takelage hoch, lehnen sich, um die Zeisinge zu lösen, bäuchlings über die Rahen. Bram- und Marssegel fallen mit leichtem Rauschen herab. Zurück an Deck werden Gordings wie Geitaue losgeworfen, Schoten dichtgeholt und die Rahen gebrasst. Kaum merklich nimmt die MENTOR Fahrt auf.

Nachdem in der letzten Nacht einige Regenschauer durchgezogen sind, verspricht der 4. Dezember 1823 ein schöner Tag zu werden. Die aufgehende Morgensonne hat an Höhe gewonnen. Zum Abschied lässt sie Küstenlinie und Berge von O’ahu in unwirklichen Grün- und Brauntönen aufleuchten. Alles in allem ein guter Auftakt: Die Temperatur liegt bei angenehmen *„20 Grad Réaumur“*, der Wind kommt durch die Winter-Monsunzeit wunschgemäß beständig aus Nordost und das Schiff macht mit 3 Knoten ordentliche Fahrt. Harmssen befiehlt dem Rudergänger: *„Kurs West“*. Beim Blick zurück über die Schaumspur des Kielwassers wird die Insel O’ahu von Stunde zu Stunde kleiner, bis sie gegen Abend am Horizont verschwindet. Für den Neuen an Bord, den jungen Sandwich-Insulaner Harry ein höchst ungewöhnlicher Augenblick. Noch nie ist er mit einem Kanu außer Sicht einer Insel gewesen. Auch bei größeren Fahrten, immer blieben die Vulkanberge in Reichweite: Ob der Kamakou von der Insel Molokai, der Haleakala von Maui, oder der mächtige, schneebedeckte Mauna Loa von Hawai‘i. Noch nie hat er beim Rundblick nur die kreisförmige, graublaue Scheibe der See gesehen, auf der bis auf einen in einiger Entfernung kreuzenden Segler nur Leere herrscht. Und noch nie ist es für ihn auf dem Wasser Nacht geworden. Alles ist neu, ungewöhnlich, aufregend. Am Morgen hat Harry stau-

Das Bremer Vollschiff MENTOR

nend das Auslaufen verfolgt. Den Kopf im Nacken konnte er die barfüßigen Matrosen in schwindelnder Höhe im Gewirr der Stage und Pardunen kaum erkennen. Ihn verwirrten die Befehle und lautstarken Zurufe. Er wunderte sich über die Größe der sich entfaltenden Segel, die Breite und Länge des Schiffes und über die Höhe beim Blick von der Reling hinab aufs Wasser. Fasziniert beobachtete Harry das so völlig andersartige Geschehen, dabei immer wieder begeistert „*Maitai-Maitai*" ausrufend, ein hawai'ianisches Wort, das niemand verstand.

Bei einbrechender Dunkelheit wird der Insulaner auf die Back, in die Vorschiff-Region der Mannschaft am Bug geführt. Dort weist ihm der gleichaltrige Schiffsjunge eine schmale Koje zu und erklärt mit Zeichen, wie man darin schläft. Die ersten Tage und Nächte lebt Harry in einer Art Ausnahmezustand. Zu vieles ist fremd und rätselhaft, – vertraut sind nur die Sternbilder des nördlichen Pazifik. Neugierig und hellwach registriert er Geräusche und Gerüche: Das Knarren des hölzernen Schiffsrumpfes, das ständige Schlagen von Blöcken an Stage und Wanten, das leise Rauschen des Wassers an der Bordwand und die regelmäßigen Glockenzeichen, deren Bedeutung er sich nicht erklären kann. Nachts stören die Schweißausdünstungen der Männer im engen Schlaflogis; und am Tag riecht er völlig Unerklärliches: Teer, Talg, Pferdefett, Leinöl und Bleiweiß. Nur die Ferkel und Hühner in den Holzverschlägen stinken wie auf O'ahu.

Schon bald darf Harry das Lendentuch ablegen und mit gewissem Stolz europäische Kleider anziehen. Eine viel zu enge, stark drückende Hose, dazu ein unangenehm kratzendes Hemd. Aber er empfindet diesen Moment als wichtigen Schritt, glaubt er doch, nun Teil der Mannschaft zu sein.

Der junge Hawai'ianer ist ein guter Beobachter. Schnell hat er herausgespürt, dass es auf dem Schiff, wie auf den heimatlichen Inseln, eine klare Klasseneinteilung gibt: König, Adlige und Volk. Der König ist wohl Kapitän Harmssen oder vielleicht doch der Mann, der ihm die Mitreise erlaubt hat? Die Adligen müssen die beiden Steuerleute sein, die mit den Königen im Achterschiff wohnen, das „Tabu" ist. Vom Volk darf diese Zone nur zum Arbeiten betreten werden. Noch weiß Harry nicht, dass es auch im Volk Unterschiede gibt. Für ihn scheinen, bis auf das Alter, alle gleich zu sein. Doch er lernt rasch dazu, kennt bald die Aufgabenverteilung: Bootsmann, Segelmacher, Zimmermann, acht Matrosen, drei Jungmänner, ein Kajütwächter oder Steward, der Schiffsjunge und als Ältester, der seit 22 Jahren zur See fahrende Koch. Glücklicherweise gelingt es dem Neuzugang sehr schnell die meisten Mannschaftsmitglieder durch seine entwaffnende Freundlichkeit und heiter-gutmütige Art zu gewinnen. Auch wenn er sich nicht verständigen kann, seine Stimme klingt angenehm melodisch, und er sagt so oft *„Maitai"*, dass die Matrosen beginnen, ihn Maitai zu rufen. Aber dagegen wehrt er sich heftig. Nein – nicht Maitai, er will unbedingt „Harry" genannt werden.

Oswald verfolgt den Eingewöhnungsprozess seines Schützlings mit Interesse. Dieser athletisch wirkende Junge mit seiner dunklen Haut- und Haarfarbe ist im Kontrast zu den mehrheitlich blonden Seeleuten von der ostfriesischen Küste eine auffällige Erscheinung, die alle Blicke auf sich zieht. Auch der Supercargo spürt die besondere Ausstrahlung dieses „*Insulaners*", die lockere Gelassenheit, Lebenslust und Unbekümmertheit. Der Supercargo bedauert, dass es, bis auf zwei, drei englische Worte, keine Verständigung mit ihm gibt. Zu gern hätte er erfahren, von welcher der Inseln Harry stammt, was ihn antrieb, den Schritt ins Ungewisse zu wagen. Ist es, wie zuerst vermutet, Sehnsucht nach Abenteuern? Aber warum dann nicht auf einem der amerikanischen oder britischen Walfänger? Könnte es sein, dass Harry vor den Umbrüchen und Unruhen seiner Heimat flieht, also so etwas wie Asyl bei einer völlig fremden, von ihm als neutral empfundenen Macht sucht? Vielleicht wird man mehr erfahren, wenn es gelingt, ihm die deutsche Sprache beizubringen. Inzwischen hat Oswald in den von Missionar Ellis geschenkten Schriften in einer polynesischen Vokabelliste das Wort „*Maitai*" entdeckt. Es bedeutet: „*großartig – gut*". Kein schlechter Name für einen offenbar wirklich gutwilligen jungen Mann: Harry Maitai.

Die MENTOR läuft die ersten zehn Tage unter voller Besegelung mit achterlichem Wind nach Westen. Im Logbuch gleichlautende Eintragungen: „*beständiges Wetter – Wind und Wetter günstig – gutes Wetter – leichter Wind.*" Die Mannschaft hat kaum Arbeit in der Takelage, es gibt frisches Wasser, die tägliche Branntweinration und abwechslungsreiches Essen aus den auf O'ahu gekauften Vorräten. Die Stimmung ist gut, zumal das Ziel Kanton vor dem Bug eine gewisse erwartungsvolle Spannung schafft. Das einzig ungewöhnliche an dieser Reiseetappe: Es gibt einen Mitsegler. Seit Auslaufen in Honolulu begleitet sie die GENERAL HAMILTON, ein amerikanisches Vollschiff mit demselben Reiseziel. Harmssen und Oswald kennen den Kapitän, da sie mit ihm auf der CHAMPION beim Dinner getafelt und ihren gemeinsamen Aufbruch besprochen haben. Das andere Schiff kommt mal näher, bleibt zurück, schafft es, die MENTOR zu passieren und läuft auf gleicher Höhe an der Backbord- oder Steuerbordseite. Für die Besatzung beider Schiffe eine schöne Abwechslung. Man ruft sich Scherze und Derbheiten zu. Harry ist vom Anblick der HAMILTON besonders gebannt, wenn sie in weniger als Flintenschussweite dahinsegelt. So sieht er das Spiegelbild des eigenen Schiffes: Die gleiche Rumpfform, die gleiche Takelage. Am schönsten sind die Sonnenuntergänge, wenn das einsetzende Abendlicht Masten und Segel der HAMILTON vergoldet. Harry bleibt dann am Fockmast auf einer Taurolle sitzen und wartet auf die Nacht, auf Mondschein und Sternenhimmel.

Am 14. Dezember kann er ein auf See eher seltenes Manöver beobachten. Am Heck wird die Schaluppe zu Wasser gefiert. Harmssen und Oswald lassen sich zur HAMILTON rudern, klettern dort an Bord. Sie folgen der Einladung zum Lunch, die Kapitän Pearce am Vormittag mit dem Sprachrohr herübergerufen hat. Am Tag danach gibt es, wie zur Strafe, schlechtes Wetter. Es beginnt mit heftigen Gewittern und Regengüssen, schnell zunehmendem, steifem Wind, der sich auf Sturmstärke steigert. *„Bei der hohen See arbeitete das Schiff sehr schwer"*, vermerkt das Logbuch. Harry ist der einzige an Bord, der solches Wetter auf hoher See noch nicht erlebt hat. Alle anderen sind Kap Hoorn-Geprüfte, die das Stampfen und Rollen der MENTOR gleichgültig hinnehmen, zerrissene Segel bergen und mit zwei Mann am Ruder dafür sorgen, dass Kurs gehalten wird. Harry hat hohe Wellen bisher nur in der Brandung beim Schwimmen mit der Holzplanke erlebt. Jetzt verliert er sogar sitzend das Gleichgewicht, muss sich krampfhaft festhalten. Er erschrickt über die schäumend heranrollende dunkelgrüne See, über die Schläge auf den Schiffsrumpf, wenn schwere Brecher treffen und sieht bestürzt, wie tief der Klüverbaum hinabtaucht, in Wasserstrudeln verschwindet und das gesamte Vorschiff überschwemmt wird. Auch wenn der Sturm bald abflaut und nur die lange Dünung an den Aufruhr erinnert, die Unterkünfte auf der Back sind überflutet worden, Strohsäcke, Decken und Habseligkeiten bleiben tagelang feucht.

Nach dem Sturm finden sich die beiden Schiffe schnell wieder und segeln nun erneut vereint nach Kanton. Am 22. Dezember lässt es das beständig angenehme Wetter zu, dass sich die Herren der MENTOR abermals für einige nachmittägliche Stunden an Bord der gastfreundlichen HAMILTON begeben. Ein Treffen, das auch der gemeinsamen Beratung gilt. Denn beide Kapitäne segeln zum ersten Mal in diesen Gewässern, beide wissen nach Vergleich ihrer 12.00 Uhr Positionsbestimmung: Sie stehen auf 148 Grad 16 Minuten Ostlänge, direkt Voraus müsste die Nord-Süd-Kette der Marianen-Inseln liegen. Bei Tagesanbruch fahren die Schiffe dann, wie nach der Karte erwartet, zwischen der Pagan, Alamagan und Guguan-Insel hindurch, weiter nach Westen. Sie haben nun über tausend Seemeilen freies Wasser vor dem Bug. Am 25. Dezember, dem ersten Weihnachtstag, kommt Kapitän Pearce von der HAMILTON zum überfälligen Gegenbesuch an Bord und wird entsprechend festlich bewirtet. Das Klavier steht zwar noch am alten Platz in der Achterkajüte, ist aber inzwischen so verstimmt, dass Oswald es vorzieht, für den Gast einige deutsche Weihnachtslieder ohne Instrumentenbegleitung zu singen.

Die nächsten Tage nutzt der Supercargo zum Wiederlesen von Lord Ansons *„Reise um die Welt"*. Dabei erscheinen ihm die Schlusskapitel von besonderem Interesse. War der Commodore doch im November 1743, also vor genau 80 Jahren, nach seinen Südsee-Operationen mit dem übriggebliebenen Flaggschiff, – der schwer beschädigten CENTURION, – auf demselben Kurs auf fast derselben Position nach Kanton unterwegs. Oswald liest, wie schwierig die Ansteuerung der chinesischen Küste damals war, wie stark Anson die Sorge vor Riffen und in den Karten nicht eingezeichneten Inseln zusetzte. Als sein Schiff dem Festland näherkam, geriet es in einen riesigen Schwarm von Fischerbooten, den die CENTURION-Besatzung auf etwa 6000 schätzte. Zu ihrer Verwunderung nahm keines der mit drei bis fünf Mann besetzten Fahrzeuge Notiz von dem großen, schwer bewaffneten britischen Kriegsschiff und keiner machte Anstalten, Lotsendienste anzubieten. Anson schaffte es trotzdem, die Insel Macao anzulaufen, dort so lange zu ankern, bis er nach zeitraubenden Verhandlungen die notwendige Genehmigung zur Weiterfahrt flussaufwärts erhielt.

Der alte Reisebericht verheißt dem Supercargo wenig Erbauliches: Die einst blühende portugiesische Kolonie Macao stand schon damals unter der Gewalt eines chinesischen Statthalters und die Stadt *„hat sehr viel von ihrem alten Glanz verloren."* Das Hauptärgernis waren für Anson Rückschläge und Verzögerungen bei der Ausbesserung des Rumpfes und der Proviantübernahme. Nach vierwöchigem Aufenthalt fiel das Urteil der CENTURION-Schiffsführung vernichtend aus: *„… List, Falschheit und Gewinnsucht, unglaubliche*

Spitzbübereien. Ihre Obrigkeit ist böse, das Volk diebisch, die Gerichte arglistig.“

Mit wachsendem Missbehagen liest Oswald: Hühner und Enten wurden mit Steinen und Sand gestopft, um das Gewicht zu erhöhen. Das gleiche geschah mit toten Schweinen, die man mit Wasser füllte. Unmittelbar vor dem Auslaufen lebend an Bord gebrachte Tiere hatten nach vorher erzwungenem Salzfressen entsprechende Mengen getrunken. Außerdem kannten die Chinesen ein Mittel, an dem die Schweine bald nach der Übernahme an Bord starben. Als die CENTURION auf ihrer Heimreise nach England gerade erst Landsicht verloren hatte, mussten zwei Drittel der Schweine tot über Bord geworfen werden. Dem Schiff folgte eine Flotte von kleinen Dschunken mit der Absicht, die erwarteten Kadaver aufzufischen und zu verkaufen. Nach dieser Lektüre hat Oswald das Gefühl, gerade noch rechtzeitig gewarnt zu sein und nimmt sich vor, bei Ankunft in Kanton vor Mandarinen und chinesischen Händlern auf der Hut sein.

Während sich der Supercargo in den Anson-Bericht vertieft, die tägliche wie nächtliche Schiffsroutine nach den ungeschriebenen Regeln guter Seemannschaft abläuft, fühlt sich Harry auf der MENTOR immer wohler. Durch seine gleichbleibende Fröhlichkeit hat er es geschafft, dass die abergläubischen Männer in ihm so etwas wie einen Glücksbringer sehen, der eine gute Reise verspricht. Harry hat sich an das Schlafen im Vorschiff gewöhnt, das Schnarchen, die häufig lautstarken Streitgespräche und Flüche in friesischem Platt, von dem er kein Wort versteht, und an das gemeinsame Essen, das ihm nicht schmeckt. Neugierig sieht er sich Tätowierungen auf den Unterarmen seiner Gefährten an und lässt sich den Inhalt von Seekisten zeigen.

Von Oswald gewollt, besitzt Harry einen Sonderstatus. Er muss vorerst keine zugewiesenen Arbeiten verrichten, sondern kann fast wie ein Passagier über seine Zeit verfügen und sich in Ruhe umsehen. So steigt er steile Leitern in den Laderaum hinunter, wo Leinenballen, Wasser-, Branntwein-, Essigfässer, aber auch die auf O’ahu gekauften Gegenstände lagern, schaut sich die mittschiffs gelegene Segelkammer an und besucht den alten Smutje. In dessen Kombüse beeindrucken ihn der mit Steinen ummauerte große Kochherd und die verwirrend zahlreich glänzenden, unbekannten Gerätschaften: kupferne Töpfe und Kessel, Pfannen, Schaumlöffel, Trichter, Kellen, Fleischgabeln und ein Kasten mit Kurbel – die Kaffeemühle.

Längst ist Harry das System der vierstündig wechselnden Wachen mit Freiwachen für die Vollmatrosen und Jungmänner vertraut, eine Arbeitsordnung, die bisher nur einmal während des Sturms durch das Kommando: *„All hands – alle Mann an Deck"* unterbrochen wurde. Er weiß, dass Eggers die Steuerbord- und Wendt die Backbordwache führt, zu denen jeweils fünf bis sechs Mann gehören, die während ihrer Wache alle Arbeiten und Manöver ausführen müssen: Segelsetzen, Reffen, Wenden, Halsen, Rudergehen, durch Loggen die Schiffsgeschwindigkeit bestimmen, Takelwerk und Ankergeschirr kontrollieren, reparieren und dazu das ungeliebte Deckschrubben. Auch das Rätsel um die regelmäßigen Glockentöne ist gelöst. Tag- und Nacht schlägt der Rudergänger die Zeit nach Ablauf der Sanduhr zu jeder halben Stunde mit einfachem und die volle Stunde mit Doppelschlag des Klöppels an. Durch dieses *„Glasen"* wissen die Diensthabenden, wann sie ihre vier Stunden bis zum nächsten Wachwechsel geschafft haben.

Das Achterdeck betritt Harry nur nach Aufforderung. Es ist das Gebiet der Häuptlinge. Hier fallen die Entscheidungen, von hier kommen die Kommandos an den Bootsmann, der sie mit seinen Männern ausführt, und hier steht der seltsame, halbhohe Baumstumpf mit einer Messinghaube, den der Matrose am Steuerrad im Blick behält, um Kurs zu halten. Auf dem Achterdeck findet jeden Mittag Punkt zwölf ein geheimnisvolles, meistens zu zweit absolviertes Ritual statt. Harmssen erscheint mit Eggers oder Wendt und peilt mit einem merkwürdigen Gerät, das sie sich vor Augen halten, die Sonne an, und beide rufen im selben Augenblick: *„Null"*. Wilhelm Wendt versucht, Harry mit Zeichen zu erklären, dass sie durch diese Prozedur wissen, an welchem Punkt sich das Schiff auf dem Meer befindet. Doch der versteht nicht, was der etwa fünf Jahre Ältere meint, und denkt, zur Orientierung taugen doch nur die Farbe des Wassers, Vögel am Himmel oder die Sterne.

Zum Neujahrstag 1824 beginnt sich das Wetter zu verschlechtern. Der Wind wird stärker, stündlich nimmt der Seegang zu. Am 2. Januar sehen sie an Steuerbord in Nord-Nord-Ost in sechs Meilen Entfernung Land. Nach der Seekarte muss das die kleine Insel Botel Tobago an der Südküste Formosas sein. Wegen der starken Stromversetzung gibt Harmssen Order, den Kurs auf Süd-Süd-West zu ändern. Gegen Abend treffen sie auf die ersten chinesischen Fahrzeuge, erhalten jedoch, wie einst Anson, keinen Lotsen. Das Wetter bleibt laut Logbuch unfreundlich:

4. Januar – Nachmittags Wind stärker, machten kleinere Segel, 3 Uhr das 2. Reff in die Marssegel, 5 Uhr das 3. Reff in die Marssegel. Fortwährend starker Wind, trübes Wetter und anhaltender Regen. Vormittags 8 Uhr Segel fest, legten bey, weil man kaum eine halbe Meile sehen konnte. Keine Observationen.

Am frühen Morgen des 6. Januar läuft die an zahlreichen Fischerbooten vorbeisegelnde MENTOR südlich der Lema-Inseln weiter nach Westen und geht wegen der durch schlechte Sicht schwierigen Navigation zur Sicherheit über Nacht auf 16 Faden Wassertiefe vor Anker. Die letzten Seemeilen der Fahrt nach China erweisen sich als herausfordernde Hürde. Das Thermometer sinkt auf 6 Grad, alle leiden unter der plötzlich einbrechenden Kälte. Endlich gelingt es, einen Lotsen an Bord zu nehmen, der sie nach Macao bringen soll. Ein Sturm aus Nord-Nord-Ost zwingt am Abend erneut zum Ankern. Diesmal auf ungemütlicher Tiefe von 70 Faden. Als bemerkt wird, dass das Schiff ins Treiben gerät, fällt der zweite Anker. Am nächsten Morgen stellen sie beim Hochhieven fest, dass der Ring in der Kette gebrochen, und damit Anker wie Boje verloren sind, – ausgerechnet der Anker, der in der Bucht von Valparaiso dem Orkan standgehalten hat. Erst nach drei weiteren Tagen mühseligen Aufkreuzens und Übernahme eines zweiten Lotsen kann die MENTOR am 11. Januar 1824 nordwestlich der Stadt Macao vor Anker gehen. Nach 33 Tagen auf See ist China, das Ziel ihrer 13-monatigen Reise erreicht.

Vom schweren Wetter etwas mitgenommen, liegt das Schiff in der geschützten Hafenbucht des alten portugiesischen Handelsstützpunktes. Kapitän Harmssen hat seinen

Teil des königlichen Auftrags erfüllt. Nun schlägt die Stunde des Supercargos. Er muss dafür sorgen, dass sie die Erlaubnis zur Weiterfahrt nach Kanton erhalten und dort mit der im Laderaum gestauten Fracht Handel treiben dürfen. Nach kurzem Landgang schreibt Oswald über die Stadt: „*Von der Seeseite aus betrachtet bietet Macao, welches amphitheatralisch an einer halbmondförmigen Bay liegt, einen interessanten Anblick dar. In der Nähe betrachtet, ist es aber ein schmutziger, öder Platz, der nur wegen des ungesunden Klimas im Sommer in Canton von den sich dort aufhaltenden Europäern zur Erholung und Wiederherstellung ihrer zerrütteten Gesundheit aufgesucht wird.*"

Das Vorsprechen bei der Obrigkeit verlief leider wenig ermutigend. Oswald musste zu seinem Verdruss erfahren, dass nur die Regierung in Kanton berechtigt ist, Handelsgenehmigungen zu erteilen, und dass die in China unbekannte Bremer Flagge zum Hindernis werden könnte. Durch schlechtes Wetter und fehlende Transportverbindungen behindert, gelingt es dem Supercargo erst nach acht Tagen mit einem aus Boston kommenden amerikanischen Segler in Richtung Kanton aufzubrechen, das etwa 70 nautische Meilen flussaufwärts liegt.

Am selben Tag, am 18. Januar, lichtet die MENTOR den Anker, segelt ebenfalls nordwärts auf dem hier fast 15 Seemeilen breiten Perlfluss stromauf und ankert weisungsgemäß am Westufer der Lintin-Insel. Hier soll sie auf Freigabe zum Anlaufen des einzigen, für alle ausländischen Schiffe vorgeschriebenen Ladeplatzes Whampoa (Huang pu) und den Flusslotsen warten.

Bisher hat sich Harry gut gehalten und zur Verwunderung aller auch während des Sturms weder sein Lächeln noch die Zuversicht verloren. Natürlich war die ungewohnte Kälte scheußlich, das nächtliche Ankern unheimlich. Doch jetzt gibt es so viel Neues zu betrachten: Fischerboote mit fremdartigen Mattensegeln, die ersten zwei- und dreimastigen Dschunken mit eigenartig stumpfen, löffelartigen Bugpartien. Wie auf der Reede von Macao ankert die MENTOR vor Lintin zusammen mit Frachtseglern aus Portugal, Nordamerika, Spanien, England, Frankreich und den Niederlanden. Das ist für Harry etwas völlig anderes als die üblichen Walfänger und mit Sandelholz beladenen Handelsschoner in den heimatlichen Gewässern von O'ahu. Vom Liegeplatz kann er die unterschiedlichen Schiffsformen vergleichen, deren Typbezeichnungen er nicht kennt: Zweimastige Toppsegel- und Gaffelschoner, Briggs, Barkentinen, dreimastige Barken und Vollschiffe wie die MENTOR. Zwischen all den Ankernden bewegen sich dickbäuchige Dschunken und Sampans, mittelgroße, landestypische Ruder- oder Segelboote, die als Rückgrat des Wasserverkehrs Passagiere, Proviant und Handelswaren befördern.

Etwas abseits liegt unter britischer Flagge eine Gruppe von zwanzig Schiffen der EAST INDIA COMPANY. Diese mit Kanonen gut bestückten kriegerischen Fahrzeuge finden das besondere Interesse der MENTOR-Besatzung, gehören sie doch zur sogenannten „*Opiumflotte*", jenen geheimnisvollen Schiffen, die trotz strengen kaiserlichen Verbots mit Androhung der Todesstrafe, in beträchtlichen Mengen Opium aus Indien nach China bringen. Seit Jahren ist der Rauschgifthandel ein höchst einträgliches Geschäft der Engländer, dem die chinesische Regierung machtlos gegenübersteht. Von Bord der MENTOR können sie beobachten, wie die mit 50 bis 60 Ruderern bemannten Schmugglerboote die in Kisten verpackte Ware übernehmen, um sie stromaufwärts nach Kanton zu transportieren. Diese zusätzlich mit Segeln ausgerüsteten Boote sind so schnell, dass sie die chinesische Marine nicht fassen kann oder auf Weisung eines bestochenen Mandarins nicht fassen will. Niemand ahnt zu diesem Zeitpunkt, dass es fünfzehn Jahre später (1839), in einem ersten „*Opiumkrieg*", zur militärischen Auseinandersetzung zwischen dem Kaiserreich China und Großbritannien kommen wird.

Nach 24 Tagen Wartezeit trifft am 9. Februar der Flusslotse mit der ersehnten Nachricht ein: „*Kurs Whampoa*" – allerdings unter einer Bedingung: Die MENTOR muss die in Kanton bekannte Flagge der Hansestadt Hamburg setzen. Und so weht beim „*Anker auf*" das rote Tuch mit der weißen Burg an der Besangaffel.

Auf dem Perlfluss die 45 Seemeilen stromaufwärts nach Whampoa zu segeln, bedeuten für jeden revierfremden Kapitän trotz des chinesischen Lotsen eine Prüfung des seemännischen Könnens. Der starke Schiffsverkehr macht die Fahrt von Lintin bei jeder Wetterlage zur Nervenprobe. Es gibt immer zahlreiche Mitläufer, Segler unterschiedlicher Größe und Schnelligkeit, die dasselbe Ziel ansteuern. Gleichzeitig kommt den Whampoa-Fahrern flussabwärts eine Flotte von Schiffen entgegen, die wegen des Gegenwindes kreuzen muss. Um Kollisionen zu vermeiden, gilt es, deren Kurse wie Geschwindigkeit aufmerksam zu beobachten und richtig abzuschätzen. Dafür sind im Vortopp und am Bug besonders erfahrene Matrosen postiert. Sie melden lautstark die Gefahrenlage, sodass notwendige Ruderkommandos oder Segelmanöver rechtzeitig befohlen werden können.

Von der Anspannung auf dem Achterdeck merkt Harry nichts. Er ist vom Anblick des Anfangs noch 15 Seemeilen breiten Flusses beeindruckt, von den schön geschwungenen Höhenlinien der bergigen Ufer und dem durch so viele Schiffe belebten Gewässer. Aufregend wird es für ihn erst, als sie sich am frühen Morgen des nächsten Tages der „*Bocca Tigris*", der Einfahrt in den sich hier auf eine Breite von zwei Seemeilen verengenden Perlfluss nähern. Am Nachmittag erreichen sie auf Höhe der Tiger-Insel die Forts, mächtige, auf beiden Uferseiten angelegte Befestigungsanlagen, deren Kanonen die Sicherheit Kantons garantieren sollen. Ausländische Schiffe dürfen die Bocca Tigris nur mit kaiserlicher Genehmigung und einem chinesischen Lotsen an Bord passieren. Noch vor Abreise nach Kanton zeigte Oswald den beiden Steuerleuten den Abschnitt in Lord Ansons „*Reise um die Welt*", in der sein Chronist, der Flaggschiff-Kaplan schildert, wie Anson trotz ausdrücklichen Verbots bis nach Kanton vordrang. Er segelte einfach flussaufwärts und drohte dem chinesischen Lotsen, ihn augenblicklich an der Rah aufzuhängen, wenn sie auf Grund liefen. Zwischen den beiden Forts fuhr die CENTURION, ständig Back- und Steuerbordbreitseiten feuernd, völlig unbehelligt hindurch, weil die überrumpelten kaiserlichen Kanoniere sicherheitshalber in Deckung gegangen waren.

Die MENTOR kommt ohne Zwischenfälle nur langsam voran. Stundenweise muss sie auf Wind warten und nachts erneut ankern. Wegen kleiner Felsinseln und Sandbänke ist der Fluss schwierig zu befahren. Erst am dritten Tag taucht die berühmte Landmarke auf: Die neunstöckige, weithin sichtbare, um das Jahr 1600 erbaute Pagode auf der Insel Whampoa. Der Anblick dieses Turms löst bei jedem China-Handel treibenden Europäer oder Nordamerikaner ein Gefühl von Dankbarkeit aus: Zumindest bis hierher ist die Reise glücklich verlaufen! Am 11. Februar 1824 hat das im Auftrag der KÖNIGLICH PREUSSISCHEN SEEHANDLUNG unter Hamburger Flagge fahrende Fregattschiff das Ziel erreicht: 10 Seemeilen unterhalb Kantons gibt Harmssen dem Bootsmann das Kommando: *„Fallen Anker“*.

Löschen und Laden – Frischwasser in Java – vom Indischen Ozean in den Südatlantik

Im ersten Drittel des 19. Jahrhunderts ist Whampoa einer der weltweit ungewöhnlichsten Ankerplätze. Tief im Binnenland gibt es diese geschützte, von drei unterschiedlich großen Flussinseln begrenzte, seeartige Wasserfläche, auf der Dutzende von Seglern mit den Flaggen aller seefahrenden Nationen ihre Ladungen löschen und neue Waren an Bord nehmen. Auch die MENTOR liegt am Südende von Whampoa, umgeben von anderen Schiffen, umschwärmt von Lastkähnen, mit denen die Transporte flussauf- und abwärts nach Kanton abgewickelt werden. Kapitän Harmssen wartet nun auf Nachricht von Oswald, der bereits seit mehreren Wochen in der chinesischen Stadt sein Glück als Kaufmann versucht. Keiner weiß, ob es dem Supercargo inzwischen gelungen ist, mit in Frage kommenden Abnehmern der Leinen- und Kupferfracht erfolgreiche Verhandlungen zu führen.

Mit der ihm eigenen Energie und Unternehmungslust hatte Oswald die Sache in Angriff genommen. Nach der mehrtägigen Reise auf dem amerikanischen Schiff, das wie alle Ausländer nur bis Whampoa fuhr, reiste er in Ermangelung von Straßen, die Europäer ohnehin nicht betreten dürfen, auf die

In China am Ziel – die Reede von Whampoa, um 1835

einzig mögliche Art mit einem Sampan flussaufwärts nach Kanton weiter. Eine Bootsfahrt, die starken Eindruck machte. Zuerst nur Reisfelder, dann, am Rand der auf 400 000 Einwohner geschätzten Stadt, an Tausenden von beidseitig der Ufer vertäuten Booten entlang, auf denen offenbar die Armen und Obdachlosen leben, – eine riesige Wasserstadt, bevor die eigentliche Stadt beginnt, deren Anblick eher enttäuschend wirkte.

„*Die einzige Schönheit, welche die Vorstädte dieses ungeheuren Platzes für europäischen Geschmack darbietet,*“ schreibt Oswald, „*sind die an der Wasserseite gelegenen europäischen Faktoreien, welche zum Betrieb der Geschäfte der sich hier aufhaltenden Nationen errichtet werden. Unter diesen zeichnet sich die große englische Faktorei, die mit Geschmack und Eleganz und wahrhaft fürstlichem Äußern und Innern aufgeführt, vor allen anderen rühmlichst aus. An diese schließen sich unterhalb am Ufer die großen Hongs und Packhäuser der vom Kaiser privilegierten Hong- oder Mandarinen-Kaufleute an, welche die bedeutendsten Geschäfte der Fremden und der Inländer in ihren Händen vereinigen.*“

Am Nordufer des Perlflusses zieht sich die lange Reihe jener zweistöckigen, weißgetünchten Warenhäuser entlang, auf denen die Fahnen Englands, Spaniens, der Niederlande, Schwedens und Dänemarks wehen. Zum Glück kann der Supercargo als Lagerfläche einen leerstehenden Schuppen in der „*Danish Factory*“ für die notwendige Präsentation der eigenen Fracht anmieten, sodass nur noch die Geschäftsabschlüsse fehlen. Trotzdem kauft Oswald schon mal mit der Dollarbarschaft 5 000 Kisten Tee, sowie einige Partien Zimt und Seide. Gleichzeitig versäumt er es nicht, an die Heimkehr nach Berlin zu denken, erwirbt Porzellan, Kunstgegenstände aus Elfenbein, Perlmutt und Schildpatt. Außerdem entdeckt Oswald in seinen Mußestunden den Reiz der feinen chinesischen Malerei und sitzt einem Kantoner Künstler für ein Porträt Modell.

Zur selben Zeit schwoit die MENTOR, von wechselnden Winden in alle Richtungen der Kompassrose gedreht, in Whampoa vor Anker. Harmssen muss die Leute in Bewegung halten, hat Vorbereitungen für die lange Heimreise zu treffen. Er lässt alle leeren Fleisch- und Speckfässer zum Auswaschen an Deck holen, Wasserfässer zum Füllen an Land rudern. Das wichtigste sind die Überholungs- und Konservierungsarbeiten der Takelage. Alle Rahen, einschließlich der Fock-, Groß-, Kreuzrah und die oberen Stengen kommen an Deck. Es wird repariert, geschmiert, geölt, gefirnisst, gelabsalbt. Der Zimmermann kalfatert die Plankennähte an Deck und sieht sich die Bordwände des Schiffes oberhalb der inzwischen blankgewordenen Kupferbeschichtung genau an.

Obwohl es Arbeit gibt bleibt Zeit für Müßiggang. Harry hat zwar bei einigen Tätigkeiten mithelfen können, doch auch er beginnt sich zu langweilen. Der bei Ankunft so überwältigende Anblick der internationalen Handelsflotte mit den bildbeherrschenden 74-Kanonen-Schiffen der EAST INDIA COMPANY ist Alltag geworden. Ebenso der Mastenwald im Gewimmel einheimischer Boote, und auch über die von den nachbarlichen Ankerliegern herüberschallenden fremden Sprachen wundert sich Harry längst nicht mehr. Wie seine Bordkameraden schaut er sehnsüchtig auf das satte Grün der greifbar nahen Inselufer. Doch niemand darf von Bord. Nur britische Seeleute und Franzosen haben das Privileg auf Landgang. Seit 1756 können sich die einen auf „*Danes-Island*“, die anderen auf der dreifach größeren

Zu Füßen der großen Pagode – die internationale Handelsflotte

„French-Island" erholen und die Friedhöfe ihrer Landsleute besuchen.

Endlich kommt mit dem Eintreffen mehrerer Lasten-Sampans das erlösende Signal aus Kanton. Die Order lautet: Sämtliche Leinenballen und Kupferbestände verladen, – ein Zeichen, dass Oswald Erfolg hat. Einige Tage später erscheinen die Boote erneut und gehen eines nach dem anderen längsseits. Sie bringen hölzerne Teekisten, Seidenballen und weitere, nicht näher bezeichnete, gut verpackte Gegenstände. Die Übernahme der Fracht ist eine kräftezehrende Anstrengung. In Netzen werden die Kisten mit Muskelkraft an Bord gehievt und dann im Laderaum sturmsicher verstaut. Alle müssen anpacken, auch Harry müht sich nach Kräften im Halbdunkel des Schiffsbauches mit den scharfkantigen Kisten.

Oswald verlässt Kanton am 16. März um 6 Uhr morgens in einem Sampan und kommt acht Stunden später in Whampoa an. Nun sind alle an Bord. Und spätestens jetzt stellt sich die Frage: Soll Harry weiter mitreisen? Denn nur hier gibt es die letzte Chance, mit einem der vor Anker liegenden Sandelholz-Transporter auf die Sandwich-Inseln zurückzukehren. Doch Harry bleibt fest entschlossen: Alles ist *„maitai“*, er will unbedingt an Bord bleiben.

Im Morgengrauen lichtet die MENTOR am nächsten Tag den Anker und läuft auf dem Perlfluss, dem *„Canton-River“*, dem südchinesischen Meer entgegen. Durch die Strömung kommt das Schiff so schnell voran, dass die große Whampoa-Pagode bald am nordöstlichen Horizont verschwindet. Noch einmal geht es vor dem Hintergrund bläulicher Bergketten an flachen Ufern mit Reisfeldern, an Dörfern, kleineren Städten und Pagoden vorbei. Noch einmal sehen die Männer der MENTOR die Festungsanlage von Bocca Tigris und die zur Abschreckung des Feindes mit kolossalen Fratzen und Tigerköpfen bemalten Schießscharten. Allen ist bewusst: Mit Passieren dieser Kontrollstation ist die *„Mission Kanton“* erfüllt. Jetzt beginnt die Rückreise, Ziel: Der Weserhafen Vegesack.

Wilhelm Oswald ist zufrieden. Unter seinen Füßen die stattliche Teefracht, kalkuliert er bereits die in Bremen zu erzielenden Gewinne. Ja – er hat Glück. Im Gegensatz zu Lord Ansons unguten Erfahrungen gingen seine chinesischen Geschäftspartner *„mit einer Pünktlichkeit und Gewissenhaftigkeit zu Werke, welche in der Tat bemerkenswert ist.“* Überrascht hat Oswald bei den Verhandlungen erfahren, dass es keines Austauschs von Dokumenten bedurfte, alles wurde mündlich vereinbart und peinlich genau eingehalten. Auch bei der Proviantübernahme für die MENTOR gab es keine Schwierigkeiten. Die Zeiten steingestopfter Hühner und gewichtsgetränkter Schweine sind offenbar Geschichte.

Am 20. März 1824 befindet sich die MENTOR nach zügiger, von einer Nordostwindlage begünstigten Fahrt auf der Höhe von Macao. Hier geht der Lotse von Bord. Für Harmssen der Augenblick, Befehl zum Einholen der Hamburger Flagge zu geben. Keiner an Bord kann in diesem Moment ahnen, dass jetzt eigentlich die preußische Kriegsflagge, das weiße Tuch mit schwarzem Adler und eisernem Kreuz im oberen linken Drittel, gehisst werden müsste. Im fernen Berlin hat nämlich vor einigen Tagen die Generaldirektion der SEEHANDLUNGS-SOCIETÄT dem Bremer Reeder Delius die MENTOR abgekauft, ein Schritt, der die Wiederaufnahme des königlich-staatlichen Reedereibetriebs in Preußen markiert.

Auf Südkurs durchsegelt das neue SEEHANDLUNGS-Schiff nun das Südchinesische Meer. Im Journal steht: „*frischer Wind – gutes Wetter – fortwährend gutes Wetter*“. Und am 31. März heißt es:

„*In diesen 24 Stunden Wind u. Wetter beständig. Alle dienlichen Segel beigesetzt. Es scheint, daß eine Ströhmung nach Westen uns ganz in Richtung des Windes seit einigen Tagen versetzte.*“

Am Vormittag des nächsten Tages erblicken sie an Steuerbord die Küste von Cochin-China (*Vietnam*) und um 12 Uhr in zwölf Meilen Entfernung Kap Padaran. Der Schiffsführung ist bewusst, dass dies der vorerst letzte Landkontakt sein wird. Danach heißt es: Kurs Süd-Süd-West, 800 Seemeilen auf die vor Sumatra liegende, von den Holländern verwaltete Insel Bangka zu. 18 Tage später erreichen sie diese Küste ohne besondere Vorkommnisse. Nun gilt es, in den schwieriger werdenden Gewässern keinen Fehler zu machen. Harmssen hat die Absicht, Anjer anzulaufen, ein kleines Dorf an der Nordwestküste von Java, das sich bei den Europäern als Wasserübernahmeplatz großer Beliebtheit erfreut. Es ist jedoch gar nicht so einfach, die vergleichsweise kurze Etappe zu bewältigen: Windstillen, widrige Strömungen, kleine Inseln, zwingen zu peinlich genauer Navigation und mehrmaligem nächtlichen Ankern. Erst am 23. April, nach 34 Tagen auf See, ist es geschafft:

„*Vormittags 10 Uhr der Wind West, segelten in die Bay von Anjer auf Java um Wasser zu nehmen, ankerten 11 Uhr auf 14 Klafter nah am Land.*“

Die Bucht von Anjer zeigt sich in paradiesischer Schönheit. Am Ufer Kokospalmen, Reisfelder und fast 20 Meter hohe, rot blühende Tamarindenbäume. Vor der Kulisse naher Gebirgszüge liegen einige Handelsschiffe, zwischen denen ein halbes Dutzend mit Wasserfässern beladene Ruderboote hin- und herfahren. Unter den Ankernden fällt die amerikanische PARAGON durch ihre Größe auf, ein Vollschiff, das sie bereits drei Wochen zuvor an der Küste von Cochin-China gesichtet haben. Noch am Nachmittag erhält die MENTOR

Java – Wasserbunkern in der Bucht von Anjer

Besuch. Mit dem holländischen Hafenmeister kommen einige Kapitäne zum Austausch von Neuigkeiten an Bord und werden in aller Form bewirtet. Harmssen stellt erfreut fest, dass der Kapitän der PARAGON dasselbe Ziel hat: Kap der guten Hoffnung. So werden sie also gemeinsam den Indischen Ozean überqueren.

Am nächsten Tag folgen Oswald und Harmssen einer Einladung des Hafenmeisters, der ihnen sein schön eingerichtetes Haus zeigt und einen Spaziergang empfiehlt, bei dem sie zum ersten Mal Kaffeebäume und Baumwollsträucher mit gelben und roten Knospen sehen. Als die beiden zum Schiff zurückkommen, finden sie die MENTOR von einer größeren Zahl einheimischer Boote umringt. Händler bieten Papageien und kleinere exotische Vögel an, die von der Mannschaft in großer Zahl gekauft, allerdings nur wenige Wochen überleben werden.

Während leere Fässer an Land gerudert und mit frischem Quellwasser gefüllt zurückgebracht werden, findet Oswald Zeit, Briefe an Everhard Delius und seine Braut zu schreiben. Die sollen dann mit der regelmäßig fahrenden Postkutsche zur Weiterbeförderung nach Rotterdam in die 15 Meilen entfernte Hauptstadt Batavia gebracht werden.

Zum letzten Mal berichtet Oswald ausführlich an Adele: *„Die Eingeborenen sind klein und kupferbraun und gehen nackt bis auf einen Turban und einen Gurt aus inländischem Zeug um die Hüften. Die Frauen und Mädchen lassen sich wenig vor den Europäern sehen. Nach Sitte des Landes heirathen die Mädchen oft schon im neunten oder zehnten Jahr.“* Unter der Überschrift *„Einige Notizen über Java“* entwirft er mit der ihm eigenen Beobachtungsgabe ein Bild der Insel: Landschaft, Sprache, Fischfang, die Kunst des Webens und Färbens von Stoffen. Aber auch die politischen Verhältnisse werden angesprochen. Oswald behauptet, dass die mohammedanischen Einwohner gut behandelt werden und nur geringe Abgaben zahlen müssten. *„Die Holländer sind in vollem Besitz der Insel. Die Sultane und der Kaiser von Java sind auf Pension gesetzt und durch die Politik der Holländer in einem ohnmächtigen Zustand gehalten. Durch diese ist auch dem Unfug der Piraterei völlige Grenze gesetzt. Kreuzer überwachen überall die Küsten.“*

Nach zweittägigem Aufenthalt ist die MENTOR am späten Nachmittag des 25. April 1824 segelfertig, kann aber wegen heftiger Gewitter nicht auslaufen. Erst gegen Mittag des nächsten Tages kommt nach völliger Flaute Wind aus Nordwest, sodass Harmssen das Kommando *„Anker auf“* geben kann und der Bootsmann die Männer in die Takelage schickt. Segel setzen – bei diesem Wetter eine schnell erledigte Aufgabe. Nach kurzer Zeit ertönen aus dem Rigg die Meldungen: *„Fockmast ist klar!“* – *„Großmast ist klar“*. Kaum merklich nimmt das Schiff Fahrt auf und segelt hinaus in die Sundastraße, die an ihrer schmalsten Stelle nur 15 Seemeilen breit, Sumatra und Java trennt. Vor dem Bug: der Indische Ozean mit 5000 Seemeilen bis zum Kap der Guten Hoffnung. Harmssens Order für den Rudergänger: *„Kurs Südwest 230 Grad“*.

Harry ist jetzt 114 Tage an Bord. Seit Verlassen seiner Heimatinseln hat er kein Land betreten. Weder in Whampoa noch in Anjer. Obwohl er dort gern zum Füllen der Wasserfässer ins Boot geklettert wäre, durften das nur die Matrosen. Inzwischen hat er fast alles erlebt, was die Seefahrt dem Einzelnen abverlangt: Das Ausgeliefertsein an das ständig, manchmal stündlich wechselnde Wetter, – völlige Windstille, bei der jedes Fahrtgeräusch erstirbt, nur noch das leise Flappen der Segel zu hören ist und der über Bord geworfene Abfall des Kochs neben dem Schiff herschwimmt, um dann beim ersten Windhauch langsam achteraus zu treiben, – aber auch das völlige Gegenteil, schweres Wetter, Sturm, hochgehende See mit weißen Schaumkämmen, Brecher, die auf den Rumpf schlagen, das Deck mit strömenden Wassermassen überschwemmen und das Schiff taumeln, stampfen und rollen lassen.

Harry teilt das Leben der Mannschaft, wohnt mit ihr auf engstem, ungeheiztem Raum, leidet wie sie unter Kälte, Nässe, Schlaflosigkeit und nutzt das einzige, bei stärkerem Seegang dauernd überspülte Klosett am Bug. Er isst mit den Männern auf der Back klaglos die zugeteilten Tagesrationen von Reisbrei, Pökelfleisch, Kartoffeln und Gemüse, trinkt Tee oder Kaffee. Auch wenn er häufig nicht versteht, was die anderen zu ihm sagen und manchmal nicht begreift, was sie von ihm wollen, er bewundert die Matrosen vor allem an Sturmtagen, an denen alle Mann ins Rigg müssen. Selbst an einer Nagelbank oder am Schanzkleid festgeklammert, beobachtet er, wie sie zur Windseite an die Wanten gepresst in die Takelage aufentern, sich hoch oben weit auf die Rahen hinauswagen, dort mit dem brettharten Segeltuch kämpfen und beim Überholen des Schiffes in der Leere zwischen Himmel und aufgewühlter See schweben.

Ohne Murren hat sich Harry der Schiffsroutine angepasst, dem Rhythmus der Wachwechsel, den Tag- wie Nacht immer gleichen Arbeiten der Mannschaft: Segel setzen, Segel reffen, Segel bergen, zerschlissene Segel von den Rahen nehmen, neue Segel anschlagen, Rigg überprüfen, Tauwerk ausbessern, Quartiere säubern. Und in den Freiwachen: Schlafen, Essen, das eigene Zeug waschen und ausbessern.

Das Verhältnis zwischen den jungen ostfriesischen Seeleuten und dem noch jüngeren Sandwich-Insulaner ist kameradschaftlich, wissen die Männer doch, dass dieser unter Oswalds Schutz steht und, – so ein Gerücht -, ein Geschenk für den preußischen König sein soll. Deshalb bleibt er von derben Scherzen oder Schikanen verschont, ist nach den Sitten Hawai'is *„Tabu"*. Harry findet noch immer alles *„maitai"*. Er scheuert das Deck, hilft beim Putzen, füttert manchmal die weniger werdenden Hühner und Schweine, geht dem Segelmacher zur Hand und ist auch bei Segelmanövern bereitwillig an Deck. Wegen des im Indischen Ozean zuverlässigen Südost-Passats wird vorwiegend mit achterlichen Wind, also raumschots gesegelt, sodass es nur in größeren Zeitabständen zu Kursänderungen mit einer sogenannten „*Halse*" kommt, bei der sich das Heck des Schiffes durch den Wind dreht. Aufwändiger wird die Sache für ein Rahschiff, wenn der von vorn kommende Wind umspringt und zur „*Wende*" zwingt, und die MENTOR „*auf den anderen Bug*" gehen muss. Dann ist Harry mit jugendlicher Kraft und Einsatzfreude an dem immer gleich ablaufenden Manöver beteiligt. Die in vier, fünf Mann eingeteilten Gruppen nehmen ihre Positionen ein und warten auf das von der Poop, vom Achterschiff, kommende und auf dem Hauptdeck laut wiederholte Kommando: „*REE!*", um die Brassen loszuwerfen. Danach herrscht erwartungsvolle Stille, jene jedes Mal aufs Neue spannenden Minuten, die vergehen, bis nach dem Ruderlegen die Rahen herumschwingen und das Schiff wieder langsam Fahrt aufnimmt. Erst nach dem zweiten Kommando: „*Rund Achtern*" werden mit Geschrei und Getrampel die Brassen auf der neuen Leeseite dichtgeholt.

Alles ist gut. Nur das Essen schmeckt nicht und es gibt zu wenig Wasser. Tagesration drei Liter zum Trinken, Waschen und Kleidung sauber halten. Das reicht nicht. Harry sehnt sich nach frischem Wasser, nach der Möglichkeit, den ganzen Körper zu waschen, aber noch mehr nach dem Schwimmen in wild schäumender Brandung. Trost findet er in ruhigen Nächten an Deck. Stundenlang hinter dem Großmast verborgen, betrachtet er die stille Weite der vom Mond beschienenen See. Vor ihm die scharfen Schatten von Tauwerk und Segeln auf den Planken und über ihm, beim Blick nach oben, die geblähten, wie Vogelschwingen aussehenden Segel mit der pendelnden Mastspitze vor den unbeweglich still stehenden Sternen.

Am 7. Mai herrscht allgemeine Aufregung an Bord. Die von der Besatzung „*Arras*" getaufte Muttersau wirft überraschend zwölf Ferkel, ein Ereignis, das einige Diskussionen auslöst, wie man diesen unverhofften Zuwachs unterbringen soll. Am selben Tag verschlechtert sich das Wetter. Es wird stürmisch. *„10 Uhr das 2. Reff in die Marssegel. Der große Klüver zerriss. 11 Uhr refften die Marssegel dicht. Die See lief hoch, viel Seewasser übers Verdeck"*, schreibt Harmssen ins Journal. Doch schon nach zwei Tagen werden sie mit schönem Wetter und günstigem Wind belohnt, der dem Schiff so gute Etmale bringt, dass am 16. Mai der 60. Längengrad erreicht, und die *„Isle de France"* (Mauritius) im Norden, etwa 450 Seemeilen entfernt, an Steuerbord querab liegen muss.

Einen Tag später kommt es zu einem Zwischenfall, der im Journal festgehalten ist:

17. Mai 1824 „In den ganzen 24 Stunden Wind und Wetter sehr veränderlich. SW. Östlich, nördlich. Nachmittags Gewitter. Um 4 Uhr entstand nicht weit vom Schiffe eine Wasserhose, die sich mit großer Geschwindigkeit näherte. Wir bereiteten uns darauf vor und brachten, nachdem sie noch 150 Fuß hinter dem Schiffe war, mehr als 25 Flintenkugeln hinein, wodurch nur das Wachstum derselben verhindert werden konnte. Während der Zeit waren die Segel eingenommen. Nun schossen wir eine Kanonenkugel hinein, wodurch sie sich gänzlich verlor. Um 8 ½ Uhr große Feuerkugel und Sternenschnuppen-Fall gegen Süden."

Dieser auf kleinen Raum begrenzte Wirbelsturm hätte bei einer Entmastung des Schiffes höchst gefährlich werden und das Ende der Fahrt bedeuten können.

Auf der Reise von Java zum Kap kommt am Tag nach dem Windhosen-Kanonenschuss als einziges Schiff die PARAGON in Sicht. Die Entfernung ist aber zu groß, um Signale auszutauschen. In den nächsten drei Wochen macht die MENTOR trotz ständigen Wechsels von schönem Wetter, Gewitterböen, Windstillen, Starkregen und Stürmen gute Fahrt. Als der Längengrad von Madagaskar passiert ist, nimmt Oswald das Buch von Lord Ansons Weltumsegelung erneut zur Hand. Im letzten Kapitel liest er, dass der Commodore bei seiner Heimreise nach Britannien auf der Tafel-Bay vor Anker ging, wo er vom Fleiß der Holländer wie dem Angebot an Früchten und Lebensmitteln beeindruckt war: *„Dadurch und durch den* Überfluß *an Wasser ist diese Kolonie unter allen in der Welt am besten versehen, Seeleute* *nach einer langen Reise zu erfrischen. Der Oberbefehlshaber hielt sich hier bis Anfang April auf und empfand ein großes Vergnügen an dem Ort, der wegen seiner ungemeinen Bequemlichkeit, der gesunden Luft und der malerischen Aussicht der Gegend große Vorzüge hat.*"

Nach Abwettern eines weiteren schweren Sturms erreicht die MENTOR bei so heiterem Wetter, dass die Großbramrah aufgebracht werden kann, am 11. Juni 1824 mittags eine Position 92 ½ Meilen südlich vom „*Kap der guten Hoffnung*". Damit ist auch diese wichtige Etappe geschafft.

Oswald lässt sich durch die Anson-Lektüre nicht beeinflussen. Ein Aufenthalt am Kap scheint verlockend, doch der kostet Zeit und mit den Ankergebühren, die nach Länge des Schiffes und Frachtraum berechnet werden, auch Geld. Hinzu kommt: Er möchte die wertvollen Teekisten möglichst schnell nach Hause bringen und jede Gefährdung der Ladung vermeiden. So sind sich Supercargo und Kapitän einig, zur Übernahme von Frischwasser die Insel St. Helena anzusteuern. Ohne Kap Agulhas, den südlichsten Punkt Afrikas, gesichtet zu haben geht die MENTOR auf neuen Kurs: Nordwest 330 Grad.

Die Schiffsführung hat die Entscheidung, Kapstadt an Steuerbord liegenzulassen, ausgiebig erörtert. Man kann zwar damit rechnen, die Atlantikinsel in drei bis vier Wochen zu erreichen, ist sich aber des Risikos bewusst. Der Grund: Bei der Besatzung zeigen sich erste Symptome von Skorbut. Die Männer wirken erschöpft, kraftlos, ständig müde. Einige klagen über Schwindel und wollen nicht mehr in die Takelage. Fast alle leiden unter Salzwasserbeulen und Furunkeln, Wunden oder Hautabschürfungen, die sie sich bei der Arbeit im Rigg zuziehen, wollen nicht heilen. Unvorhergesehenes darf jetzt nicht passieren, kein Bruch von Masten oder Spieren, kein Schaden am Rumpf. Beunruhigend ist auch, dass in den Fässern das Wasser zur Neige geht und von Tag zu Tag schlechter wird.

Auf neuem Kurs müssen sie gleich zu Beginn durch einen schweren Sturm, bei dem fast alle Segel gerefft oder geborgen werden. „*Die See lief außerordentlich hoch, wodurch das Schiff schwer arbeitete und viel Seewasser übernahm.*" Am 13. Juni kommt die MENTOR nur 6 ½ Meilen voran.

St. Helena – Ankern auf der James Bay

Vier Tage danach sind es laut Logbuch noch 400 Meilen bis St. Helena. Doch zweieinhalb Wochen später, am 1. Juli, hat sich das Schiff Dank einer Schönwetterlage der Nordostspitze der Insel bis auf 30 Meilen genähert. Den glücklichen Abschluss der 69-Tage-Fahrt vom javanischen Anjer zur britischen Insel St. Helena schreibt Harmssen ins Journal:

2. *Juli „In diesen 24 Stunden starke Passatwinde, der Horizont bewölkt. Abends 8 Uhr Leesegel und Bramsegel ein, und 1. Ref in die Marssegel, legten bey, und bei Tagesanbruch setzten Segel, gleich darauf erblickten St. Helena NW wonach wir unseren Cours richteten um dort unsere Wasserfässer zu füllen. 12 Uhr Mittags nördlich eine ¼ Meile von St. Helena schickten das Boot an Land um die Erlaubnis zu ankern. Nachmittags 1 ¾ kam das Boot zurück, setzten Segel und ankerten in 14 Klafter Wasser nördlich von Jamestown 3 Uhr, brachten Abends die Wasserfässer an Land und füllten selbe den nächsten Tag.“*

Noch wichtiger als frisches Wasser sind frische Nahrungsmittel, Obst, Gemüse und Medikamente, um die kranke Mannschaft wieder auf die Beine zu bringen. Auf der kleinen, zur BRITISCH OSTINDISCHEN KOMPANIE gehörenden Felseninsel macht das keine Schwierigkeiten. Die Verproviantierung von Schiffen ist Haupterwerbszweig der nur wenige hundert Köpfe zählenden Einwohnerschaft.

Am Tag der Wasserübernahme gehen Harmssen und Oswald mit an Land. Sie sehen sich die stark mit Batterien befestigte Inselhauptstadt Jamestown an und besuchen das Grab Napoleons, der hier sechs Jahre in der Verbannung gelebt hat und vor drei Jahren gestorben ist.

Zwei Tage später notiert Oswald: „*Am 4. Juli Vormittags lichteten die Anker und verließen unter vollen Segeln die Rhede von Jamestown. Um 3 Uhr verloren St. Helena aus Sicht, schönes Wetter. Abends herrlicher Mondschein.*“

Das Finale, der letzte Teil der großen Reise um die Erde, hat begonnen. Der Bug der MENTOR zeigt nach Nordwesten. In spätestens zwei Monaten werden sie nach beinah zwei Jahren auf See wieder zu Hause in Bremen sein.

Von St. Helena zum Kap Lizard – Sundzoll in Helsingör – Endziel Swinemünde

Von der Aussicht beflügelt, bald in die Heimat zu kommen, bessert sich der Gesundheitszustand der Mannschaft von Tag zu Tag. Entscheidenden Anteil hat das Klima. Der in diesen Breiten beständig wehende Südost-Passat schiebt die MENTOR unter leichten Schönwettersegeln ihrem Ziel entgegen. Alle genießen die Wärme, gelegentliche heftige Regengüsse und morgendliche Sonnenaufgänge, bei denen sich der Himmel rosarot färbt. Tagsüber erfreut der Anblick großer, fedriger Passatwolken. Auch die in der langen Dünung angenehm sanften Schiffsbewegungen tragen dazu bei, die Stimmung an Bord merklich aufzuhellen. Es wird nicht, wie bei Windstille oder Sturm, geflucht und gestritten, sondern jeder bemüht sich, das ruhige Miteinander nicht zu stören.

Genau wie seine Schiffskameraden empfindet Harry diese Passat-Segelei nach den zuletzt am Kap gemachten Schwerwetter-Erfahrungen als Belohnung. Er nutzt die Tage, um mit Zustimmung des Bootsmanns in die Takelage aufzuentern. Jedes Mal eine aufregende, Mut erfordernde Unternehmung, das Hochklettern im schwankenden Netzwerk der Wanten und Leitern, bis die höchste Rah des Großmastes, und damit die Toppen erreicht sind. Tief unten, ganz klein, der von windgebauschten Segeln halbverdeckte, schmale Rumpf des Schiffes. Vom grellen Sonnenlicht auf den Oberbramsegeln leicht geblendet, kann Harry beim Rundblick die Weite der glitzernden blauen Meeresscheibe mit der fernen Horizontlinie betrachten. Manchmal wagt er sich bis zur Rahnock, ans äußerste Ende der Rah vor und erlebt Augenblicke, in denen er meint, als Vogel zwischen Wolken und See neben dem Schiff herzufliegen. Ein zweiter Platz zum Alleinsein ist der Klüverbaum. Hier kann er ungestört in dem unterhalb des Bugspriets gespannten Netz wie in einer Hängematte liegen, über sich die Galionsfigur. Beim Blick nach unten sieht er den weiß umschäumten Schiffsbug, Schwärme von Schweinsfischen oder Bonitos und genießt das Gefühl, heimatlichen Seeschwalben und Laysan-Albatrossen gleich, über den Atlantikwassern zu schweben.

Die Vorfreude auf das absehbare Ende der Reise, verstärkt durch das friedliche, stete Vorankommen des Schiffes, zeigt auch bei den Bewohnern der Poop Wirkung. Oswald holt Harry auf das Achterschiff. Zum ersten Mal darf er die Kammern des Kapitäns wie der Offiziere Eggers und Wendt sehen, zum ersten Mal den Salon betreten. Dort zeigt ihm der Supercargo auf einer Seekarte, wohin sie gerade segeln: Zum Äquator, dann an den Kap-Verden und Azoren vorbei zur englischen Küste in den Kanal. Noch interessanter sind jedoch die feinen Elfenbeinschnitzereien aus Kanton und kleinere hawaiʻianische Holzfiguren, die Oswald in zwei offenen Kisten verwahrt. Harry sieht sich diese kleinen Kunstwerke genau an. So wie er an Deck ausdauernd Matrosen zuschaut, die an diesen stillen Passat-Seetagen während der Freiwachen an ihren Werkstücken schnitzen. Einige haben auf O'ahu bei Walfängern Pottwalzähne oder Walknochen gekauft und bereits während der Wartezeit in Whampoa mit der Bearbeitung begonnen. Zuerst polieren sie die rauen Oberflächen mit Haifischhaut, ritzen mit Messer oder Segelnadel Linien, die dann mit Ruß eingefärbt werden. So entstehen je nach Könnerschaft mehr oder weniger hübsche kleine Zeichnungen mit lorbeerzweigumrankten Rahseglern,

Mädchenköpfen, Herzen, Flaggen und Ankern. Andere nehmen sich Holzstücke vor, die sie mit Geschick in praktische Gegenstände wie Löffel, Spazierstockgriffe oder Tabakdosen verwandeln. Auch Harry, der bisher nur Angelhaken und Speerspitzen geschnitzt hat, versucht sich mit Messer und Nadel. Zu seiner Freude befinden die Back-Kameraden, er habe Talent.

Am 14. Juli 1824 passieren sie zum vierten Mal auf dieser Reise die *„Linie"*, ein Vorgang, der zwar von allen zur Kenntnis genommen wird, aber als einziges Ritual das Kommando, *„Besanschot an"*, auslöst: Für die Mannschaft eine Zusatzration Branntwein. Offenbar ist die mit schönem Wetter nordwärts segelnde MENTOR vom Glück begünstigt. Ihr bleiben die nördlich der Äquatorzone von Seeleuten so gefürchteten launischen Winde und Flauten der *„Rossbreiten"*, die ein Schiff für Wochen festnageln können, völlig erspart. Zehn Tage nach Überschreiten des Null-Meridians ändert sich mit Erreichen der Einflusszone des Nordost-Passats die Lage. Das Wetter wird trüber, es gibt Windstillen, Gewitterluft und ständig bedeckten Himmel, sodass die mittäglichen Positionsbestimmungen allzu häufig ausfallen müssen. Zum ersten Mal sehen die Männer eine südlich segelnde Brigg. Dann kommen ihnen von Tag zu Tag mehr Schiffe entgegen, bis sie am Vormittag des 10. August 1824 insgesamt 30 zählen, von denen die amerikanische HANNIBAL so nah herankommt, dass beide Kapitäne mit Hilfe der Sprachrohre Nachrichten austauschen können.

Neun Tage danach gibt Harmssen morgens um 8 Uhr bei steifem Wind und hoher Dünung Anweisung zum Loten. Er ist sicher, dass sie sich dem englischen Kanal nähern. Eine Tiefenmessung mit dem Senkblei ergibt 98 Faden. Als sie das Lot um 12 Uhr erneut auswerfen, zeigt die Leine 95 Faden Wassertiefe, ein untrügliches Zeichen, dass bald Land in Sicht kommen muss.

Für Oswald ist die Ansteuerung der englischen Südküste Anlass, noch einmal an Lord Anson zu denken, dessen abenteuerlicher Bericht ihn ja während der ganzen Reise begleitet. Was hat der Flottenkommandeur gefühlt, als er sich vor 80 Jahren mit der CENTURION etwa auf derselben Position wie die MENTOR befand, und er wenige Tage später der britischen Admiralität und seinem König gestehen musste, fünf Schiffe und fast 1700 Mann verloren zu haben? Allerdings hatte Anson ein Faustpfand im Laderaum: Die Beute der vor Manila gekaperten spanischen Galeone NOSTRA SIGNORA DE CAPADONGA, ein Schatz aus Silbersäcken und Dollargefüllten Kisten, der die englische Krone mit den schweren Verlusten versöhnte und Anson zum reichen Mann machte. Wilhelm Oswalds Schatz sind die Teekisten, die ihn zwar nicht reich machen, aber der Karriere förderlich sein werden. Denn mit jedem Tag kann er sicherer sein, die Fahrt glücklich zu beenden und damit die gestellte Aufgabe zu erfüllen. Außerdem darf er hoffen, zum Geburtstag von Adele rechtzeitig zu Hause zu sein.

Für den 21. August 1824 steht im Journal:

„Nachmittags gutes Wetter, hatten alle dienlichen Segel bey. 4 Uhr sprachen einen englischen Fischer an. Die Scilly Isl. NO + O in 6 ½ Meilen. Gegen 6 Uhr dunkle Luft. Nahmen Leesegel ein. Um 2 Uhr nachts erblickten das Feuer von Lizard NNO. Morgens schönes Wetter und ein frischer Wind, setzten alle dienlichen Segel bey, erblickten Start Point um 9 Uhr Vormittags.“

Von Westen in den Kanal segelnde Schiffe sichten bei gutem Wetter als erstes an Backbord querab Lands End und Kap Lizard, dann den 1759 erbauten, etwa acht Meilen vor der Küste einsam auf einer Felsenklippe stehenden 18 Meter hohen Eddystone-Leuchtturm, und als dritte Landmarke Start Point, ein weiteres Kap, etwa 40 Kilometer südöstlich von Plymouth.

Start Point war bei Ausreise der MENTOR im Dezember 1822 mit dem etwas östlicher gegenüberliegenden französischen Kap de la Hague das Tor zum Atlantik, der Beginn der großen Reise. Nun kehrt das Schiff nach 616 Tagen und einer Strecke von 38 000 Seemeilen zurück. Mit Überqueren dieser unsichtbaren Linie *(Breite 50 Grad 8 Minuten Nord/Länge 3 Grad 45 Minuten West)* ist am 22. August 1824 um 9 Uhr die Umrundung des Globus, die erste Weltumsegelung in der Geschichte der deutschen Seefahrt geglückt. Ein später Erfolg, nachdem es 302 Jahre zuvor die Spanier, 244 die Engländer, 55 die Franzosen und vor 18 Jahren die Russen geschafft haben.

In den nächsten Tagen durchmisst die MENTOR die 263-Seemeilen-Kanalstrecke von Lizard bis Dover bei trübem Wetter und misslichen Wind aus Ost-Nord-Ost. Wie auf dem Perlfluss so ist auch hier mit entgegenkommenden oder querenden Schiffen und Fischerbooten zu rechnen. Es herrscht Anspannung. Die Ausgucke sind doppelt besetzt. Nah an der Küste segelnd sehen sie den ältesten englischen Leuchtturm auf der Isle of Wight, dann Beachy Head.

Zur selben Zeit ist das am Themseufer gelegene Woolwich Schauplatz einer kleinen Staatstragödie. Dort liegt auslaufbereit die 46-Kanonen-Fregatte HSM BLONDE unter dem Kommando von Lord Byron, einem Cousin des vor vier Monaten beim Freiheitskampf in Griechenland am Fieber gestorbenen berühmten Dichters. An Bord der Fregatte: Die leblosen Körper des Königspaares der Sandwich-Inseln. Beide ließen sich nach ihrer Ankunft in London bei Empfängen und Theaterbesuchen bestaunen, waren aber, noch bevor sie Georg IV. ihren Dank für das Geschenk eines Schoners und die Bitte um britische Hilfe beim Kampf gegen Widersacher im eigenen Inselreich persönlich vortragen konnten, Opfer einer Maserninfektion geworden. Zuerst Königin Kamamula, und sechs Tage später, am 14. Juli, Kamehameha II. – Byron hat nun den Auftrag, das Herrscherpaar zum Staatsbegräbnis nach Hawai'i zu bringen. Ein höchst seltsames Zusammentreffen: Der polynesische König in der Kapitänskajüte eines britischen Kriegsschiffes aufgebahrt, bereit zur Heimreise in den Pazifik, und Harry, sein junger Untertan, nur 50 Meilen südlich, auf einem preußischen Segler mit einem für ihn unbekanntem Ziel Richtung Osten.

Durch den widrigen Ost-Nord-Ost-Wind zum Kreuzen gezwungen, arbeitet sich das Schiff mit häufigen, die Besatzung fordernden Wendemanövern bis zum Kap Dungeness vor. Auf Höhe des Leuchtturms gibt ein Lotsenboot das Flaggensignal: „*Nachricht an Bord*". Um die Übergabe zu erleichtern, lässt Harmssen Backbrassen, sodass sich die Fahrt merklich verringert und der Kutter längsseits kommen kann. Das an Bord geworfene Paket enthält Briefe, sowie ein versiegeltes Schreiben des Bremer Reeders Delius, in dem steht: „*MENTOR an die Preußische Seehandlung verkauft. Anweisung: Hafen Swinemünde (Stettin) anlaufen.*" Besitzwechsel wie neue Segelorder lösen bei der Schiffsführung einiges Erstaunen aus. Oswald beschreibt seine Reaktion: *„Ich war im ersten Augenblick außer mir, als ich diese Nachricht empfing, denn abgesehen von den Gegenwinden, die die Reise so wie so schon verlängerten, war es klar, daß die Reise nach Stettin nicht unwesentlich länger sei als nach Bremerhafen und ich in Folge dessen mein liebes Bräutchen sehr viel später wiedersehen würde als ich angenommen hatte. Als ich aber des Weiteren erfuhr, daß der Kronprinz von Preußen und seine Gemahlin und auch Seine Majestät der König den Wunsch geäußert hätten, nach Stettin zu kommen, um bei Ankunft des „Mentor" den Leiter der Expedition und den Führer des Schiffes zu begrüßen, da war ich tief beschämt, daß ich mich von einem Gefühl der Ungeduld hatte hinreißen lassen – und dankbar und freudigen Herzens trat ich meine Weiterreise an."*

Die am 25. August 1824 erhaltene, alles verändernde Botschaft hat zur Folge, dass noch am späten Nachmittag vor Dover Frischwasser übernommen und nachts auf „*20 Klafter*" Wassertiefe, eine halbe Meile vom Goodwin-Feuerschiff entfernt, geankert wird. Am nächsten Morgen segelt die MENTOR in die Nordsee. Damit beginnt die letzte Etappe mit einem neuen Ziel: Swinemünde. In den ersten Tagen meint es das Wetter gut. Der Wind kommt stetig aus nördlichen Richtungen und springt sogar mal auf das erwünschte Südwest um, sodass zufriedenstellende Etmale erreicht werden. Doch der 1. und 2. September, diese zwei Tage, bescheren der Mannschaft eine letzte Prüfung. Nebel, dicker Nebel. Man kann keine Schiffslänge weit sehen, alles ist von grauweißen Schwaden eingehüllt. Stundenlang wird die Schiffsglocke geläutet und angestrengt gehorcht, ob ein anderes Fahrzeug in der Nähe ein Antwortsignal gibt. Bei allen zerrt das hilflose Blindsein, das Starren ins weiße Nichts an den Nerven. Noch nie hat Harry so etwas wie diesen Nebel erlebt. Das nächtliche Segeln im englischen Kanal war schon unheimlich, aber das Gefangensein am helllichten Tag beunruhigt ihn doch, zumal er merkt, dass es den anderen ebenso geht. Ihre Besorgnis verstärkt sich noch, als sie spüren, wie

MENTOR unter preußischer Flagge

zwei Galeassen dicht am Bug vorbeitreiben. Am nächsten Tag klart es früh am Morgen auf und alle sehen mit leichtem Erschrecken, von wie vielen Schiffen sie umgeben waren. Gegen Abend, am 4. September, kommt die Küste von Jütland in Sicht und am Nachmittag des nächsten Tages umrunden sie das Kap von Skagen, gehen auf südlichen Kurs und *„hielten nachts mit kleinen Segeln auf 42 bis 48 Klft. Tiefe"* auf das Feuer der Insel Anholt zu. Bei stürmischem Wetter mit Regen und Wind aus Südwest erreicht die MENTOR am 7. September die schmale Zufahrt zum Sund (Öresund) mit der kleinen dänischen Stadt Helsingör. In Sichtweite der Befestigungsanlagen fällt um 1 Uhr der Anker.

Kaum hat sich das Schiff in den Wind gedreht, da naht auch schon ein Boot mit dem Königlich Preußischen Konsul Holm, der eine weiße Preußische Kriegsflagge mit schwarzem Adler und eisernem Kreuz mitbringt, die sofort an der Besangaffel gehisst wird. Nach dieser symbolischen Inbesitznahme des Schiffes durch den Preußischen Staat, begeben sich Holm und Oswald an Land. In den Amtsräumen der Zollkammer zu Helsingör entspinnt sich nun ein Konflikt, der die Weiterfahrt um zwei Tage verzögern wird. Es geht um den Sundzoll, den der König von Dänemark von allen in die Ostsee einfahrenden Schiffen kassiert.

Ab 1817 Kriegsflagge des Königreiches Preußen

Während die englische Küste im Kielwasser der MENTOR versank, gab es bereits Aktivitäten, die vorhersehbare Klippe zu umschiffen. Es galt, rechtzeitig die Frage zu klären: Wie kann es gelingen, dass für die MENTOR nicht der übliche Sundzoll in Höhe von 1 ¼ Prozent für Schiff und Ladung zu zahlen ist, sondern der „Öresundische *Zolltarif für privilegierte Schiffe*", die nach dem Handelsabkommen vom 17. Juni 1818 nur den ermäßigten Sundzoll von 1 Prozent entrichten müssen? Dieses Abkommen gilt für Preußen, nicht aber für die Hansestadt Bremen, und das vom Reeder Delius erworbene Schiff fährt immer noch mit Bremer Schiffspapieren unter Bremer Flagge. Erst bei Ankunft in Swinemünde kann das geändert werden.

In Berlin hatte Christian Rother, Geheimer Oberfinanzrat, Präsident der Staatschuldenverwaltung und mächtiger Chef der vor vier Jahren wiedergegründeten KÖNIGLICH PREUSSISCHEN SEEHANDLUNGS-SOCIETÄT das Problem erkannt und gehandelt. War er es doch, der die MENTOR auf die große Reise geschickt, den Erwerb angeordnet und das neue Ziel Stettin festgelegt hatte, weil dort auf seine Anordnung gerade ein *„Handlungs-Comtoir der Seehandlung"* die Geschäfte aufnimmt. Mit Datum 31. August 1824 verfasste Rother für Graf Bernstorff, den Minister für Auswärtige Angelegenheiten, eine ausführliche Stellungnahme, in der er den Sachverhalt darlegt und dringend darum bittet, den Königlich Preußischen Gesandten in Kopenhagen anzuweisen, bei der Dänischen Regierung mit dem Ersuchen einer Sondergenehmigung für die MENTOR vorstellig zu werden.

Offenbar gab der Minister dem Gesandten in Kopenhagen den entsprechenden Auftrag, da dieser am 7. September 1824 zurückschreibt:

„Ew. Exzellenz habe ich die Ehre hiermit ganz ergebenst anzuzeigen, daß heute morgen das Preußische Schiff, genannt Mentor, geführt von Capitain Harmssen, und geführt für Rechnung der Königl. Seehandlungs Sozietät ausgerüstet, aus Canton zu Helsingouer angekommen ist und seine Fahrt nach Stettin fortsetzen wird. Der Wind ist aber ungünstig und die Witterung seit einigen Tagen sehr unstet, dessen es sich nicht vorhersagen lässt, wie bald dieses Schiff das Ziel seiner Reise erreichen dürfte. *Da dieses das erste Preußische Schiff ist, welches eine Reise nach Südamerika und nach China gemacht und daselbst wichtige Handelsverbindungen angeknüpft hat: so wird dessen glückliche Rückkehr mit vieler Theilnahme in Berlin vernommen werden. Hoffentlich wird diese Unternehmung von den wohlthätigsten Folgen seyn, und selbige ist wohl als eine merkwürdige und erfreuliche Epoche in der Preußischen Handelsgeschichte zu betrachten. Graf zu Donah"*

Die Zeilen des Grafen – ein schönes, zeitloses Zeugnis für diplomatisches Handeln. Denn es geschieht – nichts. Holm erhält keine Unterstützung, die Zollkammer beharrt auf Entrichtung der vollen Gebühr. Für diesen Fall gibt es aus Berlin die Weisung an *„Capitain Harmssen, den verlangten Sundzoll unter Aufnahme eines gerichtlichen Protokolls zu deponieren, um seine Reise nicht aufzuhalten."*

Erst als der geforderte Betrag überbracht ist, darf die MENTOR am 10. September *„Anker auf"* gehen und mit einem Lotsen den lang gestreckten Sund südwärts durchsegeln. Starker Gegenwind zwingt zum Aufkreuzen und nächtlichen Ankern. Nach drei Tagen bessert sich das Wetter, sodass Kopenhagen am 13. September um 11 Uhr Steuerbord querab liegt. Anderthalb Stunden später geht der Lotse von Bord. Bei anhaltend günstigem Wind sehen die Männer nachts um 1 Uhr die Lichter an der heimatlichen Küste von Rügen.

Die letzte Eintragung im *„Journal, gehalten an Bord des Schiffes MENTOR von Canton nach Swinemünde"* lautet:

14. September 1824 „Um 6 Uhr Morgens waren ungefähr 6 Meilen nördlich von der Swinemünde, der Wind lief etwas südlicher. 10 Uhr hatten einen Lotsen an Bord und um 11 Uhr legten im Hafen von Swinemünde vor Anker. Nachmittags der Wind schwach aus SW segelten das Schiff bis dicht

Der Hafen von Swinemünde um 1830

vor Swinemünde wo wir ab 6 Uhr mit der schweren Kette und Anker ankerten. Gleich darauf kam ein königlicher Zolloffiziant an Bord."

Die Nachricht von der Ankunft der seit Tagen erwarteten MENTOR verbreitet sich wie ein Lauffeuer. Trotz der vorabendlichen Stunde kommt in dem 2000-Einwohnerstädtchen alles auf die Beine. Zu Hunderten strömen sie ans Wasser, stolz darauf, dass Swinemünde endlich eine besondere Ehre widerfährt. In den letzten 20 Jahren hat der Hafen stark gelitten: bis 1806 von den Schweden blockiert, dann von den siegreichen Franzosen besetzt. Erst vor sechs Jahren, nach Ende der Befreiungskriege und Abschluss des Wiener Kongresses, konnte aber „*durch landesväterliche Huld Sr. Königl. Majestät*" mit dem Bau der großen Molen begonnen werden. Und das Fahrwasser ist erst im vergangenen Jahr soweit auf 18 Fuß vertieft worden, dass auch Schiffe wie die MENTOR einlaufen können. Für die Swinemünder Bürgerschaft ist der 14. September 1824 ein großer Tag. In Ufernähe vor Anker:

Ein stattliches, dreimastiges Vollschiff, das aus dem fernen China kommt und auch noch eine Erdumrundung vollbracht hat.

„*Es herrschte großer Jubel*" notiert Oswald, und einige Zuschauer bleiben bis in die Nacht, um den mit Laternen beleuchteten Großsegler gebührend zu bewundern. Ein Augenzeuge fasst die Hafenstimmung so zusammen: „*Dieses Ereignis gewährte ein herrliches, noch nie in einem preußischen Hafen gesehenes Schauspiel. Eine hohe Freude durchglühte alle patriotischen Herzen beim Anblick dieses Weltumseglers, denn bis dahin hatte noch kein Chinafahrer dort Anker geworfen.*"

Am nächsten Tag wird es noch aufregender, als mehrere Kutschen aus Berlin am Kai vorfahren, denen zwei vornehm gekleidete Herren entsteigen: Der Preußische Staatsminister für Handel und Gewerbe, Graf Hans von Bülow und Präsident Christian Rother, Chef der SEEHANDLUNG. Gemeinsam begeben sie sich an Bord. Dort hält Rother eine kurze Ansprache an die Mannschaft, bei der er die Bedeutung ihrer so glücklich durchgeführten Unternehmung für die Zukunft des Preußischen Fernhandels und die Seefahrt hervorhebt. Danach bittet Kapitän Harmssen die Gäste zu einem kleinen Umtrunk in die große Achterkajüte. Bedauerlicherweise wird die Freude über das Gelingen der Expedition durch die Tatsache getrübt, dass weder König noch Kronprinz, wie beabsichtigt, zur Stelle sind, um mit ihrer Anwesenheit dem historischen Ereignis der ersten deutschen Weltumsegelung allerhöchsten Glanz zu verleihen. Friedrich Wilhelm III. weilt seit Anfang September im niederschlesischen Liegnitz. Er hat dort an den Manövern des 5. und 6. Armee-Corps teilgenommen und ist jetzt auf dem Weg nach Breslau, wo er morgen mit seinen Kindern, der Prinzessin Louise, den Prinzen Wilhelm, Carl und Albrecht das Theater besuchen und den großen Ball im Kaufmannszwinger eröffnen soll.

Die Enttäuschung über das Nichterscheinen Seiner Majestät wird jedoch durch den Bericht Oswalds über den Verlauf der Fahrt gemildert, wie durch die Hoffnung auf künftige gedeihliche Handelsbeziehungen mit den Ländern der südamerikanischen Westküste und China. Außerdem verspricht der Verkauf der im Frachtraum gestauten 5000 Kisten Tee satten Gewinn.

An Bord kommt es wohl auch zur ersten Begegnung zwischen Rother und dem jungen dunkelhäutigen Mann von den Sandwich-Inseln. Noch vor Anker in Helsingör hatte Oswald dem Chef der SEEHANDLUNG nach Berlin geschrieben, dass sie als besondere Attraktion einen „*Südseeinsulaner*" mitbringen würden, der wohl das Gefallen Seiner Majestät finden könnte. Und Rother hat daher dem König bereits vor drei Tagen mitgeteilt: „*Einen Einwohner von den Sandwichs-Inseln, welcher freiwillig die Aufnahme zur Mit-Reise begehrt hat, erlaube ich mir Ew. Königl. Majestät zur weiteren Bestimmung allerunterthänigst anzubieten.*"

Harry kann an diesem Tag nicht ahnen, dass er bereits einem neuen König gehört, und dass dieser Christian Rother sein künftiges Schicksal entscheidend bestimmen wird. Ebenso weiß er nicht: Seinetwegen gibt es einige Aufregung in Swinemünde wie den umliegenden Dörfern. Inzwischen hat sich das Gerücht verbreitet, auf der MENTOR ist ein Wilder, ein schwarzer, tätowierter Menschenfresser. So kommen neue Scharen ans Ufer, um den gefährlichen Mann mit eigenen Augen zu sehen.

In der Preußischen Hauptstadt erfahren die Einwohner vom großen Ereignis im Ostseehafen an der Pommerschen Bucht erst drei Wochen später durch die „*Berlinischen Nachrichten*" und „*Berlinische Zeitung*" (Vossische Zeitung) in zwei wortgleichen Artikeln:

„*Freitag, 15. Oktober 1824 Swinemünde. Am 14. v. M. genossen wir die große und seltene Freude, das Königl. Preuß. Schiff Mentor, groß 200 Preuß. Lasten, geführt von Capitain J. A. Harmsen und Super-Cargo Wilhelm Oswald mit 22 Mann Besatzung von seiner interessanten, jedoch gefahrvollen Reise um die Welt, im hiesigen Hafen einlaufen zu sehen. Dieses Schiff machte auf seiner Reise 39 000 nautische Meilen, oder ungefähr 10 000 Deutsche geographische Meilen, verlor auf der ganzen langen Reise, in den mannigfaltig abwechselnden Climaten nicht einen einzigen Mann von der*

MENTOR unter Bremer Flagge

Besatzung und segelte, ohne auf der Rhede Anker zu werfen, mit seiner Tiefe von 14 ½ Fuß in den Swinemünder Hafen ein. Es ist diese Expedition unter dem besonderen Schutz der Vorsehung und von ausgezeichnetem Glücke begleitet gewesen; und viele Fremde, die den Mentor bestiegen haben, theilen unsere Ansicht wegen der Verdienste des Capitains, des Super-Cargos und des ganzen braven Schiffsvolks.“

ALS FREMDLING IN BERLIN
1824 bis 1830

In der Seehandlungs-Generaldirektion – die Ausstellung – Präsident Christian Rother

„Auf die glückliche Heimkehr des preußischen Schiffes „Mentor“ geführt von Kapitain Harmssen und begleitet von Wilhelm Oswald als Superkargo – von dessen Vater Johann Friedrich Oswald, Swinemünde im September 1824.“

So der sperrige Titel eines Jubel-Gedichts, das der stolze SEEHANDLUNGS-Rechnungsrat verfasst, als die MENTOR noch dem dänischen Sund entgegensegelt. Oswald Senior ist mit seinem Dienstherrn Rother nach Swinemünde gefahren, um den Weltumsegler-Sohn in die Arme zu schließen. In der väterlichen Reisetasche stecken einige gedruckte Exemplare des Verswerkes, das er in einer Prachtversion, mit Goldschnitt und in blaue Seide gebunden, nebst ehrfurchtsvollem Begleitschreiben, Friedrich Wilhelm III. geschickt hat. Der lässt dem Poeten durch Kabinettsschreiben umgehend mitteilen, dass er *„das Gedicht wegen der betätigten vaterländischen Gesinnung wohlgefällig aufgenommen habe.“*

Auf Rothers Anfrage, was mit dem Sandwich-Insulaner geschehen soll, hat der als Zauderer gefürchtete König überraschend schnell mit der Anweisung reagiert, ihn nach Berlin zu bringen. Trotzdem muss Harry noch einige Wochen im Vorschiff-Quartier auf die Abreise warten. So kann er miterleben, wie die Teekisten zusammen mit anderen Frachtstücken entladen werden, wie die Mannschaft abgemustert, einer nach dem anderen von Bord geht.

Am 10. Oktober 1824 meldet Buchhalter Ebert aus dem neu eröffneten Stettiner Schiffahrts-Kontor der SEEHANDLUNG seinem Chef Rother, *„daß die vom Mentor mitgebrachten Seltenheiten mit zwei Wagen unter Begleitung des Steuermanns Wendt und des Sandwichs-Insulaner Harry Maytey nach Berlin abgegangen seien.“*

Offenbar von Oswald angeordnet, wird zum ersten Mal das Wort *„maitai“* als Nachname verwendet, und zum ersten Mal setzt nun der erste nach Preußen mitgebrachte Polynesier nach 252 Tagen auf der MENTOR seinen Fuß auf

Gendarmenmarkt um 1835 – linkes Gebäude die Königliche Lotteriedirektion – rechts die KÖNIGLICHE SEEHANDLUNG

festen Boden – der Schritt in eine völlig fremde Welt. Die Reise von Swinemünde in die Hauptstadt dauert mehrere Tage. Für Harry ist es wie am ersten Tag auf der MENTOR, alles ist neu, er sieht alles zum ersten Mal: Pferdebespannte Wagen, sandige Chausseen, Strohdächer von Gehöften, aus Backstein gebaute Ortschaften, die Brücken und weiten vorpommerschen Landschaften mit dem Wechsel von Ackerland und Viehweiden. Noch nie hat Harry in einem Wirtshaus gesessen oder in einem Zimmer geschlafen, noch nie Glockenläuten gehört. Gegen Ende der zweiten Oktoberwoche treffen die schwer beladenen Gespanne in Berlin ein, wo sie im Stadtzentrum in den Innenhof eines großen Eckhauses rollen. Dieses in barocken Formen ausgeführte zweigeschossige Gebäude liegt am Gendarmenmarkt, direkt dem vor drei Jahren eröffneten, von Karl Friedrich Schinkel neu erbauten „*Königlichen Schauspielhaus*“ gegenüber, während sich der säulengeschmückte, giebelbekrönte Haupteingang um die Ecke, an der Jägerstraße Nummer 21 befindet.

Wahrscheinlich wissen viele der täglichen Passanten nicht, dass hinter den Fassaden des stattlichen Bauwerks die Generaldirektion der KÖNIGLICH PREUSSISCHEN SEEHANDLUNGS-SOCIETÄT residiert. Das vor mehr als einem halben Jahrhundert noch von Friedrich dem Großen als Seefahrtsunternehmen gegründete Institut hatte den Auftrag, den Warenhandel mit Spanien und anderen Ländern zu befördern, besaß zeitweise ein Dutzend Schiffe, ließ neue auf den eigenen Werften in Stettin bauen und beschäftigte Agenten in Hamburg, Amsterdam, Warschau und der südspanischen Hafenstadt Cadiz.

Der Zusammenbruch Preußens nach der Niederlage in den Schlachten von Jena und Auerstedt im Oktober 1806 mit der anschließenden napoleonischen Besetzung des Landes, zwangen die KÖNIGLICHE SEEHANDLUNG jedoch, ihre Aktivitäten auf finanzielle Operationen, auf die Verwaltung der Staatsschulden und Zahlung der Kontributionen an Frankreich zu beschränken. Erst vierzehn Jahre später, mit der Kabinettsorder Friedrich Wilhelms III. vom 17. Januar 1820 begann eine neue Epoche. Die SEEHANDLUNG wurde zu einem von allen Verwaltungsbehörden unabhängigen Geld- und Handelsinstitut des Staates erklärt und erhielt den Auftrag, in der andauernden Wirtschaftskrise Warenverkehr, Manufakturen und Gewerbe durch eigene Aktivitäten beispielhaft zu fördern. Mit derselben Kabinettsorder ernannte der König den Geheimen Oberfinanzrat Christian Rother mit unumschränkter Vollmacht und persönlicher Verantwortlichkeit zum Chef der SEEHANDLUNG, eine Form der Berufung, die zeigt, welches Vertrauen Seine Majestät in die ungewöhnlichen Fähigkeiten dieses Mannes setzte.

Vier Jahre später markiert die Berliner Ankunft der beiden Fuhrwerke aus Swinemünde den ersten Erfolg. Es ist ein sichtbarer Beweis für die geglückte Wiederaufnahme des überseeischen Handels. Für die Bediensteten des Instituts ist das Entladen der Gefährte und der Anblick eines dunkelhäutigen, tätowierten „*Eingeborenen*" eine zwiespältige Überraschung, zumal sie im Parterre mehrere Geschäftszimmer räumen müssen, damit dort die aus Chile, den Sandwich-Inseln und China mitgebrachten „*Seltenheiten*" ausgestellt werden können. Rother will die Schätze der Öffentlichkeit präsentieren, doch zuvor seinem gerade auf Schloss Paretz weilenden König zeigen.

Während des Aufbaus der Ausstellung warten Harmssen und Oswald Junior ungeduldig auf die Reiseerlaubnis. Der eine will nach Bremen zu seiner inzwischen 9 Jahre alten Tochter, der andere zur Braut Adelheid Weigel nach Hamburg. In seinem zusammenfassenden Expeditionsbericht für den König hat sich Rother mit Datum vom 13. Oktober 1824 auch über Kapitän und Supercargo geäußert: *„Die obengenannten Personen haben sich durch ihre Umsicht und durch die große Entschlossenheit, welche sie in allen Gefahren gezeigt haben, ein großes Verdienst um die Sache erworben, und Ew. Königliche Majestät würde mich außerordentlich beglücken, wenn Allerhöchstdieselben zur Belohnung deßelben geruhen möchten, den Oswald, so wie auch den Capitain Harmßen mit dem allgemeinen Ehrenzeichen Iter Klasse zu begnadigen. Zu einer besonderen Aufmunterung würde es auch gereichen, wenn Ew. Königlich Majestät allergnädigst gestatten wollten, daß ich Allerhöchst Ihnen diese beiden Weltumsegler persönlich vorstellen dürfte.“* Der SEEHANDLUNGS-Chef nutzt die Chance, im selben Schreiben auch auf Harry Maitey hinzuweisen und eine Entscheidung zu erbitten: *„Der Sandwich-Insulaner, ein äußerst gutmüthiger Mensch, der schon etwas deutsch versteht, bis jetzt aber nichts weiter als seine Sandwich-Sprache spricht, ist auch glücklich hier angelangt. Ich habe solchen in meiner Wohnung und bitte Ew. Majestät devotest, die weitere Bestimmung über ihn mir huldvollst zugehen zu lassen.“*

Seehandlungschef Christian Rother

Mit Datum vom 15. Oktober kommt Antwort aus Paretz: *„Der Inhalt Ihres Berichts vom 13. ds. Mts. ist Mir allerdings*

ben muß, ehe er aufhört. Beim Singen setzt er sich auf einen Stuhl, u. macht mit den Händen lebhafte Bewegungen, wobei es mir bemerkenswerth schien, daß er mit der rechten Hand sich oft ans Herz schlug, während er mit der Linken die rechte Seite nie berührte. Sein Gesang beschränkte sich nur auf vier bis fünf Töne, und die Worte schienen vornehmlich aus den Lauten a e i und o zu bestehen, seine Stimme hat nichts Schnarrendes, man könnte sie eine angenehme Tenorstimme nennen, doch machte der Vortrag des Gesanges mit diesen sonderbaren Bewegungen ganz den Eindruck, als ob man einen Irren sah. – Eine ganz besondere Freude äußerte der Insulaner über einen Herrn von ziemlich starkem Embonpoint (Bauch), *er lief auf ihn zu und umfasste ihn mehrmals, so daß man besorgt war, es möchte sich der jenen Insulanern eigenthümliche Appetit, der einst Cook das Leben kostete, bei dem jungen Freiwilligen zu regen anfangen.*"

Die Passage ist in voller Länge zitiert, weil sie Harrys ersten Auftritt in Berlin dokumentiert, wie das Unvermögen der meisten Zeitgenossen jener Tage, sich in andere Kulturen einzufühlen. Für den Zeitungsschreiber ist der dunkelhäutige Fremde fast ein Irrer und, obwohl scherzhaft formuliert, eigentlich ein Kannibale, der sich wie ein Mädchen ziert und fette Männer umarmt. Der Reporter fragt sich nicht, ob die Scheu des jungen Mannes, Gesangsaufforderungen zu folgen, vielleicht darin liegt, dass sein für Berliner Ohren monotones Lied eine Preisgabe sehr persönlicher, möglicherweise religiöser Gefühle bedeuten könnte. Was der Autor der VOSSISCHEN aber nicht wissen kann: In Polynesien ist Dicksein ein Schönheitsideal, der Beleibte gilt als mächtig.

Es gibt weder eine Tagebuchnotiz noch einen Brief, mit dem sich belegen lässt, dass Adelbert von Chamisso die Ausstellung besucht und dort mit Harry gesprochen hat. Aber nach Abreise von Harmssen und Oswald ist der inzwischen 49-jährige der Einzige in Berlin, der in O'ahu war, und zudem nur eine Viertelstunde Fußweg von der SEEHANDLUNG entfernt, mit seiner Familie in der Friedrichstraße wohnt. Chamisso dürfte brennendes Interesse an einer Besichtigung der Artefakte und am Kennenlernen dieses Insulaners gehabt haben. Denn nach Rückkehr von der RURIK-Expedition vor sechs Jahren hat er sich intensiv mit der russischen

Weltumsegelung beschäftigt, zudem vor drei Jahren die *„Bemerkungen und Ansichten einer Entdeckungsreise"* drucken lassen und seinen Dichterfreund E.T.A. Hoffmann angeregt, die Brief-Novelle *„Haimatochare"* zu schreiben, wohl das erste Prosawerk der Weltliteratur mit dem Schauplatz Sandwich-Inseln. Chamisso, nach dem großen Erfolg des *„Peter Schlemihl"* und einiger Balladen, inzwischen ein hochangesehener Dichter, wird für die Inseln später, in seinem 1836 veröffentlichten Bericht *„Reise um die Welt"*, einfühlsam zugeneigte Sätze für die Welt der Polynesier finden: *„Poesie, Musik und Tanz, die auf den Südseeinseln noch Hand in Hand in ihrem ursprünglichen Bunde einhertreten, das Leben der Menschen zu verschönern, verdienen vorzüglich beachtet zu werden. Das Schauspiel der Festtänze der O'Waihier hat uns mit Bewunderung erfüllt." – „Diese schöne Kunst, die einzige dieser Insulaner, ist die Blüthe ihres Lebens, welches den Sinnen und der Lust angehört. Sie leben ohne Zeitrechnung in der Gegenwart."*

Adelbert von Chamisso

Für kurze Zeit bleibt die SEEHANDLUNGS-Schau Stadtgespräch. In den Kaffeehäusern, Lesegesellschaften, Clubs und Salons diskutiert man über die Chinareise und den *„Südsee-Insulaner"*. Besonders Kenntnisreiche weisen darauf hin, dass 1775 in England der von der Cook-Expedition mitgebrachte Omai Seiner Majestät König Georg IV. vorgestellt wurde, und dass bereits 1769 als erster Polynesier in Europa, der Häuptlingssohn Ahutoru aus Tahiti nach Versailles an den Hof Ludwigs XV. gekommen war. Ihn hatte Louis Antoine de Bougainville auf der ersten französischen Weltumsegelung an Bord der Fregatte LA BOUDEUSE genommen. Sein in zwei Bänden veröffentlichter Bericht *„Rei-*

se um die Welt" löste damals in der vornehmen Welt des Kontinents ein regelrechtes Südseefieber aus. Bougainville hatte Tahiti allzu überschwänglich als Paradies gepriesen. Seine Schilderungen des Friedens, der Fruchtbarkeit, Fülle und Schönheit weckten die Sehnsucht nach fernen pazifischen Inselwelten, verstärkt durch das Bild vom „*edlen, guten Wilden*" der in tropisch üppiger Gartenlandschaft im Zustand der Unschuld und Tugendhaftigkeit lebt. Doch die Abgesandten jener fernen Welt, Omai und Ahutoru, waren längst in ihre Heimat zurückgekehrt und nicht zuletzt der gewaltsame Tod Cooks auf Hawai'i hatte zu Entzauberung und Ernüchterung geführt. Dunkelhäutige Fremde aus der Südsee hielt man nur noch für Wilde, für Kannibalen, die bekehrt werden müssen.

Trotzdem ist das Auftreten Harry Maiteys fünf Jahrzehnte später in Berlin ein Thema, das die Phantasie beflügelt. Das gilt auch für die große Fahrt der MENTOR. Wie sehr da Geschichten und Legenden blühten, zeigt eine Textpassage des Zeitgenossen Theodor Fontane in seinen unter dem Titel „*Meine Kinderjahre*" veröffentlichten Erinnerungen: „*Mein Hauptschiff aber war der „Mentor"*, *von dem es hieß, daß er einen Kampf mit chinesischen Seeräubern siegreich bestanden habe.*" Ausführlich beschreibt Fontane das Gefecht und die List des MENTOR-Kapitäns, den Feind näherkommen zu lassen und dann blitzschnell alle Batterien nur auf eine Seite des Schiffes herüberzurollen, sodass die schon siegessichere Dschunke, „*von der Wucht der schweren eisernen Kanonen in Stücke gebrochen, mit Mann und Maus zugrunde ging.*"

Nach Schließung der Ausstellung im SEEHANDLUNGS-Gebäude kommt es zur Verteilung der Exponate, wobei Supercargo Oswald noch einmal öffentlich belobigt wird, weil er, obwohl selbst kein Naturforscher, sogar Objekte für das ZOOLOGISCH-MINERALOGISCHE MUSEUM gesammelt hat. Allgemein herrscht Bedauern, dass es in Berlin für die vielen gezeigten volkskundlichen Geräte noch kein Ethnographisches Museum gibt.

Der 26. Oktober 1824 ist für Harry Maitey ein besonderer Tag. Rother hat entschieden, dass es von dem neuen

Hausgenossen ein Bild geben soll. Und er bittet darum keinen Geringeren als Johann Gottfried Schadow, der einmal als der bedeutendste Bildhauer des deutschen Klassizismus in die Kunstgeschichte eingehen wird, also den Mann, der die Quadriga auf dem Brandenburger Tor und die berühmte Prinzessinnengruppe schuf, die Doppelstatue der Schwestern Luise und Friederike von Mecklenburg-Strelitz. Schadow hat vor fünf Monaten seinen 60. Geburtstag gefeiert und ist als Mitglied der Akademien der Künste von München, Wien, Stockholm und Kopenhagen auf dem Gipfel seines Ruhms, den er seinen bildhauerischen Arbeiten verdankt. Aber Schadow wirkt auch als Graphiker. Und so kommt es, dass er von Harry eine Kreidezeichnung anfertigt, die ihn „*en face*" und im Profil zeigt. Es ist ein Porträt, das die Beobachtungen des Zeitungsredakteurs bestätigt, Harry hat tatsächlich keine kühn gebogene Nase, aber glattes Haar, hübsch geschwungene Lippen und ausdrucksvolle Augen. An den unteren Rand des Bildes schreibt Schadow: „*Harry – Sandwich Insulaner*" und datiert das Blatt. Warum er die Gesichtstätowierung nicht gezeichnet hat, bleibt sein Geheimnis.

Harry Maitey hat Glück in Preußen. Er steht unter dem Schutz des Königs, der inzwischen verfügte, dass er Deutsch lernen und möglichst schnell zum Christen erzogen werden soll, ein Punkt, auf den Friedrich Wilhelm III. als Oberhaupt der Evangelischen Landeskirche und Stifter der Union zwischen lutherischer und reformierter Kirche besonderen Wert legt. Bereits seit dem 22. September 1824 – also acht Tage nach Ankunft in Swinemünde – gibt es eine „*Acta betreffend den durch das Seehandlungs-Schiff Mentor mitgebrachten Sandwich-Insulaner Harry Maitey*", die in der „*Königlichen Haus und Hofstaatssachen – Geheime Cabinets Registratur*" geführt wird. Damit ist nach den Maßstäben preußisch-korrekten Verwaltungshandelns alles getan. Das wichtigste ist jedoch, Harry genießt die Gastfreundschaft der Familie Rother im ersten Stock des Gebäudes am Gendarmenmarkt. Dass der Chef der SEEHANDLUNG als sein Mentor und Beschützer handelt, erfasst er zwar sehr schnell, doch er kann nicht wissen, wer dieser Mann ist, der sich ihm so freundlich zugewandt zeigt.

Sandwich Insulaner. 26 octob 1824.

Abbildung Seite 90/91: Der Sandwich-Insulaner Harry Maitey. Kreidezeichnung von Johann Gottfried Schadow 1824

Im Preußen des 19. Jahrhunderts bleibt Christian Rother eine Ausnahmeerscheinung. Spitzenstellungen im Staatsdienst wurden von Adligen besetzt. Für den Sohn eines niederschlesischen Kleinbauern mit Dorfschulbildung und zweijähriger Lehrzeit in einem Steueramt gab es keine Chance auf Karriere. Trotzdem hatte es Rother bis 1824 geschafft, zum Chef der Seehandlungsgesellschaft und Präsidenten der Staatsschuldenverwaltung aufzusteigen. Hochbegabt, mit eisernem Willen, ungewöhnlicher Lern- und Leistungsfähigkeit war es dem Autodidakten nach Zwischenstationen als Regimentsschreiber, Quartiermeister und Privatsekretär eines Generals mit einer klugen finanzpolitischen Denkschrift gelungen, die Aufmerksamkeit des Preußischen Staatskanzlers Hardenberg zu gewinnen. Der holte ihn als Chef des *„Zentralbureaus“* ins Finanzministerium nach Berlin. Während der Befreiungskriege machte sich Rother dann als Mann unorthodoxer Maßnahmen einen Namen. Um den ausstehenden Sold der Truppen bezahlen zu können, beschlagnahmte er nach der Schlacht bei Großgörschen einfach die sächsischen Kassen. Für die Preußische Armee beschaffte er unter der Bezeichnung *„Kolonialwaren“* Schießpulver aus Österreich, und mit der Deklaration *„altes Eisen“* ließ er 33 000 Infanteriegewehre über die österreichische Grenze schmuggeln.

Weil sich der damals 37-Jährige so außerordentlich bewährte, nahm ihn Hardenberg 1815, nach Napoleons endgültiger Niederlage, als finanzpolitischen Berater zu den Friedensverhandlungen nach Wien und Paris mit. Dort machte Rother als geschickter und allseits geschätzter Unterhändler eine derart gute Figur, dass sogar der Herzog von Wellington auf ihn aufmerksam wurde. Ein Jahr später konnte sich Rother, offenbar aus einer Zuwendung des Königs *„für die dem Staat in höchster Not erwiesenen Dienste“*, das heruntergekommene, ehemalige Klostergut Rogau an der Oder kaufen, das er umgehend zu einem landwirtschaftlichen Vorzeigebetrieb ausbaute.

Im November 1824 sitzt Christian Rother am Vorabend seines 46. Geburtstages im Erdgeschoss der SEEHANDLUNG am Schreibtisch. Ein Mann im besten Alter, der Neider hat, aber vor allem Bewunderer, die seine Tatkraft und Offenheit für Neuerungen schätzen. Viele sehen in ihm den Retter der maroden Staatsfinanzen, der Preußen in schwerer Zeit vor dem Bankrott bewahrt hat. Rother genießt für diese Leistungen die besondere Gunst des Königs, dem er genau vor einem Jahr, im November 1823, ein Memorandum überreicht hatte, in dem die mangelnde staatliche Fürsorge für die Seeschifffahrt und überseeische Warenausfuhr beklagt werden. *„Seit dem Frieden im Jahre 1814 bis zum Jahre 1822 ist die Reederei in Eurer Majestät Staaten mit starken Schritten der gänzlichen Auflösung entgegengegangen."* Erst der eigenmächtige Ankauf der in China operierenden MENTOR markiert die Wende. Rother ist fest überzeugt, dass der Schlüssel zum Wiederaufstieg von Handel und Gewerbe in der Förderung des Schiffsbaus und Gründung von Reedereien liegt. Dabei ist ihm bewusst, gegen die Konkurrenz Hamburgs als Seehafen gibt es keine Chance. Preußen liegt mit seinen Ostseehäfen, wie dem aufwendig ausgebauten Swinemünde, zu weit von den Weltmeeren entfernt und zudem ist der Weg durch den dänischen Sund nicht nur lang, sondern wegen des Zolls auch noch teuer. Der beim Wiener Kongress erlittene territoriale Verlust Ostfrieslands mit dem wichtigen Seehafen Emden wiegt schwer. Wie schwer, beweist eine gerade aus dem Stettiner Kontor eingegangene Nachricht, die Rother als Nackenschlag für die wieder aufgenommene Reederei-Tätigkeit der SEEHANDLUNG empfindet. Es gelingt dort nicht, Abnehmer für die von der MENTOR mitgebrachten 5000 Kisten Tee zu finden, sodass nichts anderes übrigbleibt, als sie über Frankfurt a. O. nach Berlin und Hamburg schaffen zu lassen. Ärgerlich, weil es Geld kostet und zeigt, dass Stettin im Vergleich mit den Hansestädten, kein ernst zu nehmender Handelsplatz ist. Tröstlicher ist dagegen der Blick nach vorn. Rother hat mit Oswald über eine neue Reise gesprochen: Noch einmal preußisches Leinen nach Kanton. Es gibt erneut Kontakt zur Bremer Firma Delius, mit der Information, dass auf der Vegesacker Werft grade ein Vollschiff gebaut wird, das für eine solche Fahrt in Frage kommen könnte.

Christian Rother kümmert sich aber nicht nur um Staatsschulden, Schifffahrt, die Förderung der Leinenindustrie, das Mühlen- und Maschinenbaugewerbe, den Bau von

Chausseen, sondern in Berlin auch um Arme und Notleidende. Denn der Chef der SEEHANDLUNG hat seine Herkunft nicht vergessen, den mühsamen Aufstieg aus kleinen Verhältnissen. Als Gründer eines „*Vereins zur Erziehung sittlich verwahrloster Kinder*" ist es ihm gelungen, Gleichgesinnte für die Einrichtung einer Anstalt zu gewinnen, in der straffällig gewordene Jugendliche unter Vermeidung von Strafmitteln zu tätigen Menschen erzogen werden sollen. Ende November 1824 wird dem König das Vereinsstatut zur Bestätigung überreicht, der es sofort genehmigt. Damit ist der Weg frei, auf einem bereits erworbenen Grundstück am Halleschen Tor die neue Schule zu errichten. Ein Schritt, der für den Sandwich-Insulaner noch einige Bedeutung haben wird.

Am Gendarmenmarkt – Segelorder für die „Princess Louise" – die Entdeckung Berlins

Harry Maitey wohnt nun schon seit über sieben Wochen im Haus der SEEHANDLUNG. Es ist kalt, regnerisch und wird früh dunkel. Vom Fenster im ersten Stock kann er das Treiben auf dem „*Gens d'Armes-Markt*" beobachten, den Wechsel zwischen den Mittwoch- und Sonnabend-Märkten mit dem bunten Gassendorf der Verkaufsbuden von Grünwaren- und Fischhändlern, und den übrigen Tagen, an denen die Bürger in feinen Kleidern auf der leeren Platzfläche promenieren. Es ist eine prachtvolle Kulisse: Das Königliche Schauspielhaus, eingerahmt von den hochaufragenden barocken Kuppeltürmen der beiden Gotteshäuser, im Norden die „*Französische Friedrichstadtkirche*" und im Süden die „*Deutsche Kirche*".

In der SEEHANDLUNG weiß niemand, was der einsame 16- oder 17-jährige Polynesier aus den lichten Weiten des Pazifik beim Blick aus einer ungeheizten Berliner Stube auf die Säulenfassade des Schinkelschen Musentempels empfindet, oder wie stark sein ungläubiges Staunen ist, als die ersten

Schneeflocken vom Himmel fallen, wie groß die Verwunderung über die Verwandlung in eine weiße Welt.

Der Fensterplatz mit Blick auf den Gendarmenmarkt wird während der nächsten Monate, in denen sich durch den ihm

Gendarmenmarkt mit der Neuen Kirche und dem Königlichen Schauspielhaus, um 1830

bisher unbekannten Wechsel der Jahreszeiten so vieles verändert, zum Lieblingsaufenthalt Harrys. Dort stört er keinen und kann das Geschehen in Ruhe betrachten. Nicht, wie in der letzten Erzählung des vor drei Jahren verstorbenen Schriftstellers E. T. A. Hoffmann, der schräg gegenüber wohnte. Der lässt unter dem Titel *„Des Vetters Eckfenster"* zwei unterschiedlich alte, miteinander verwandte Männer aus einem oberen Stockwerk auf das Getriebe des Gendarmenmarktes schauen und dabei ironisch-geistreiche Spekulationen über Berufe und Schicksale einzelner Passanten anstellen. Für Harry ist das Gewühl auf dem Platz nur ein farbenreiches Bild mit Geräuschen, die gedämpft zu ihm heraufdringen. Er kann die Marktstände der Seifensieder, Bürstenbinder und Strumpfverkäufer kaum unterscheiden. Für ihn sehen die Mägde, Köchinnen, Bauernweiber aus dem Spreewald oder Hausfrauen mit Körbetragenden Dienerinnen zwischen den Fleischerbuden und Obstständen fast alle gleich aus. Das gilt auch für Lehrburschen und Tagelöhner. Nur wenn vereinzelt auffällig gut gekleidete Herren auftreten, reagiert er interessierter, erinnern sie ihn doch an die Häuptlinge in der Heimat.

Abends kann Harry sich in eine eigene, kleine Kammer am Ende eines Ganges zurückziehen. Zuerst war das Schlafen ungewohnt. Nach so vielen hundert Nächten drangvoller Enge auf dem im Seegang ständig schwankenden Vorschiff ist die bewegungslose Dunkelheit und Stille unheimlich. Keine Schreie und Kommandorufe bei nächtlichen Manövern, kein Schlagen von Segeln und Blöcken, kein lautstarkes Strömen der sich an Deck brechenden Wellen. Statt unaufhörlichem Knacken und Knarren des Holzrumpfes, nun völlige Lautlosigkeit, die nur vom Bellen eines Hundes oder dem Hornsignal eines patrouillierenden Nachtwächters unterbrochen wird.

Der Sandwich-Insulaner Harry ist jetzt Mitglied der Familie Rother. Wenn keine Gäste erwartet werden, darf er bei den Mahlzeiten zusammen mit dem Hausherrn, seiner Frau Juliane und dem 17-jährigen Sohn Julius am Tisch im großen Speisezimmer sitzen. Nun wird nicht mehr aus dem Schiffsblechnapf, sondern von Porzellantellern gegessen. Das alles ist ungewohnt und schwierig. Auch die Verständigung bleibt mühsam. Nachdem Frau Rother Anstoß an einigen arglos verwendeten „Matrosenwörtern" genommen hat, zieht sich Harry zurück und verstummt. Er wird unauffällig, ein wegen seines angenehmen, stets liebenswürdig-freundlichen Wesens gern geduldeter, aber kaum wahrgenommener Hausgefährte.

Als solchen betrachten ihn auch die an ihren Schreibtischen und Stehpulten arbeitenden Königlichen Rechnungsräte, Kanzleischreiber und Bürogehilfen, die sich bald daran gewöhnt haben, dass Harry das riesige Gebäude mit mehr als fünfzig Räumen durchstreift. Weil sein Erscheinen Aufsehen erregen könnte, darf er die große Seehandlungs-Kassenhalle, Registratur und Kanzleiräume nicht betreten. Fremde Besucher und Kunden sollen nicht erschrecken. Der interessanteste Bereich des Hauses ist ohnehin das große Innenhof-Geviert. Hier stehen Wagen und Kutschen, werden Waren entladen, Pferde an- und ausgeschirrt, herrscht den ganzen Tag rege Betriebsamkeit. An der Südwest-Ecke des Gebäudes, neben der Toreinfahrt vom Gendarmenmarkt, befinden sich im Parterre die Remise mit Stallungen für ein halbes Dutzend Pferde, und darüber, im ersten Stock, liegt die Kutscherwohnung. Für Harry ist diese nach Heu, Hafer und Pferdeschweiß duftende Zone ein Zufluchtsort. Er versteht sich mit den Stallburschen, genießt die Wärme der Pferdeleiber und Weichheit ihrer Mäuler.

Harry ist zufrieden. Alles ist besser als an Bord: Das Essen, Schlafen, die Möglichkeit zum Alleinsein. Nur etwas fehlt, wird auch hier schmerzlich vermisst: Wasser – am meisten das Schwimmen im Meer. Es gibt in der Kammer zwar einen Tisch mit irdener Schüssel und Wasserkrug, der an der Pumpe im Hof gefüllt werden muss, aber damit kann man sich nur Gesicht und Hände waschen, das ist kein richtiges Baden. Wie herrlich waren die kurzen Glücksmomente der Regenschauer im Passatgürtel, als fast die gesamte Mannschaft mit Freudenschreien nackt in den Wolkenbruchgüssen auf dem Deck herumtanzte, während sich Fässer und Töpfe mit dem willkommenen Nass füllten.

Abwechslung bringen Tage, an denen Oswald in die Generaldirektion kommt. Der Supercargo hat inzwischen nicht nur Lucie Adelheid Weigel in Hamburg geheiratet, sondern auch die Schreibweise seines Namens geändert. Wilhelm Oswald ist jetzt William O'Swald, das klingt vornehmer und scheint angesichts der in Kanton gemachten Erfahrung, dass Engländer unter Kaufleuten sofort ein höheres Ansehen genießen, auch ein geschickter Schachzug; – außerdem: William O'Swald hat eine Vorliebe für die keltisch-schottische Welt, und nach der Lektüre von „*Rob Roy*", „*Tales of My Landlord*" und „*Ivanhoe*" im Original, auch für den Schriftsteller Walter Scott.

Begegnungen Harrys mit O'Swald beschränken sich auf kurze, freundliche Begrüßungen. Die Verständigung bleibt schwierig. Der Wortschatz des jungen Hawai'ianers ist sehr begrenzt, manche Sätze sind kaum verständlich, sodass Versuche eines richtigen Gespräches scheitern, obwohl der

Supercargo noch immer gern mehr über Herkunft, Familie und die damaligen Gründe für das Verlassen der Heimatinseln erfahren möchte. Doch auf solche Fragen reagiert Harry nicht. Meistens ist O'Swald ohnehin in Eile auf dem Weg zum Präsidentenbüro, wo ihn der SEEHANDLUNGS-Chef empfängt, um mehr über den Stand der Vorbereitungen für die Wiederholung der MENTOR-Reise zu erfahren, eine zweite Weltumsegelung mit preußischen Handelsgütern und dem Hauptziel Kanton. Inzwischen hat Rother Anweisung gegeben, beim Bremer Reeder Everhard Delius nach der MENTOR einen zweiten Ankauf zu tätigen: Das auf der Sagerschen Werft in Vegesack gebaute Vollschiff, das mit Genehmigung des Königs auf den Namen seiner zweitjüngsten Tochter PRINCESS LOUISE getauft ist. Weil Rother die Fähigkeiten O'Swalds schätzt, der ja seine Aufgaben während der ersten Reise so glänzend meisterte, hat er ihn überredet, die gesamten Reisevorbereitungen zu überwachen und erneut in See zu gehen. Obwohl gerade frisch verheiratet, ist O'Swald bereit, noch einmal die Strapazen einer solchen Fahrt als Supercargo auf sich zu nehmen. Zwischen beiden besteht zudem Einvernehmen, als Kapitän kommt nur der bewährte Andreas Harmssen in Frage und Wilhelm Wendt darf zum Ersten Steuermann aufrücken. Möglicherweise werden auch einige Männer der ersten Reise wieder als Mannschaft dabei sein wollen.

Um das Anheuern für Matrosen auf allen SEEHANDLUNGS-Schiffen verlockender zu machen, beabsichtigt Rother, dem König in einer Denkschrift den Vorschlag zu unterbreiten, den im dienstpflichtigen Alter stehenden Seeleuten bei Fernreisen die dreijährige Wehrpflicht zu erlassen. Er macht sich darüber hinaus grundsätzliche Sorgen um die Besatzungen. Während der Jahre französischer Fremdherrschaft und Kriege war der Niedergang der preußischen Seeschifffahrt nicht aufzuhalten. Jetzt fehlen erfahrene Schiffsführer, Steuerleute und Matrosen. Sie alle haben durch den erzwungenen Stillstand ihre Berufstüchtigkeit eingebüßt. Deshalb sind in Memel, Pillau, Stettin und Stralsund staatliche Navigationsvorschulen eingerichtet, ist in Danzig als Hauptinstitut die KÖNIGLICHE NAVIGATIONSSCHULE gegründet worden.

O'Swald bewundert die Energie und Beharrlichkeit, mit der Rother sein Ziel verfolgt, Preußen mit eigenen Schiffen einen ihm zukommenden Anteil am Überseehandel zu sichern. Um dies zu erreichen, muss die SEEHANDLUNG Reedereien und Werften fördern, muss *„der preußische Schiffbau durch Vorführung von Modellschiffen zum Bau zeitgemäßer, für transatlantische Reisen brauchbare Schiffe angespornt werden."* Rother belässt es nicht bei Absichtserklärungen, sondern handelt. Er erwirbt im Juni 1825 in New York die Brigg VERMONT (*„118 Registertonnen"*), weil er von der Vorbildwirkung der gut gebauten, besonders schnell segelnden nordamerikanischen Schiffe überzeugt ist.

Bei ihren Gesprächen in der SEEHANDLUNG erörtert Rother mit dem Supercargo auch den Text der im Stettiner Kontor vorliegenden *„Preußischen Musterrolle"*, die zur Abreise der PRINCESS LOUISE Anwendung finden soll. Es ist ein erstaunlich umfangreiches Dokument, in dem alles geregelt ist, was von beiden Seiten, von Schiffsführung und Mannschaft, an Erfüllung der Dienstpflichten erwartet wird. Es geht um Gehorsam, um die *„Verrichtung der Geschäfte ohne Streit, Murren, ohne Widerrede,"* wie um das richtige Verhalten: *„Die Schiffsleute versprechen, ohne Erlaubnis des Capitains oder seines Stellvertreters, überhaupt nicht von Bord zu gehen oder zu fahren, noch Nachts vom Schiffe abwesend zu sein, sich nicht zu betrinken, auch Zänkereien oder gar Schlägereien, bei gesetzlicher Strafe, durchaus zu vermeiden."* Mannschaftsmitglieder dürfen keine Waren an Bord bringen oder Fremden Zutritt gewähren und sie akzeptieren, dass bei Antritt der Fahrt nur ein Vorschuss gezahlt wird, dass sie *„den Rest der verdienten Heuer erst nach glücklich erfolgter Nachhausekunft erwarten."*

Der Schiffs-Capitain verspricht seinen Männern dagegen, auf der gesamten Reise das *„Speise-Reglement"* einzuhalten, in dem detailreich aufgeführt ist an welchen Tagen und zu welchen Mahlzeiten es Hartbrot, Fleisch, Grütze, Gemüse, Stockfisch, Butter und Speck gibt. Jeden Morgen bekommt jeder eine Viertel-Quart Branntwein *„und wenn kein Bier vorhanden ist, so erhalten die Schiffsleute zur Löschung ihres* Durstes, *des Tages Theewasser."* In der Musterrolle wird festgelegt, dass Steuermann und Untersteuermann mit dem Schiffsführer in der Kajüte essen, aber ebenso zugesagt, sich der Kranken *„gewissenhaft in christlicher Liebe“* anzunehmen. Dieser von der *„Königl. Preußischen Schiffahrts-Commission“* ausgefertigte *„Heuer-Contract“*, in dem auch die Höhe der Entlohnung einzutragen ist, soll vor Antritt der Fahrt von beiden Seiten unterschrieben werden. Das gilt jetzt für die anzuwerbende Mannschaft der PRINCESS LOUISE, die bereits zur Ausrüstung im Hafen von Swinemünde vor Anker liegt. Rother und O'Swald sind sich einig, diese Reise sollte tunlichst bald, im August oder September, beginnen, damit eine Wiederholung des damals viel zu späten Auslaufens der MENTOR vermieden wird, die großes Glück hatte, im Kanal nicht in die Herbststürme zu geraten.

Dass Harry inzwischen zur Familie gehört, zeigen die Sommerwochen des Jahres 1825. Alljährlich fahren die Rothers für einige Zeit auf ihr 250 Kilometer entferntes Gut Rogau, das unweit des in die Oder fließenden Kalzbachs bei Parchwitz liegt. Jedes Mal ist die Anreise mit einer Karawane mehrerer Kutschen zeitraubend, mühsam und durch die unvermeidlichen Übernachtungen in Gasthöfen auch teuer. Trotzdem wird Harry nicht in Berlin zurückgelassen. In Rogau beginnt für ihn eine erste Zeit völliger Freiheit. Nach dem Eingesperrtsein an Bord wie im SEEHANDLUNGS-Gebäude bricht das seit Monaten angestaute Bedürfnis nach Bewegung durch. Endlich gibt es hier die Offenheit der Gutsanlage mit ihren umliegenden Feldern und Wäldern. Als Glücksfall erweist sich die entstehende Freundschaft mit dem etwa gleichaltrigen Rother-Sohn Julius. Mit ihm entdeckt Harry die Umgebung. Gemeinsam laufen sie sogar bis zur etwa zehn Kilometer entfernten Oder. Harry ist aber auch allein unterwegs, wird zum einsamen Wanderer. Stundenlang marschiert er ziellos durch die Gegend. Offenbar reagiert niemand abweisend auf sein Äußeres, es gibt weder einen Zwischenfall noch Ärger. Nur bei Rother regt sich am Ende der Ferien leichter Verdruss, als er die hohen Schusterrechnungen bezahlen soll. Nach dem Verschleiß von Stiefelsohlen muss Harry bei seinen Streifzügen beträchtliche Distanzen zurückgelegt haben.

Mit Rückkehr nach Berlin wird Harry mutiger. Er wagt sich am Markttag auf den großen Platz vor der SEEHANDLUNG und geht allein durch das Gewirr der Marktbuden. Auch wenn er verwunderte Blicke spürt, unverständliche Zurufe auf sich bezieht, niemand rührt ihn an oder stellt sich ihm in den Weg. So kann er sich die Angebote von Körben mit lebenden Hühnern, Gänsen, von Fisch, Fleisch, Obst und Blumen ungestört ansehen, das lautstrake Zanken und Feilschen hören, die Bratwurst- und Heringsdüfte riechen. Besonders interessieren ihn Verkaufsstände, deren Händler auf weißen Tüchern Haushaltsgegenstände wie Kaffeekannen, Terrinen, Teller, feine Trinkgläser und silberne Bestecke ausgebreitet haben. Harry hat bei Rothers nämlich eine Aufgabe übernommen, die er mit großem Ernst sehr gewissenhaft ausführt. Er ist Tischdiener bei den häufigen Abendeinladungen, die der SEEHANDLUNGS-Präsident für Geschäftspartner, Freunde und Weggefährten gibt. Bei solchen Anlässen deckt Harry unter Aufsicht von Frau Rother die Tafel, serviert den Gästen weißbehandschuht Wein und Speisen. Für die Tischrunde ist der Auftritt des inzwischen stadtbekannten *„Kannibalen im Hause Rother"* stets eine Attraktion, die dem Gastgeber die Möglichkeit bietet, von den Sandwich-Inseln, der MENTOR-Reise und dem neuen Projekt, der PRINCESS LOUISE im Hafen von Swinemünde, zu sprechen. Vor allem die Damen sind von der natürlichen Artigkeit des dunkelhäutigen jungen Mannes mit der irritierenden Gesichtstätowierung derart angetan, dass die Herren dem *„prachtvollen Burschen"* am Ende des Abends üppige Trinkgelder zustecken.

Die investiert Harry in Kleidung und Schuhwerk. Denkt er dabei an die Häuptlinge in O'ahu, die ihre Bedeutung zu besonderen Anlässen durch das Tragen neuester europäischer Mode hervorheben? Spürt er, dass vornehme Gewandung eine Art Schutzschild, ein Panzer sein kann? Rother beobachtet die Mode-Aktivitäten seines Schützlings mit leichter Missbilligung. Harry beschäftigt Schneider und Schuhmacher. Er lässt sich einen dunkelblauen kurzen Gehrock, die passende Hose, dazu einen *„Redingote"*, den langen, schwarzen Mantel mit großem Kragen und mehrere *„Gilets"* nähen. Das sind Westen mit Karos oder Streifenmustern, die als Farbtupfer der eigentliche Blickfang sein sollen. Harry erscheint vor den Rothers mit auf Hochglanz geputzten, durch die langen „*Pantalons*" verdeckten Stiefeln, im Rüschenhemd, kunstvoll gebundener Krawatte, auf dem pechschwarzen Haar ein hoher schwarzer Zylinder. Nur der Stock mit Silberknauf fehlt noch, dann wäre er ein Herr, ein richtiger Gentleman.

In dieser gediegenen Aufmachung geht Harry aus dem Haus. Zuerst beschränkt er sich bei seinen Erkundungen auf die Nachbarschaft der SEEHANDLUNG, auf die Jäger- und Taubenstraße, den Platz an der Hausvogtei. Dann werden die Kreise größer und er wendet sich nordwärts, entdeckt den weiten Platz mit dem Königlichen Opernhaus, der St. Hedwigs-Kirche und Königlichen Bibliothek. An einem anderen Tag läuft er mit Julius zusammen bis zum Schloss, an dessen Rückseite ihnen beim Blick von der Langen Brücke auf die Spree nicht nur zahlreiche hochbeladene Lastkähne auffallen, sondern auch eine merkwürdige, schwimmende Anlage in der Mitte des Flusses. Es ist das vor Anker liegende, seit 1802 bestehende „*Badehaus an der Spree*", in dem das ganze Jahr über Damen und Herren getrennt warm oder kalt baden können. Es gibt vier Klassen, von der Luxusstufe, – abgeteilte Räume mit Papiertapeten, Spiegeln und Alabasterlampen, – bis zum einfachen kalten „*Spree-Senkbad*" im Weidenkorb für 4 Groschen. Für Julius kommt das Badehaus nicht in Frage und noch weniger für Harry, der nur unliebsames Aufsehen erregen würde, sich also weiter mit Krug, Schüssel, und, alle sechs Wochen, dem „*großen Waschen*" im Zink-Badezuber begnügen muss.

Die Entdeckung Berlins macht auf Harry tiefen Eindruck. Vieles ist im schnellen Wechsel der Bilder im höchsten Maß verwirrend: Die Höhe und Pracht der Gebäude, die gepflasterten Straßen mit dem Gewirr von Kutschen und Fuhrwerken, das Getriebe der Passanten, die Buntheit von Uniformen, modischen Damenkleidern, auffälligen Hüten, dazu der lautstarke Vorbeimarsch von Militärkapellen. Harry staunt und wird bestaunt.

Bald hat er einen Lieblings-Spaziergang. Von der SEEHANDLUNG sind es nur wenige Schritte bis zur Staats- und

Unter den Linden. Aquatinta von Friedrich August Calau (1769–1828)

Paradestraße *„Unter den Linden"*, dem 4000 Fuß langen Flanierkorso der Stadt, eine mit Lindenbäumen bepflanzte, vierfache Allee, an den Seiten je zwei gepflasterte Straßen zum Fahren, und in der Mitte die 50 Fuß breite, von einem Geländer eingefasste, mit Kies bestreute Promenade zum Lustwandeln. Harry wählt immer den Weg in der Mitte, hier fühlt er sich am wohlsten. Er beginnt seine Wanderung stets auf der von Schinkel entworfenen, im Jahr zuvor eingeweihten neuen steinernen Schlossbrücke. Dort kann er einen Blick auf das braungrüne Wasser der Spree werfen, Schiffer an Bord ihrer Kähne beobachten und den spannenden Vorgang der Brückensperrung miterleben. Um Frachtschiffe mit hochragenden Masten durchzulassen, klappen beim mittleren der drei Bögen acht Eisenplatten nacheinander krachend hoch, sodass sich zu beiden Seiten Fußgänger, Reiter und Kutschen stauen. Beim Schlendern Richtung Westen kommt Harry dann am Zeughaus, am Palais des Prinzen Heinrich und der gegenüberliegenden Oper vorbei. Aber wie soll er wissen, dass sich hinter den barocken Fassaden des auf Weisung Friedrich des Großen erbauten Zeughauses das Waffenarsenal befindet, dass im Prinz Heinrich Palais seit 15 Jahren die von Wilhelm von Humboldt gegründete Berliner Universität residiert und die Königliche Hofoper zum Zeitpunkt ihrer Erbauung das größte Opernhaus Europas war. Immer wieder erlebt Harry bei seinen Gängen um Punkt zwölf Uhr mittags vor der säulengeschmückten neuen Königswache, wie die 40-Mann starke Garde mit Trommelschlag aufmarschiert, wie dann die Posten und ein Offizier mit gezogenem Degen stramm salutieren, wenn eine hoheitliche Kutsche vorbeifährt. Einmal wird Harry Zeuge einer Vorbeifahrt des Königs. Friedrich Wilhelm III. im grauen Regenmantel, auf dem Kopf eine einfache Offiziersmütze, rollt im offenen Zweispänner, Zurufe und Grüße der Passanten freundlich winkend entgegennehmend, Richtung Tiergarten. Für die meisten ist der noch immer gutaussehende 55-Jährige ein redlicher König, einer, der den Frieden liebt und dem Preußen das Aufblühen von Handel, Handwerk, von Wissenschaft und Kunst verdankt.

Nachdem Harry auf seinem Weg am Gebäude an der Akademie der Wissenschaft und Künste vorbeigekommen ist, wird die Bebauung schlichter. Es gibt nur noch zwei- und dreistöckige Häuser, in denen Adlige und Ladenbesitzer wohnen, so wie an der Ecke Friedrichstraße, wo vor wenigen Monaten der Wiener Zuckerbäcker Kranzler eine Konditorei eröffnet hat. In diesem Straßenabschnitt gibt es zahlreiche Geschäfte für Kaffee, Schokolade, den Verkauf von Marzipan, Eis und kandierten Früchten, dazu einige Gasthäuser, das Hotel de Rome und Hotel de St. Petersbourg. Aber die Namensschilder sagen Harry nichts, er kann sie nicht lesen, niemanden fragen, und betreten würde er ein solches Haus schon gar nicht, obwohl seine Kleidung sehr anständig ist.

Am Ende der Prachtstraße Unter den Linden liegt das Hauptziel, der Höhepunkt: Das Brandenburger Tor an der Stirnseite des mit ansehnlichen Häusern umbauten, ehemals „*Quarree*“ genannten Pariser Platzes. Immer wieder bewundert Harry das gewaltige Bauwerk, die mächtigen Säulen mit dem Pferdewagen auf der Dachplattform. Auch hier kennt er die Bedeutung nicht, sieht nur einen Steinkoloss. Niemand

Das Brandenburger Tor um 1820, Federlithografie von Friedrich August Calau (1769–1828)

hat ihm erzählt, dass Napoleon, der Kaiser der Franzosen, vor 19 Jahren, am 27. Oktober 1806, auf einem weißen Pferd als Sieger durch das Mitteltor in die Stadt einritt, dass er die Quadriga als Beute nach Paris entführen ließ, die aber nach seiner Niederlage im Sommer 1814 im Triumphzug nach Berlin zurückkehrte. Und ebenso bleibt ihm verborgen, dass der Schöpfer des Vierergespanns mit der geflügelten Siegesgöttin Victoria, die adlergekrönte Standarte in der Hand, Johann Gottfried Schadow ist, der Mann, der ihn im Oktober vergangenen Jahres gezeichnet hat. Jedes Mal blickt Harry durch das eiserne Gitter eines Seitentors auf das dahinter beginnende Waldgebiet. Jedes Mal traut er sich nicht weiter und kehrt um.

Während Harry durch die Stadt geht, ist die PRINCESS LOUISE 200 Kilometer nördlich auf der Reede von Swinemünde bereit zum Auslaufen. Am 13. Oktober 1825 sind die Erzeugnisse verschiedener Provinzen sachgerecht gestaut und alle Mann an Bord. Das Rigg glänzt mit frischem Hanftauwerk und werftneuen Segeln, die Kupferbeplankung soll den Holzrumpf vor den Teredo-Würmern der Tropengewässer schützen. Einige Tage zuvor hat Rother an Friedrich Wilhelm III. die Abreise des Schiffes mit Angabe der Zielhäfen angekündigt, dabei um Weisungen wegen etwa mitzubringender Gegenstände gebeten. Der König lässt aus Teplitz mitteilen, dass er *„keine besonderen Befehle habe, aber Merkwürdigkeiten aller Art, wie sie „Mentor" mitgebracht habe, gern annehmen werde, und den Unternehmungen der „Prinzess Louise" viel Glück wünsche."* Wie sehr sich Seine Majestät für dieses Schiff bereits interessiert hat, beweist ein nobles Geschenk aus Anlass des Stapellaufs: *„zwölf Kanonen schweren Geschützes und die besondere Auszeichnung, die Preußische Staatsflagge führen zu dürfen."*

Unter Anteilnahme der die Hafenmolen bevölkernden Swinemünder Einwohnerschaft setzt die PRINCESS LOUISE unter Kanonendonner Segel. *„Der Herr Chef-Präsident beehrte das Schiff noch mit seiner persönlichen Gegenwart in Swinemünde"*, berichtet O'Swald, *„Er wollte das Werk, das seine Schöpfung war, auch im Augenblick des Abschieds vom heimischen Boden mit seiner alles belebenden und beglückenden Gegenwart und seinen väterlichen Wünschen für das Wohl der Expedition begleiten und entlassen."* Und überschwänglich jubelnd fährt der Supercargo fort: *„Noch nie war wohl aus einem preußischen Hafen eine Expedition so vollkommen und schön ausgerüstet als diese. Noch nie ist wohl ein schöneres Schiff unter Preußischer Flagge in See gegangen."* Harry Maitey ist nicht an Bord.

Wirtschaft im Wandel – die Anstalt am Halleschen Tor – bei Wilhelm von Humboldt

Mit Auslaufen der PRINCESS LOUISE ist die Entscheidung endgültig. Der Sandwich-Insulaner bleibt in Preußen. Denn er hat durch keine Geste erkennen lassen, dass ihn Sehnsucht nach den Inseln im fernen Nordpazifik plagt, dass er sich nicht wohlfühlt im Haushalt der Rothers im ersten Stock der SEEHANDLUNG am Gendarmenmarkt. So gab es keinen Grund, ihn gegen seinen Willen mit Supercargo O'Swald in die Heimat zurückzuschicken. Die Zeiten sind ohnehin längst vorbei, als alle noch an den *„edlen Wilden"* glaubten, dessen *„Naturzustand"* nur zu bewahren sei, wenn man ihn, wie Omai und Ahutoru, möglichst bald den verderblichen Einflüssen von London oder Paris entzieht und nach Polynesien transportiert. Im Berlin des Jahres 1826 ist der dunkelhäutige, auffällig gekleidete junge Mann längst kein Stadtgespräch mehr. Es gibt allenfalls die eine oder andere Bemerkung über die befremdliche Tatsache, dass der *„Kannibale"* bisher noch nicht getauft wurde, also als Heide im christlichen Preußen leben darf.

Von all dem bekommt Harry Maitey nichts mit. Er steht unter dem Schutz des Königs, gehört zur Familie des Präsidenten, versteht es, Frau Rother geschickt zur Hand zu gehen, gleichzeitig mit Sohn Julius auf vertrautem Fuß zu stehen und allgemein beliebt zu sein. Für ihn ist die einzige Respektsperson der 48-jährige Christian Rother, der bewunderte, mächtige Chef der SEEHANDLUNG. Harry glaubt fest, Rother habe ihn so adoptiert, wie es das Zuhause auf den Sandwich-Inseln nach dem Prinzip *„hanai"* gibt, der *„Häuptling"* ist demnach sein neuer Vater. Doch der hat keine Zeit für einen zweiten Sohn. Rother muss sich um den Wiederaufbau der preußischen Wirtschaft kümmern. Dabei liegt das Augenmerk auf der Seeschifffahrt, für ihn das Zugangstor zum unverzichtbaren internationalen Handel. Immer wieder versucht Rother seinen Rechnungsräten klarzumachen, die SEEHANDLUNG solle zwar erfolgreich sein, müsse aber keine Gewinne machen. Es ginge vielmehr darum, mit gut gebauten, schnellen und gepflegten Staatsschiffen in Übersee für das Ansehen Preußens zu werben und dabei als Vorbild für die privaten Reedereien im Land zu wirken. In den Kreisen der Fabrikanten wächst jedoch die Kritik an der SEEHANDLUNG, die ihrer Meinung nach auf zu vielen unterschiedlichen Geschäftsfeldern mit Geldern des Staates aktiv ist. Sie fürchten, durch die finanzstarke Konkurrenz benachteiligt zu werden. Rother muss viel Zeit und Kraft aufbringen, um seine Widersacher zu besänftigen. Noch wichtiger ist es, die Gunst des Königs nicht zu verlieren, denn der entscheidet, ob die ehrgeizigen Entwicklungspläne verwirklicht werden dürfen.

Äußerlich sind die drei Jahrzehnte nach dem Sieg über Napoleon eine stille, friedliche Zeitspanne, die später einmal *„Biedermeier“* heißen wird. Mit der *„Heiligen Allianz“* zwischen dem Zaren, dem österreichischen Kaiser und preußischen König ist es vor sieben Jahren mit den in Karlsbad gefassten Beschlüssen gelungen, die alte, reaktionär-absolutistische Ordnung wiederherzustellen. *„Ruhe und Gehorsam sind die vornehmsten Bürgerpflichten.“* Es gilt der Rückzug ins behaglich Private, in den Schoss der Familie. Die alten Tugenden stehen wieder hoch im Kurs: Ehrlichkeit, Fleiß, Treue und Bescheidenheit. Kritik an den Verhältnissen – unerwünscht. Wer anders denkt, bekommt die Polizeigewalt zu spüren. Sämtliche Druckerzeugnisse sind vor Veröffentlichung der scharfen staatlichen Zensurbehörde vorzulegen.

Trotzdem – auch wenn der farblos-nüchterne, stockkonservative Friedrich Wilhelm III. dem Musischen nicht sonderlich zugetan ist, Berlin leuchtet als lebendiger Mittelpunkt der Künste und Wissenschaften. Bedeutende Architekten und Bildhauer wie Schinkel, Schadow und Rauch prägen durch ihr Wirken das Bild der Stadt. An der noch jungen Universität lehren Koryphäen wie Hegel, Schleiermacher, Savigny und Hufeland. Das Musikleben blüht, im Königlichen Opernhaus wie in der Sing-Akademie. Und im Schauspielhaus am Gendarmenmarkt sorgt Graf Brühl für einen abwechslungsreichen Spielplan.

Aber der SEEHANDLUNGS-Chef hat kaum die Zeit, abends mit Frau Juliane die wenigen Schritte über den Platz zu gehen, um ein Theaterstück oder die Erstaufführung von Beethovens 9. Sinfonie zu genießen. Auch die nachbarliche Weinstube Lutter & Wegener und das Café Stehely, in dem die internationalen Zeitungen ausliegen, werden fast nie betreten. Rother ist auf Inspektionsreise, führt Verhandlungen, entwickelt Finanzkonzepte. Weitsichtig hat er das Ausmaß des Umbruchs erkannt, die Auswirkungen der begin-

nenden Industrialisierung. Vor zehn Jahren, im Juli 1816, wurde bereits der erste, nach englischem Vorbild in Berlin gebaute Dampfwagen zum Transport von Steinkohle in der Königsgrube in Ober-Schlesien eingesetzt und im Oktober desselben Jahres fuhr als erstes deutsches Dampfschiff die CHARLOTTE VON PREUSSEN mit 160 Passagieren die 16-Kilometer-Strecke von Pichelsdorf zur Pfaueninsel. Für Rother steht fest: Die Ära der stolzen Segler, der Vollschiffe, Briggs und Schoner ist abgelaufen, Dampfantrieb lautet das Gebot der Stunde. Gleichzeitig sieht er sehr deutlich die Schattenseiten dieser Veränderungen. Er weiß nur zu gut um die gegenwärtigen wirtschaftlichen Probleme, die Nöte der schlesischen Weber, das Kinderelend in den Fabriken der Hauptstadt. Acht oder neun Jahre alte Jungen und Mädchen müssen im Sommer um fünf, im Winter um sechs Uhr in den Spinnereien und Metallbetrieben an sechs Tagen in der Woche für zwölf Stunden Arbeit antreten.

Die CHARLOTTE VON PREUSSEN 1816 das erste deutsche Dampfschiff

Die vielen herumstreunenden, straffällig gewordenen Jugendlichen hatten Rother und einige Mitstreiter vor zwei

Jahren bewogen, den *„Verein zur Erziehung sittlich verwahrloster Kinder"* zu gründen. Durch Spenden von Privatleuten sowie beträchtlichen Zuwendungen der SEEHANDLUNG ist es inzwischen gelungen, vor dem Halleschen Tor in der Tempelhofer Feldmark ein Haus mit großem, umzäunten Garten zu einer Erziehungsanstalt auszubauen, in der 6 bis 16-jährige Jungen *„mit wirklich böser Neigung zu nützlichen Gliedern der bürgerlichen Gesellschaft erzogen werden."* Die Zöglinge erhalten Unterricht im Lesen, Schreiben, Rechnen und in technischen Fertigkeiten. Sie müssen Pünktlichkeit, Ordnung, Ehrgefühl erlernen, Achtung für Sitte und Anstand gewinnen, und ihnen soll *„ein wahrhaft religiöser Sinn tief eingeprägt werden."*

Mit der Besetzung der Schulleiterstelle ist Rother ein Glücksgriff gelungen. Ein 37-jähriger, in der Oberlausitz geborener, sorbischer Pädagoge stellt sich der heiklen Aufgabe, mit schwer erziehbaren jugendlichen Kriminellen fertig zu werden. Offenbar war der SEEHANDLUNGS-Chef von der Laufbahn des Bewerbers beeindruckt, die in den Punkten Herkunft, Ehrgeiz und Tatkraft der seinen ähnelt. Ursprünglich nur Dorfschullehrer, schaffte es David Traugott Kopf, in Cottbus eine neue Schule für 400 Kinder aufzubauen, gleichzeitig die erste *„Lehrer-Konferenz-Gesellschaft"* zu gründen und sogar als Verfasser eines *„Wendischen Gesangbuches"* an die Öffentlichkeit zu treten. Ausschlaggebend für die Berufung zum Erziehungs-Inspektor dürfte jedoch dessen Bekenntnis zu Pestalozzis Vorstellungen von der *„Elementarbildung"* gewesen sein, nach der sich die *„Kräfte von Kopf, Herz und Hand in Harmonie"* entfalten sollen. So ist Christian Rother überzeugt, mit Kopf den richtigen Mann gefunden zu haben und spricht mit ihm über Harry Maitey, der zwar schon älter und zudem völlig unbescholten ist, doch unbedingt einer schulischen Förderung mit besonderer Zuwendung bedarf. Kopf willigt ein, sich um den Fremdling zu kümmern, sodass für den Sandwich-Insulaner nach Ende des zweiten, mehrwöchigen Sommeraufenthaltes auf Gut Rogau ein neuer Lebensabschnitt beginnt.

Jeden Morgen um 6.30 Uhr macht sich Harry auf den gut zwei Kilometer langen Weg zur *„Erziehungsanstalt am Hal-*

leschen Tor", marschiert von der SEEHANDLUNG über den Gendarmenmarkt an der Neuen Kirche vorbei in die Mohrenstraße bis zur Friedrichstraße, die dann schnurgerade auf das Hallesche Tor zuläuft. Nachdem er die sechs Querstraßen mit den schachbrettartig angelegten Wohngevierten hinter sich gelassen hat, wird die Bebauung spärlicher, kleine Häuser, unbebaute Flächen und vereinzelte Gärten. Am Ende der Friedrichstraße ist das *„Rondell"* erreicht, jener bekannte kreisrunde Platz, der seit elf Jahren *„Belle-Alliance-Platz"* heißt, als Erinnerung an die Schlacht von Waterloo, in der Wellington und Blücher in englisch-preußischer Waffenbrüderschaft Napoleon endgültig besiegten. Am Ende des Platzes geht Harry zur südlichen Stadtausfahrt durch das von zwei- und dreistöckigen Häusern eingefasste, recht bescheidene, säulenflankierte Hallesche Tor mit seitlichem Durchlass für Fußgänger. Hinter dem Zollhaus beginnt nach Überqueren der Brücke des Entwässerungsgrabens eine, außer von Windmühlen und Holzlagerplätzen kaum bebaute Gegend. Hier liegt nach einer halben Wegstunde das Ziel, das Schulgebäude unweit des Schafgrabens.

Inzwischen hat sich dort die anfangs helle Aufregung unter den etwa 30 Zöglingen gelegt. Sie konnten sich an den Anblick ihres neuen Mitschülers gewöhnen. Keiner von ihnen hat je zuvor einen *„schwarzen Mann"* gesehen, geschweige denn einen so elegant gekleideten, eigenartigen Herrn. Mit langem Haar, modischen Bartkoteletten, geblümt farbiger Weste und karierten Hosen ist Harry tatsächlich eine ungewöhnliche Erscheinung. Noch stärker wirkt aber seine, die Phantasie heftig anregende Aura, die ihn in den Augen der Jungen umgibt. Dieser Mann kommt aus der unvorstellbar fernen Südsee. Er hat all das erlebt, wovon man nur träumen kann: Schiffe mit geblähten Segeln auf stürmischen Weltmeeren, schwere Orkane, verwunschene Inseln, Abenteuer mit Piratenüberfällen und Kämpfen auf Leben und Tod.

Wie mit Rother vereinbart, erhält Harry jeden Wochentag von 7 bis 9 und am Nachmittag von 2 bis 4 Uhr Unterricht im Lesen, Schreiben, Schönschreiben, Rechnen und Religion. Von der täglichen Handarbeit, dem Flechten, Schreinern, Reparieren von Gegenständen und Hilfeleistungen in der Küche ist er befreit. Ebenso bleibt ihm erspart, die graue

Anstaltsuniform mit gelben Knöpfen und blauer Mütze zu tragen. Als besondere Auszeichnung genießt Harry sogar das Privileg, mittags zusammen mit den Kopfs am Familientisch zu essen, wodurch er bessere Kost erhält als die anderen Pfleglinge. Der Inspektor gibt sich, wie seine Frau, die großen Anteil am Erfolg der Schule hat, redliche Mühe, den verschlossenen, scheu auftretenden Rother-Schützling zu gewinnen, bei ihm Begeisterung für das Lernen zu wecken.

Natürlich kann Harry nicht wissen, dass er nach der Aufnahme bei den Rothers ein weiteres Mal großes Glück hat, dass die neue Erziehungsanstalt ein vorbildliches, von einem Verein getragenes Reformvorhaben ist, dessen Mitglieder an den Fortschritt wie an das Gute im Menschen glauben. Und dass der Schulleiter der richtige Mann an der richtigen Stelle ist, wird diesem bereits im ersten Jahresbericht des Vereins attestiert: „*Die unausgesetzten Bemühungen und die beharrliche Geduld des Lehrers und Erziehers, Herrn Inspektor Kopf, seine abwechselnde Anwendung von Güte und Strenge nach dem individuellen Gemüth der Zöglinge, führten die rohesten Knaben aus ihrer tiefen Verworfenheit hinauf in die Wege zur Sitte, Wahrheit und Tugend.*“

Über Monate wandert Harry sechs Mal in der Woche am Morgen die Friedrichstraße nach Süden zum Halleschen Tor und kehrt gegen fünf Uhr am Nachmittag in die SEEHANDLUNG zurück. Mit Beginn des Winters sinken die Temperaturen, es regnet häufiger, wird früh dunkel. Harry friert und ist oft so erkältet, dass er nicht zur Schule gehen kann. Er liegt dann in seiner abgeschiedenen Kammer, tröstet sich mit Bildern von Wärme und Helligkeit, denkt an das gerade zu Hause stattfindende „*Makahiki-Fest*“, bei dem alle Arbeit ruht, damit die Menschen Zeit haben, sportlichen Wettkämpfen wie Speerwerfen, Ringen, Wellenreiten und Hula-Tänzen zuzusehen. Er hört die Gesänge, die Trommeln, das Tosen der Brandung und Donnern nächtlicher Gewitter, sieht die Bananenhaine, Kokospalmen und am Nachthimmel das Kreuz des Südens, denkt an Quellwasser und frische Mango-Früchte. Weder Rother noch seine Frau oder Julius wissen, was ihren stummen Hausgefährten wirklich bewegt, ob er vielleicht doch heimliche Sehnsucht nach seiner Heimat hat. Harry ist tief bekümmert, dass ihm die fremde, neue Sprache so schwerfällt. Er spürt die Ungeduld der anderen, die sich zwar um ihn bemühen, dann aber abwenden, wenn es zu lange dauert, bis das gesuchte, häufig schlecht ausgesprochene Wort zwar gefunden, aber unverständlich bleibt.

Ein Lichtblick im Winterdunkel ist der alljährlich am 12. Dezember beginnende festliche Weihnachts-Markt auf dem Schlossplatz und der angrenzenden Breiten Straße. Gegen Abend werden die schmalen Budengassen mit den mehr als dreihundert Verkaufsständen von großen Öllampen und glimmenden Kohlebecken in ein geheimnisvoll rötliches Licht getaucht. Von der SEEHANDLUNG sind es nur wenige Schritte über die Französische Straße und Schleusenbrücke, um in das fröhliche Gewimmel einzutauchen. Harry fühlt sich in der Menschenmenge wohl, ist hingerissen von der Musik der Drehorgeln, Trommeln und Trompeten, staunt über das Angebot von Nerzpelzmützen, Bratpfannen, Porzellanpuppen, Schaftstiefeln und farbigen Leinwanddecken. Er beobachtet das Feilschen zwischen Kunden und Händlern ohne ein Wort zu verstehen und hat beim Glockenläuten der Nikolai- und Gertraudenkirche Mühe, sich zu entscheiden, ob er die zwei Silbergroschen für Pfeffernüsse, Honigkuchen oder Zuckerherzen ausgeben soll.

Im Februar 1827 hat Harry fast sechs Monate am Unterricht in der Erziehungsanstalt teilgenommen. Jeden Schultag ist er dabei morgens beim Hinweg, kurz vor Erreichen des Belle-Alliance-Platzes, auf der rechten Seite an einem bescheidenen Haus mit der Nummer 235 vorbeigekommen, um es beim Rückweg, gleich am Anfang, erneut zu passieren. Natürlich kann er nicht ahnen, dass hier seit fünf Jahren der einzige Mensch in Berlin lebt, der zahlreiche Worte hawaiʻisch versteht: Adelbert von Chamisso. Mit Frau und zwei kleinen Söhnen wohnt der Dichter, Weltumsegler und Naturforscher hinter dem Straßengebäude in einem hübschen Gartenhaus. Dort wird er sein erfolgreichstes Buch und wissenschaftliche botanische Arbeiten schreiben. So wie niemand weiß, ob Chamisso die MENTOR-Ausstellung in der SEEHANDLUNG besucht, und dabei Harry singend erlebt hat, ist auch nicht überliefert, ob sich die beiden zufällig auf der Straße begegnet sind, ob sie miteinander gesprochen haben. Auf jeden Fall dürfte Harry zu jener Zeit der auffälligste, täglich zwei Mal auf der Friedrichstraße erscheinende Fußgänger gewesen zu sein.

Im Frühjahr glaubt Christian Rother, seinem König einen Bericht über die Lebensumstände des Sandwich-Insulaners schuldig zu sein. Mit Datum vom 14. März 1827 schreibt der Präsident der SEEHANDLUNG an *„meines Allergnädigsten Herrn, Majestät"* einen langen, mehrseitigen Brief, in dem er betont: *„Ich habe bis jetzt alles angewendet, um diesen Insulaner, welcher sich früher nur der Sandwich-Sprache, die hier niemand versteht, ausdrücken konnte, zum Christen zu bilden und als solchen dereinst durch Taufe und Einsegnung bestätigen zu lassen; es hält aber sehr schwer, ihm die deutsche Sprache beizubringen, obwohl er schon beynah alles, was zu ihm gesprochen wird, versteht, auch ziemlich, jedoch noch immer etwas unverständlich für diejenigen, welche ihn täglich hören, deutsch spricht."*

Rother schildert die Unterrichtsbemühungen Inspektor Kopfs in der Erziehungsanstalt, meint aber, dass es wohl noch einige Zeit dauern würde, bis der Insulaner der deutschen Sprache so mächtig sei, dass er das Glaubensbekenntnis ablegen könne. Um auch etwas Vorteilhaftes zu sagen, schreibt Rother einen Satz, der verrät, wie wenig er sich in die seelische Verfassung seines Schützlings einfühlen kann: *„Er ist übrigens sehr gutmütiger Art, liebt die Reinlichkeit sehr, weil er immer noch glaubt, durch öfteres Waschen seine schwärzliche Farbe zu verlieren und hat sonst keinen Fehler, als daß er das Geld liebt, um sich Sachen, besonders aber feine und nette Kleider dafür anschaffen zu können."*

Der SEEHANDLUNGS-Chef lobt noch besonders Harrys Ordnungsliebe, die Fähigkeit, im Haushalt beim Bedienen zu helfen, möglicherweise in der Absicht, ihn für eine künftige Verwendung bei Hofe zu empfehlen. Am Ende des Berichts bittet Rother um Fortsetzung des Unterrichts im Erziehungshaus, wie um die Zustimmung, die Religionsunterweisung durch den Anstaltsprediger vornehmen zu lassen, und bemerkt im letzten Satz fragend: *„Übrigens ist derselbe in mei-*

nem Hause immer nach seinem auf dem Schiffe bey seiner Aufnahme erhaltenen Namen Harry Maytey, welcher „Heinrich Gut“ heißen soll, bisher gerufen worden. Ob ihm bey der einst zu vollführenden Taufhandlung ein anderer Name gegeben werden soll und welcher, unterwerfe Eurer Majestät Allerhöchster Bestimmung. Allerunterthänigst Rother.“

Vier Tage später, am 18. März 1827, antwortet der König mit einer kurzen, eigenhändig unterschriebenen Notiz an Rother: „*Auf Ihren Bericht vom 14. d. Mts. will Ich erst nach vollzogener Taufe und Einsegnung des Sandwichs-Insulaner Harry Maitey disponieren, und soll bis dahin der Unterricht desselben in den elementaren Kenntnissen in der deutschen Sprache und in der Religion fortgesetzt werden. Eine Veränderung seines Namens bey der Taufe, wenn Harry in Heinrich verdeutscht wird, finde Ich nicht angemessen. Friedrich Wilhelm.*“

Noch im selben Monat setzt sich Rother noch einmal mit Kopf in Verbindung und bittet ihn um eine Beurteilung des inzwischen etwa 19 oder 20-jährigen Schülers, die allerdings nicht besonders zuversichtlich ausfällt. Mit Datum vom 24. März 1827 antwortet Kopf: „*Die Fortschritte, welche der Sandwich-Insulaner Harry Maitey in den geistigen Unterrichtsgegenständen, wozu ich die deutsche Sprache und Religion zähle, sind nicht die glänzendsten gewesen. Ihm wird die Aussprache der deutschen Laute sehr schwer und ihre Verbindung zu Silben, Wörtern und Redesätzen noch schwerer. Von der Religion hat er nur dunkle Ahnungen; es war bisher auch nicht möglich, diese Ahnung zu klaren Begriffen zu bringen, weil man sich ihm nicht vollständig verdeutlichen kann.*“ Kopf merkt aber an, dass Harry im Schreiben schöne Fortschritte macht und im Rechnen „*bis zur Zahl 50 hinauf Klarheit*“ gewonnen habe. Außerdem reagiert Kopf positiv auf Rothers Bitte, Harry für einen drei- bis viermonatigen Aufenthalt in die Anstalt zu übernehmen, weil er darin auch die Chance sieht, die Anzahl der Unterrichtstunden zu verdoppeln, sodass eine Taufe zu Ostern des nächsten Jahres ins Auge gefasst werden könnte.

Hintergrund des Vorschlags, Harry für einige Zeit ins Erziehungshaus zu schicken, ist nicht etwa, dass die Rothers

Wilhelm
von Humboldt

ihres unfreiwilligen Dauergastes überdrüssig sind, sondern der schlechte Gesundheitszustand des Hausherrn, der an eine Kur denkt und nicht sicher sein kann, ob der übliche Sommeraufenthalt auf Gut Rogau in diesem Jahr möglich ist. Rother sorgt sich dagegen trotz aller Belastungen im Amt um Harry. Weil er Wilhelm von Humboldt seit dessen Zeit als preußischer Botschafter in London kennt, kommt ihm eine Idee: Wie wäre es, den Reformer des preußischen Schulwesens, Gründer der Berliner Universität und weithin bekannten Sprachforscher zu bitten, Harry Nachhilfestunden in Deutsch zu geben? Humboldt ist sofort einverstanden und reagiert am 15. April 1827 mit einer kurzen Notiz an Rother: „*Wollten Ew. Hochwohlgeboren heute Nachmittag um 6 Uhr Ihren Harry schicken, so möchte ich meine Kunst an ihm versuchen. Ginge es heute nicht, so bitte ich ihn um die gleiche Stunde nächsten Dienstag.*“

Harry muss von der SEEHANDLUNG nur wenige Schritte bis zur Stadtwohnung der Humboldts in der Französischen Straße 42 gehen. Er betritt ein Haus, das seit einigen Jahren Treffpunkt der gebildeten Berliner Gesellschaft ist, und trifft auf einen Gelehrten, der in zwei Monaten seinen 60. Geburtstag feiern wird, einen Mann, dem der Ruf vorausgeht, ein Sprachgenie zu sein. Humboldt beherrscht Französisch, Englisch, Italienisch in Wort und Schrift, liest Latein, Griechisch, Ungarisch und hat sich mit Sanskrit, Chinesisch, Japanisch, Malaiisch beschäftigt, um *„Über die Verschiedenheit des menschlichen Sprachbaus und ihren Einfluss auf die geistige Entwicklung des Menschengeschlechts"* zu forschen. Weil er gerade an der Kawi-Sprache auf Java und polynesischen Mundarten arbeitet, ist Harry hochwillkommen. Den eigentlichen Zweck der Begegnungen, seine *„Kunst"* im Deutschunterricht zu *„versuchen"*, vergisst Humboldt ziemlich schnell. Er nutzt die Stunden, um mit dem *„Eingeborenen"* die begonnenen Studien zum Hawai'ischen so weit voranzutreiben, dass er die *„Forschungsergebnisse über die hawai'ische Sprache"* ein Jahr später, am 24. Januar 1828, auf der Sitzung der BERLINER AKADEMIE DER WISSENSCHAFTEN in einem Vortrag präsentieren kann. Dabei betont Humboldt, dass es ihm gelungen sei, *„einige Informationen über die Sandwich-Inselsprache durch Gespräche mit einem jungen Eingeborenen, Harry Maitai, der zur Zeit hier lebt, zu erhalten."* In weiteren sprachwissenschaftlichen Schriften erwähnt er ausdrücklich *„den jungen Insulaner, der half, die Etymologie der hawai'ianischen Zeitwörter festzusetzen, die auf dem Stammwort „Haar" basieren"* und hält in einer Fußnote fest, dass er *„Wörter der Sandwich-Sprache in bunter Ordnung eigenhändig bei der Vernehmung des Eingeborenen Maitai niedergeschrieben"* habe. Offensichtlich stellt dieser sich bei den häufiger stattfindenden Treffen nicht ungeschickt an und macht auf Wilhelm von Humboldt einen guten Eindruck. Schon wenige Monate nach den Gesprächen mit Harry hat Humboldt einen ersten Textentwurf für die Arbeit über die Sandwich-Insel-Sprache soweit fertig, dass er ihn mit Datum vom 6. Juli 1827 an Adelbert von Chamisso mit dem Zusatz schickt: *„... mit Ihrer freundlichen Erlaubnis sende ich Ihnen meine Abhandlung über die*

Sprachen der Südseeinsel. Schicken Sie sie mir bitte mit Ihren Bemerkungen versehen im September wieder zurück."

Wie zwischen Rother und Kopf verabredet, wechselt Harry Ende Juni 1827 ins Erziehungshaus am Halleschen Tor. Der empfindet diese Veränderung als Verbannung, als eine Art Strafmaßnahme, obwohl er das Vorrecht behält, keine Anstaltskleidung tragen zu müssen und weiter mit der Familie Kopf die Mahlzeiten einnehmen darf. Trotzdem ist er todunglücklich. Ihm fehlt die Bewegung des täglichen Schulwegs auf der Friedrichstraße, die Freiheit, bis zum Schloss zu spazieren oder auf den Spreebrücken ins Wasser zu sehen, Schiffer beim Manövrieren ihrer schweren Kähne zu beobachten. Nach fast vier Monaten meldet sich Kopf am 21. Oktober beim SEEHANDLUNGS-Präsidenten, um sich für eine baldige Rückkehr Harrys einzusetzen: „*Unter diesen Umständen scheint es rathsam zu seyn, wenn Harrys heißer Wunsch – bei Ihnen zu seyn – realisiert würde; denn das, was im Bereich des Nothwendigen liegt, kann ihm beigebracht werden wenn er von 4 bis 7 Uhr Nachmittags in der Anstalt ist und wöchentlich 2 Stunden den Prediger besucht.*" Dann schreibt Kopf einen Satz, der ihn als einfühlsamen, höchst fortschrittlichen Pädagogen ausweist: „*Den guten Menschen mit Formeln vollzustopfen, die sein Geist noch nicht fassen kann, scheint mir naturwidrig zu seyn; je länger er unter Christen lebt, desto mehr wird seine Erkenntnis wachsen und zunehmen; erzwingen lässt sich nichts; genug, er handelt christlich.*"

Es dauert aber noch weitere vier Wochen, bis Harry nach einem Besuch in der SEEHANDLUNG dem Erziehungs-Inspektor mitteilen kann, dass er zur Familie Rother zurückkehren darf. Damit keine Missverständnisse aufkommen, schreibt Kopf am 18. November: „*Ew. Hochwohlgeborenen Befehle gemäß kehrt Harry mit tausend Freuden und dankbar zurück,*" und fügt ebenso werbend wie die unbefriedigenden Lernfortschritte erklärend, hinzu: „*Harry hat seit Jahr und Tag an Einsicht und Verstand, vorzüglich an Herzensbildung sehr zugenommen; eine Gewandtheit in der deutschen Sprache wird er jedoch schwerlich erzielen, weil seine Sprechwerkzeuge schwerfällig und ungelenkig sind.*" Am Schluss des Briefes bittet Kopf um *„gnädige Verzeihung"*, dass er eine Rechnung für die viermonatige Beköstigung mit einer genauen Aufstellung in Höhe von 31 Reichsthalern und 15 Silbergroschen beifügt. Rother leitet die Rechnung am 21. Dezember 1827 an die Generaldirektion der SEEHANDLUNG weiter, der er die eigene Jahres-Bilanz in Höhe von 43 Reichsthalern und 14 Silbergroschen hinzufügt. Peinlich genau ist alles aufgeführt: *„Morgenbrot"* mit Kaffee, Zucker, Milch und Semmel, 2. Frühstück, der Betrag *„für die Mittagsspeise an meinem Tisch"*, Abendbrot und täglich eine *„Flasche weißes Halbbier"*. Es fehlt auch nicht die Aufstellung der Bekleidungskosten für Schneider, Hut- und Schuhmacher, für einen neuen Zylinder, Westen, Halstücher, Strümpfe und Stiefel.

Drei Tage später ist Heilig Abend. In der Dienstwohnung Rother am Gendarmenmarkt werden bei einbrechender Dunkelheit im großen Salon die Wachskerzen am Tannenbaum angezündet, der ganz so geschmückt ist, wie in der vor elf Jahren veröffentlichten E. T. A. Hoffmann Märchenerzählung *„Nussknacker und Mausekönig"* – mit vergoldeten Äpfeln, Nüssen und Zuckerwerk. Draußen herrscht klirrende Kälte. Beim Blick durch die Eisblumen an den Fensterscheiben liegt der große, leere Platz mit dem Schauspielhaus verlassen im schwachen, punktförmigen Licht einiger, im vergangenen Jahr von einer englischen Gesellschaft neu aufgestellter Gaslaternen.

Taufprobleme – der Preußische Adler im Hafen von Honolulu – ungute Zwischenfälle

„Der Sandwich-Insulaner Harry Maitey hat im Laufe des vergangenen Sommers und Herbstes an innerer Gediegenheit und religiöser Einsicht sehr zugenommen. Wenn nun das Leben eines Menschen ein Abdruck der Beschaffenheit seines Herzens ist, so kann man den Harry mit Recht ei-

nen wahren Christen nennen." Das schreibt Traugott Kopf zum Jahresanfang, am 3. Januar 1828, an Christian Rother. Es geht dabei um die noch immer nicht erfolgte Taufe. Der Seehandlungs-Chef verliert zunehmend die Geduld und der Erziehungsinspektor hofft auf Nachsicht für die mangelhaften Lernfortschritte des gemeinsamen Schützlings. Doch er weiß, um Verständnis werbende Worte reichen jetzt ebenso wenig aus, wie entschuldigende Hinweise auf *„ungelenke Sprachwerkzeuge"* und häufige Unterbrechungen des Unterrichts durch Krankheit. Beide stehen unter Zeitdruck, beide fürchten den Unwillen des Königs, der sicher kaum verstehen kann, dass drei Jahre nicht ausreichen, um aus einem *„Wilden"* einen Christen zu machen. Das Problem ist Harrys Unvermögen, sich im Deutschen verständlich auszudrücken. Die Lage verschärft sich, als Kopf am 7. Februar Rother mitteilen muss, dass sich der strenge Anstalts-Prediger Rötscher weigert, den Katechismusunterricht fortzusetzen, *„weil es ihm nicht gelingen wolle Harry die nothwendigen Begriffe der christlichen Lehre beizubringen weil er in der deutschen Sprache noch zu schwach sey und Dogmen, wie z.B. von der Erlösung der Menschen durch Christus und von der Heiligung durch den Geist Gottes nicht fassen könne.*"

Kopf macht den Vorschlag, Harry künftig täglich zusätzliche Sprach- und Lesestunden zu erteilen, *„damit der gute Mensch möglichst bald der Christenheit einverleibt und seinem Wunsche und Ziele näher geführt werden könnte.*" Der Brief endet mit dem Satz: *„Sollten Ew. Hochwohlgeboren jedoch einen anderen, besseren Weg wissen, so würde ich unterthänigst bitten, ihn bald einzuschlagen, weil mich der gute Harry sehr jammert und ich ihn gerne aus der geistigen Unbeholfenheit herausreißen möchte. – Mit unbegrenzter Hochachtung und Liebe unterzeichne ich ehrfurchtsvoll als Ew. Hochwohlgeboren unterthänigster Diener Kopf.*"

Nach Lektüre des Schreibens macht Rother mit seiner kraftvollen, schwer leserlichen Handschrift am Rand eine Anweisungsnotiz, die Harrys Leben nachhaltig verändern wird. Der ist wie immer vor einigen Stunden von der Erziehungsanstalt nach Hause in die SEEHANDLUNG gekommen und geht, wie an jedem Februar-Winterabend des Jahres

1828, in seine ungeheizte, eiskalte Kammer, um unter mehreren dicken Decken auf der rosshaargestopften Matratze mit Wollstrümpfen an den Füßen einzuschlafen.

HONOLULU – die Reede im Jahr 1829

Zur selben Zeit, als in Berlin tiefliegende Wolken die Sterne verdecken, ist es auf den Sandwich-Inseln heller Tag. Seit mehreren Wochen weht ein kräftiger Nord-Ost-Passat. Die PRINCESS LOUISE liegt nach 36-tägiger Überfahrt von Callao (Peru) auf der Reede von Honolulu. Das bewährte Dreigespann der ersten Erdumrundung, Harmssen, O'Swald und Wendt, hat es auftragsgemäß geschafft, das SEEHANDLUNGS-Schiff ohne Zwischenfälle um Kap Hoorn zu segeln und an der Westküste Südamerikas die vorgesehenen Häfen anzulaufen. Supercargo William O'Swald, beglückt, die schöne Insel O'ahu wiederzusehen und alte Bekannte zu treffen, entfaltet gerade in Zusammenarbeit mit dem neuen amerikanischen Konsul eine umtriebige Handelstätigkeit. Er verkauft größere Mengen der mitgebrachten preußischen Woll- und Leinenstoffe oder tauscht sie gegen das kostbare, wohlriechende Sandelholz ein, das „*Waihia alla*“, das in beträchtlichem Umfang an Bord genommen wird, um in Kanton, dem nächsten Reiseziel, gewinnträchtig abgesetzt zu werden.

Für die Besatzung der PRINCESS LOUISE wird der 13. Februar 1828 zum Höhepunkt ihres Aufenthaltes. Am Morgen des achten Tages dürfen sie aus den Schiffskanonen 17 Schuss Ehrensalut abfeuern, den die Batterien des Forts mit 17 Schuss beantworten. Wenig später nähert sich der König der Sandwich-Inseln in englischer Uniform, mit Ordensstern auf der Brust, an der Spitze einer Kanuflotte und kommt mit Dienerschaft an Bord. Es ist der 15-jährige Kauikeaoulis oder Kamehamena III., ein jüngerer Bruder des 1824 in London gestorbenen Liholiho und jüngster Sohn des großen Kamehamena I. Beim Schiffsrundgang zeigt sich der hohe Besucher von der blitzenden Sauberkeit des vorbildlich aufgeräumten Decks und den flachsblonden Haaren einiger, zum Ehrenspalier angetretener Matrosen beeindruckt. Besonderes Interesse erregt die Flagge an der Besangaffel, der schwarze Adler auf weißem Tuch, den der König bewundernd „*Manu mo roi*“, „*sehr großer Vogel*“, nennt. Die Beachtung des Staatssymbols ist für O'Swald die Chance, von der Bedeutung und Größe Preußens zu sprechen, von der Tatsache, dass die PRINCESS LOUISE das erste Schiff dieses Landes im Hafen von O'ahu ist und damit ein Vorbote künftiger, guter Handelsbeziehungen. O'Swald gelingt es, den König mit Schilderungen der napoleonischen Freiheitskriege so zu begeistern, dass dieser nicht nur Stunden an Bord bleibt, sondern in den Tagen danach mehrfach wiederkommt und die Schiffsführung zu Gegenbesuchen in den Palast einlädt.

In einem vier Monate später, am 30. Juni 1828, in Kanton an den SEEHANDLUNGS-Präsidenten geschriebenen Brief bemerkt O'Swald über den jungen König: „*Kriegerisch von Natur, unterhielt er sich gern vom Europäischen Krieges Theater, und ich musste Kauike-aouli, mit dem ich in ein sehr freundliches Verhältnis kam, besonders viel von dem großen Eri, dem Haupte der Soldaten, vom alten Marschall Blücher und dessen großen Thaten erzählen, welches Kauike-aouli*

Das Seehandlungs-Vollschiff PRINCESS LOUISE

ungemein anzog. Selbst in diese isolierten Inseln des pazifischen Ozeans war der Ruf des alten Marschalls gedrungen, und ich unterließ es nicht, ein treues Gemälde von ihm zu entwerfen. Kauike-aouli bezeugte mir seinen lebhaften Dank; nur die Hunderttausende von Soldaten konnte sein Geist nicht fassen."

O'Swald verschweigt im Bericht an Rother, wohl um seine Verdienste nicht zu schmälern, dass es sich bei dem König um einen Knaben handelt, während die eigentliche Macht bei dessen Mutter, der alten Königin-Witwe, liegt. Nur mit ihrer Genehmigung darf der kleine König des Inselreiches dem großen König von Preußen ein Geschenk machen. *„Beim Abschied übergab er mir einen hier im höchsten Werth stehenden Schmuck, es ist ein Kriegsmantel aus den schönsten rothen und gelben Federn, von den Eingeborenen gewebt, den die Könige bei festlichen Gelegenheiten und bei Kriegszügen anlegen. Dieser Mantel, sagte er, hat den großen Kamehameha geschmückt, ich übergebe ihn dir hiermit und bitte Seine Majestät, deinen König, ihn als kleinen Beweis meiner großen Hochachtung für ihn, von mir anzunehmen*

Der Federmantel König Kamehamehas I.

und sich unserer Inseln dabei zu erinnern, die arm sind und nichts Schöneres anzubieten vermögen.“

Bereits beim Empfang der königlichen Gabe hat O'Swald erkannt, dass der Federmantel eine überaus kostbare Rarität ist. Denn er erinnert sich, Reverend Ellis erwähnte während ihres ersten Besuchs vor fünf Jahren die rituelle Bedeutung des nur dem Herrscher vorbehaltenen Umhangs, der deshalb einzigartig sei, weil die Federn von zwei, in den Königsfarben rot und gelb vorkommenden, derart raren Vogelarten stammen, dass für einen Mantel jahrelang gesammelt werden muss. Um dem Geschenk in Berlin die richtige Geltung zu verschaffen, bittet der Supercargo den jungen König noch um einen Begleitbrief an Friedrich Wilhelm III.

Bevor die PRINCESS LOUISE nach vierwöchigem Aufenthalt am 6. März 1828 die Anker lichtet, kommt es zu einer Wiederholung der Szene vom Dezember 1823 an Bord der

MENTOR, nur mit dem Unterschied, dass diesmal nicht einer, sondern gleich zwei junge Sandwich-Insulaner darum bitten, mitgenommen zu werden. Nach den guten Erfahrungen mit Harry gibt es keine Bedenken, sodass beide an Bord bleiben dürfen. Während der preußische Dreimaster Kurs auf die Küste des chinesischen Festlands nimmt, zieht William O'Swald Bilanz seines zweiten Besuchs auf O'ahu. Er schwärmt von der *„fruchtbaren Inselgruppe, die von glücklichen Wilden bevölkert ist, deren Charakterzug Sanftmut ist und deren natürliche Fähigkeiten eine größere Empfänglichkeit für Ausbildung vor vielen der anderen Inselbewohner der Südsee und von Polinesien zeigen.“* Der Supercargo lobt die weiche, schöne Sprache, die einfache, unverdorbene Gastfreundschaft außerhalb von Honolulu, ist aber auch kritisch: *„Die Missionare haben den Götzendienst zerstört, ohne bis jetzt den Sinn für die höhere Moral des Christentums erweckt zu haben; zwei Religionsparteien, französische Katholiken und englische Dissenters* (Andersgläubige), *sind auf den Inseln. Der Trunk ist ein herrschendes Laster bei vielen geworden, man kennt Diebereien und auch Morde. Streitigkeiten der Parteien herrschen unter den Ehries, den Chiefs der verschiedenen Inseln und Stämme, der Tabu wird wenig mehr geachtet. Dagegen trägt ein großer Teil des Volkes Bekleidung, mancher spricht etwas englisch, viele schreiben und lesen. Der Grundcharakter, die Gutmütigkeit und Sanftmut, haben sich im allgemeinen erhalten.“*

Auch Harry ist gut- und sanftmütig. Nur die von allen so geschätzte Fröhlichkeit hat ihn verlassen. Er weiß, die Familie Rother plant, ohne ihn im Frühsommer nach Rogau in die Ferien zu fahren. Am 24. März 1828 muss er sich schon um 8 Uhr in der Erziehungsanstalt bei Kopf melden, um ein Schreiben Rothers zu übergeben. Es enthält die bereits in der Randnotiz gemachte Weisung: Harry soll, wie im vergangenen Jahr, gegen Vergütung der Kosten für Unterbringung und Speisung in die Anstalt aufgenommen werden, ist *„nützlich zu beschäftigen“* und mit täglichem Unterricht weiter auszubilden. Es gibt nur einen Unterschied: Eine Rückkehr in die SEEHANDLUNG ist diesmal nicht vorgesehen. Offenbar sind mehr als drei Jahre privater Gastfreundschaft genug, vielleicht spielt bei Rothers Entscheidung auch die Enttäuschung über die Schwierigkeiten bei der längst überfälligen Taufe eine Rolle.

Harry ist verzweifelt. Die Anstalt bedeutet für ihn Gefängnis, auch wenn sich Frau Kopf und ihr Mann alle Mühe geben, den Unglücklichen aufzuheitern. Er darf, wie im Vorjahr, allein in einer kleinen Kammer schlafen, seine Kleidung behalten und alle Mahlzeiten in Kopfs Privaträumen einnehmen. Doch die langen Tage werden zur Qual, das Zusammensein im Klassenraum mit erheblich jüngeren Schülern, von denen einige harte, nicht ungefährliche Burschen sind, zerrt an Harrys Kräften. Der einzige Lichtblick: Das Singen der Kirchenlieder. Mit wohlklingender Stimme macht er sich bei gemeinsamen, kleinen Chorauftritten gut, wird gelobt. In diesen Tagen gibt es für ihn nur einen Trost, die feste Überzeugung, dass das Erreichen des Ziels „Taufe" der Schlüssel für die Rückkehr in die SEEHANDLUNG ist. Aber es wird so unendlich viel verlangt. Das Auswendiglernen der Katechismus-Fragen und Antworten, der zehn Gebote, der Gebete und Psalmen fällt in der fremden Sprache sehr schwer. Hinzukommt die Unnachsichtigkeit des dogmatischen Pastors Rötscher, die ihn tief verunsichert. Harry versteht die Dreieinigkeit Gottes nicht. Der Anblick des toten, am Kreuz hängenden blutenden Mannes erschreckt ihn. Warum ist der Hauptgott unsichtbar? Was ist das – der Heilige Geist? Er erinnert sich an seine Kindheit zu Hause, an die Tempelbezirke, an die mit Muscheln und Federn gezierten Holzstandbilder des Götterhäuptlings Lono, der alljährlich mit Beginn des Winterregens eintrifft, die Fruchtbarkeit der Felder erneuert und dann in das unsichtbare Land Kahiki zurückkehrt, damit der Eroberergott Ku, vom gefiederten Kukailimoku begleitet, erscheinen kann.

Weder Rötscher noch Kopf können wissen, wie reich die von Göttern, Göttinnen und Halbgöttern bevölkerte polynesische Mythologie ist, wie üppig der Schatz von Legenden und Liedern, die nur mündlich überliefert, auswendig gelernt, gesungen vorgetragen werden, so wie Harry das in der SEEHANDLUNGS-Ausstellung gemacht hat. Für Rötscher ist der *„Südsee-Insulaner"* noch immer ein Götzenanbeter, heimlicher Anhänger einer Religion mit Menschenopfern, der unbedingt durch die Taufe zu retten und zu zivilisieren ist. Doch Harry erinnert sich an die amerikanischen Missionare auf O'ahu, die ihre Sprache gelernt hatten, sodass sie Bibelpassagen und Hymnen für alle zu Bekehrenden verständlich vortragen konnten. Zu Hause war es auch nicht schwierig, Christ zu werden, man musste sich nur taufen lassen, monatelanger Unterricht mit einer Prüfung, wie in Berlin, gab es auf den Sandwich-Inseln nicht.

Niemand weiß, ob Harry es bereut hat, nicht an Bord der PRINCESS LOUISE gegangen zu sein, um mit Harmssen und O'Swald in die Heimat zurück zu segeln. Fest steht nur, er ist in der vor den Toren der Stadt völlig abgelegenen Erziehungsanstalt elend einsam und leidet unter dem, wie er es empfindet, Liebesentzug Rothers, seines *„hanai"*. Selbst die einzige Freude, der Kauf von neuen Westen, Schärpen und Stiefeln, ist ihm genommen, denn es gibt keine abendlichen Seehandlungs-Dinner mehr, bei denen ihm wohlwollende Gäste einige Taler zustecken.

Dem Schulleiter entgeht die dauerhaft trübsinnige Stimmung seines Sonderzöglings nicht. Er weiß, dass dieser nur einen sehnlichen Wunsch hat: Rückkehr zum Gendarmenmarkt. Aber Kopf wagt nicht, sich noch einmal für ihn einzusetzen und Rother diese Bitte vorzutragen. Denn der ist als Vereinsvorsitzender sein Vorgesetzter, der außerdem dafür sorgt, dass die SEEHANDLUNG alljährlich nicht unerhebliche Mittel für den Betrieb der Erziehungsanstalt bereitstellt.

Wie es in Harry aussieht, zeigt der für einen etwa 22-jährigen rührend kindliche Brief in akkurater Schönschrift, den dieser am Neujahrstag 1829 an seinen Gönner schreibt:

„Hochwohlgeborener Herr, gnädiger Herr Präsident!
Ew. Hochwohlgeboren wünsche ich zum neuen Jahre viel Glück und Segen, Gesundheit und Freude. Ich werde recht gut seyn und fleißig lernen, damit ich bald getauft werden kann; dann bleibe ich immer bei meinem lieben Herrn Präsident und bedien ihn treu, und mein Herr Präsident wird mich lieb behalten.
Harry Maitey
ein Sandwichs-Insulaner.
Berlin, den ersten Januar 1829"

22

Hochwohlgeborner Herr,
Gnädiger Herr Präsident!

ad acta
5/2 29

Ew: Hochwohlgeboren wünsche ich zum neuen Jahre
Viel Glück und Segen, Gesundheit und Freude.
Ich werde recht gut seyn und fleißig lernen,
damit ich bald getauft werden kann; dann bleibe
ich immer bei meinem lieben Herrn Präsident,
und bediene ihn treu, und mein Herr Präsident
wird mich lieb behalten.

Berlin,
den ersten Januar.
1829.

Harry Maitey
ein Sandwich Insulaner.

Kutscher der Mentor.

Harry's Brief an
Christian Rother

Im Frühjahr kommt Bewegung in die Taufsache. Kopf meldet am 15. April dem Präsidenten, dass es ihm gelungen sei, den bekannten Pfarrer der „*Neuen Kirche*", Wilhelm Hoßbach, einen im Gegensatz zu Rötscher überaus aufgeschlossenen Theologen, zu gewinnen. Der „*fand Freudigkeit, den Harry gemeinschaftlich mit unseren Zöglingen in Vorbereitung und Katechumen-Unterricht zu nehmen. Dieses liebevolle Angebot des wackern Hoßbach ist umso erfreulicher, da Harry Hoßbachs Unterricht aus dem Grunde am leichtesten fassen wird, weil mein Religionsunterricht mit Hoßbachs pünktlich übereinstimmt.*" Wie lange dieser Konfirmandenunterricht dauern wird, vermag Kopf nicht zu entscheiden, fest steht aber, Harry soll am Tag der Einsegnung der Anstaltszöglinge getauft und konfirmiert werden. In den nachfolgenden Monaten beschränkt sich die Korrespondenz zwischen Erziehungsanstalt und SEEHANDLUNG auf die Übersendung von genauen Kostenaufstellungen für Harrys Verpflegung, in denen auch die tägliche Flasche „*weißes Halbbier*" nicht vergessen wird.

In der Generaldirektion der SEEHANDLUNG am Gendarmenmarkt trifft die Nachricht ein, dass die von einigen Zweiflern längst für überfällig gehaltene PRINCESS LOUISE nach fast vierjähriger Reisezeit, mit kurzem Ankern vor Cuxhaven, am 10. August 1829 in Hamburg-Altona eingetroffen ist. Es sollen aber noch etliche Wochen vergehen, bis die „Vossische Zeitung" der Berliner Leserschaft unter der Rubrik „*Vermischte Nachrichten*" am 2. Oktober vermeldet: „*Die glückliche Rückkehr des Preußischen Handelsschiffes Prinzessin Louise von seiner Fahrt nach China, ein in mancher Hinsicht für uns merkwürdiges Ereignis, ist es insbesondere auch für die Bewohner dieser Residenz, durch die bedeutende Anzahl interessanter Gegenstände aus dem Gebiet der Natur, Industrie, ja auch Kunst, die dieses Fahrzeug mitgebracht hat.*"

Dass sich auch die zweite preußische Weltumsegelung nicht allein auf Warenhandel und Gewinne beschränkt, ist der Energie und Leidenschaft des tüchtigen Supercargos O'Swald zu verdanken. Nach den Erfahrungen der MENTOR-Reise betätigte er sich diesmal als umsichtiger, syste-

matischer Sammler, der eine Fülle höchst unterschiedlicher Objekte aus dem pazifisch-asiatischen Raum an Bord gebracht hat: Mineralien, Insekten, präparierte Tiere, Alltagsgeräte, Waffen, Seidenstoffe, Kleidung, Möbelstücke, Gemälde, Musikinstrumente und Teppiche. Die *„Vossische Zeitung"* schwärmt in ihrem ausführlichen Artikel von der Schönheit chinesischen Porzellans, der Zierlichkeit kunstreicher Elfenbeinschnitzereien, lobt die Farbenpracht des Staatskleides einer Mandarinenfrau wie den Reiz zahlreicher sehenswerter *„Merkwürdigkeiten."* Zum Schluss heißt es: *„Endlich müssen wir noch einer mehr historischen Curiosität mit erwähnen. Unter den mancherlei Gewändern und Trachten fremder Völkerschaften, sehen wir nämlich auch einen Kriegsmantel des Königs der Sandwichsinseln. Die rothen und gelben Federn, aus denen er verfertigt ist, sind ein Regal* (Vorrecht) *der Krone; der Mantel hat aber auch noch besonderen Werth dadurch, daß ihn ein berühmter Vorfahr des jetzigen Königs in vielen Schlachten, durch die er sich die Herrschaft über die Inseln errang, getragen hat."*

Altona – Liegeplatz der PRINCESS LOUISE, Grafik von Jan Willem Vos 1835

So wie fünf Jahre zuvor, sind all die exotischen Dinge auch diesmal wieder für einige Wochen in drei Räumen der SEEHANDLUNG öffentlich ausgestellt. Bevor das allgemeine Publikum Zutritt hat, kommt Friedrich Wilhelm III. mit seiner zweiten Gemahlin, der Fürstin von Liegnitz und dem Kronprinzen nebst kleinem Gefolge zur Vorbesichtigung. Bei dem von Rother geführten Rundgang zeigt der König am Federmantel Kamehamehas besonderes Interesse. Er kennt den Wortlaut des offiziellen Begleitbriefes und hört mit Verwunderung, dass für einen solchen Mantel nur wenige daunenweiche Brustfedern zweier seltener Vögel verwendet werden können, dass für einen einzigen Kriegerumhang zehntausende gefangen werden müssen und es Jahrzehnte dauern kann, bis ein solches Kunstwerk geschaffen ist. Friedrich Wilhelm III. gibt Rother Anweisung, mit dem nächsten SEEHANDLUNGS-Schiff, das die Sandwich-Inseln anläuft, Gegengeschenke zu überbringen und das farblich so wunderbare Stück in der ethnographischen Sammlung der Kunstkammer im Schloss aufzubewahren. Höchstwahrscheinlich hat Rother dem König berichtet, dass sich an Bord der in Hamburg liegenden PRINCESS LOUISE noch ein junger

Sandwich-Insulaner befindet, der in nächster Zeit nach Berlin gebracht werden soll. Nach dem Besuch der Majestäten kommen Gruppen der Beamtenschaft, Wissenschaftler und Kunstkenner. Dann dürfen alle interessierten Berliner das Direktionsgebäude betreten.

Auch Harry macht sich neugierig auf den Weg durch das Hallesche Tor die Friedrichstraße hinauf, wahrscheinlich enttäuscht, weil er nicht aufgefordert wurde, beim Aufbau oder während der Ausstellung dabei zu sein. Seit Monaten zum ersten Mal wieder in der Jägerstraße muss er auf dem Weg zur Wohnung des Präsidenten vorher durch die öffentliche Schau gehen. Ganz plötzlich, völlig unvorbereitet, steht er im dritten Raum vor dem gelbroten königlichen Federmantel und gerät bei dessen Anblick augenblicklich völlig aus der Fassung. Es kommt zu einer unverständlichen heftigen „*Aufwallung*“, sodass den Augenzeugen nichts anderes übrigbleibt, als den Verstörten in die Erziehungsanstalt zurückzuschicken.

Rother ist verärgert und fordert Harrys Bestrafung. Kopf erreicht eine Abmilderung, denn er ist der einzige, der versucht, den Anfall des sonst so ruhigen jungen Mannes zu verstehen. Was hat dieses seltsame Verhalten ausgelöst? Erkannte Harry den Federmantel als Eigentum Kamehamehas I., bei dessen Tod er etwa zehn Jahre alt war? Fürchtete er, der Mantel sei eine preußische Siegestrophäe, ein Zeichen für die Niederlage seiner Heimatinseln, glaubte er, dass der von ihm so hochverehrte Präsident gemeinsame Sache mit den Feinden des Königs der Sandwich-Inseln macht?

Nach einigen Wochen ist der Zwischenfall vergessen. Rother will ein Zeichen guten Willens setzen und lädt Harry ein, nach langer Pause wieder einmal während einer Abendgesellschaft beim Servieren zu helfen. Der ist hocherfreut, hofft er doch, den Präsidenten endgültig zu versöhnen und nebenbei etwas Trinkgeld zu bekommen. Aber der Abend entwickelt sich von Anfang an ungut. Einige Dienstboten behaupten, offenbar in der Absicht, Harry zu kränken, dass gar nicht der SEEHANDLUNGS-Chef selbst, sondern Seine Majestät der König ihn verpflegen und bekleiden lasse. Harry ist irritiert, sieht die besondere Beziehung zu Rother, das Adoptionsverhältnis, die *„hanai"*, in Frage gestellt. Möglicherweise spielt die Enttäuschung darüber eine Rolle, dass alles schiefgeht. Harry, der sonst nur das leichte *„weiße Halbbier"* bekommt, trinkt unzulässigerweise heimlich Wein, und als der an diesem Abend mitbeschäftigte Kanzleidiener Haube auch noch versucht, ihm den von einem Gast geschenkten Taler wegzunehmen, kommt es zum lautstarken Eklat. Rother muss die Tafel verlassen und trifft im Flur auf einen unkontrolliert aufsässigen Harry. Es entwickelt sich ein unerfreulicher Auftritt, der damit endet, dass dieser im Zustand *„völliger Trunkenheit"* in das Erziehungshaus zurückgebracht werden muss.

Nach diesem zweiten Vorfall ist die Lage kritisch. Rother, empört über die Entgleisung seines Schützlings, fordert strenge Bestrafung: Schläge mit dem Rohrstock, eine Woche Einkerkerung bei Wasser und Brot, Entzug des Privilegs am Tisch der Kopfs mitzuessen, Verbannung zu den anderen Zöglingen. Wieder ist es Kopf, der die Strafe zu verringern sucht. Mit Datum vom 20. Dezember 1829 schreibt er einen mehrseitigen Brief an Christian Rother:

„Ew. Hochwohlgeboren Befehle gemäß habe ich dem Sandwich-Insulaner nochmals seine groben Verfehlungen ernstlich vorgestellt und mit der Strafe, die er dadurch verdient hat, bekannt gemacht, wobei er sich sehr zerknirscht und reumüthig zeigte, seinen Fehler aber ohne Heuchelei erkannte und es lebendig fühlte, daß er die härteste Strafe verdient habe. Er ließ sich dabei auf folgende Weise aus: „ich will die Strafen, die mir im Arbeitshause gegeben werden sollen gern ertragen, will bei den Zöglingen in der Anstalt speisen, mit ihnen Strafflechten und anderer Arbeiten verrichten, ja auch solche Kleider tragen, wie die Kinder tragen, wenn der Herr Präsident mir wieder gut werden könnte." Ich und meine Frau, wir beide haben bei dieser Rede des tief gebeugten Fremdlings viel gelitten und kaum in der nothwendigen Fassung bleiben können, weil wir es mit Gewissheit wissen, daß es dem Harry nie eingefallen ist, Ew. Hochwohlgeboren mit Wissen, Willen und Vorsatz zu beleidigen."

Kopf findet auch einen Grund für Harrys Fehlverhalten: Nur das Übermaß von Freude, endlich wieder im Haus des Wohltäters sein zu dürfen, habe ihn verleitet, mehr vom

Wein zu trinken *„als sein wallendes und feuriges Blut vertragen kann."* Und den Zusammenstoß im Flur versucht Kopf damit zu erklären, dass Harry in seiner Trunkenheit nicht erfassen konnte, dass sein Gönner leibhaftig vor ihm stand, den er in diesem Moment irrtümlich für den verhassten Kanzleidiener Haube gehalten habe. Zum Schluss heißt es: *„Hätte ich in unserer Anstalt noch mehr Zöglinge, die sich so leicht leiten ließen wie Harry, so wollte ich meinem Gotte täglich auf Knien danken. Soll jedoch der Reumütige und Bußfertige auf Zuversicht, aus welcher allein Festigkeit hervorgeht, gewinnen, so bitte ich ganz gehorsamst, daß Ew. Hochwohlgeboren Harrys sehnlichen Wunsch: Sie einmal sehen zu dürfen, huldvollst erfüllen möchten."*

Kopfs Vermittlungsversuch bewirkt, dass die Strafe zwar erheblich abgeschwächt, nur aus einigen Tagen im Karzer bei knapper Kost besteht, Harrys sehnlichster Wunsch aber, vom Präsidenten empfangen zu werden, vorerst unerfüllt bleibt.

Die Taufe – Lakaien-Prüfung im Schloss – Präsente für König Kamehameha III.

1830 – Zum Jahresbeginn gibt es unter den Zöglingen der Erziehungsanstalt noch einmal Aufregung, als ein Neuzugang aus Hamburg eintrifft. Es ist der Sandwich-Insulaner Jony Kahopimeai, der seit dem Ankern der PRINCESS LOUISE auf der Elbe an Bord bleiben und sich während der letzten fünf Monate bei den Überholungsarbeiten nützlich machen musste. Weil Jony nur als zweiter Polynesier nach Preußen kommt, nimmt niemand außerhalb der Anstalt von ihm Notiz. Die SEEHANDLUNG steht zwar zu ihrer Fürsorgepflicht, aber Rother verfügt in einem Schreiben an Kopf ausdrücklich, dass der „Neue" keine Sonderstellung bekommt, sondern behandelt werden soll wie die übrigen Zöglinge.

Für Harry ist die Begegnung mit einem Landsmann ein aufwühlendes Erlebnis. Nach sechs Jahren kann er zum ersten

Mal wieder mit jemandem in seiner Muttersprache reden. Von dem fast Gleichaltrigen erfährt er, wie entbehrungsreich, beschwerlich und stürmisch die Fahrt über Kanton, Manila, Singapore, Anjer und St. Helena nach Hamburg war. Im Unterschied zur ersten Weltumsegelung, bei der Harmssen keinen Mann verlor, stand die zweite Reise unter keinem guten Stern. Noch vor Passieren des Kaps der guten Hoffnung starben der zweite Steuermann, zwei Matrosen und wenig später, *„völlig entkräftet an der Ruhr"*, der zweite junge Sandwich-Insulaner. Der wurde, wie die Besatzungsmitglieder, in Segeltuch gehüllt, der See übergeben. Jony erzählt Harry von den Qualen des Wassermangels, der Entkräftung und den schweren Erkrankungen, bevor sie die rettende Atlantikinsel St. Helena erreichten. Offenbar hatten es Harmssen und O'Swald trotz der MENTOR-Erfahrungen erneut verworfen, in Kapstadt Frischwasser und Proviant zu übernehmen.

Schon bald kühlt sich das Verhältnis der beiden Hawai'ianer spürbar ab. Sie sind tatsächlich grundverschieden: Jony ist offenbar intelligenter, aber aufbrausend und widersetzlich, dazu unordentlich und auch noch schwer heimwehkrank. Harry dagegen wie gewohnt leicht lenkbar und willig. Neidvoll sieht Jony die Unterschiede. Er muss im Schlafsaal nächtigen, friert in der dünnen Anstaltsuniform, bekommt nur Zöglingskost, Harry dagegen bewohnt sein eigenes Zimmer und speist in maßgeschneiderten Kleidern am Tisch des Direktors. Dieser gibt sich alle Mühe mit Jony, der ständig Heißhunger auf frisches Obst hat, das er sich ab und zu kaufen kann, wenn ihm Kopf von den in Hamburg ersparten 7 Talern einen Silbergroschen zuteilt. Während Jony missmutig versucht, sich in der neuen Umgebung zurechtzufinden, ist sein Landsmann ganz von der Vorfreude auf ein großes Ereignis in Anspruch genommen.

Zwölf Tage nach Ostersonntag versammeln sich unter dem Kuppelrund der völlig leeren *„Neuen Kirche am Gendarmenmarkt"* im Altarraum vier Herren und die Hauptperson: Harry Maitey. Der 23. April 1830 ist der große Tag, die langersehnte Taufe und damit Aufnahme in den Schoß der Evangelischen Kirche. In aller Stille und im kleinsten Kreis soll an diesem Freitag die heilige Handlung in einem privaten Gottesdienst vollzogen werden. Harry hat für den Anlass von der SEEHANDLUNG neue, feierlich-schwarze Kleidung erhalten und macht mit gestärktem, hohem Hemdkragen, weißen Handschuhen und Zylinder einigen Eindruck. Die Taufe und gleichzeitige Konfirmation wird von Superintendent Hoßbach vollzogen, bei der als Zeugen der Wirkliche Geheime Oberfinanzrat Präsident Rother, Stadtrat Hollmann als Mitglied des Vereinsvorstands und Erziehungsinspektor Kopf auftreten. In der Taufurkunde heißt es: *„Mit Erlaubnis des Königlichen Konsistorii der Provinz Brandenburg vom 19. April 1830 wurde der Sandwichs-Insulaner Harry Maytey, 22–23 Jahre alt, getauft und erhält den Namen Heinrich Wilhelm.*" Die Empfehlung des Königs, den Namen Harry möglicherweise nicht einzudeutschen, ist offenbar vergessen, dafür erhält der Täufling als zweiten Vornamen den Seiner Majestät und dazu das Datum für den jährlichen Geburtstag: 23. April 1807.

Beim Verlassen des Gotteshauses steht die Herrenrunde wegen des trüben, leicht regnerischen Wetters nur kurz auf den Kirchenstufen. Harry hofft, sich jetzt mit dem Präsidenten nach links, dem Gebäude der SEEHANDLUNG zuwenden zu können, sieht sich jedoch getäuscht, als ihn Kopf am Arm nimmt und zur Friedrichstraße geht. Es bleibt kaum Zeit, noch einmal auf den Ort der so entscheidenden Taufhandlung zurückzublicken, auf die wundervollen barocken Formen der über 120 Jahre alten Kirche, die ihren prachtvollen Kuppelturm Friedrich dem Großen verdankt, und deren spiegelbildliches Gegenüber, die *„Französische Friedrichstadtkirche*", nach wenigen Schritten hinter dem Gebäude des Schauspielhauses verschwindet. Kopf verwirklicht jetzt das, was er Rother schon vor einem Jahr versprochen hat, Harry an dem Tag taufen zu lassen, an dem die Anstaltszöglinge eingesegnet werden, und was er zwei Tage zuvor schriftlich ankündigte: *„ich gedenke auch am selben Tage den neuen Christen zum Tische des Herrn zu führen und mit ihm das heilige Abendmahl zu genießen. Ich bitte vom Grund meiner Seele, das Ew. Hochwohlgeboren mir und ihm alles verzeihen mögten, wodurch wir bisher gegen Hochdieselben gefehlt haben, damit uns Gott segnen und wir unser künftiges Leben nach seinem Willen gestalten.*" Nach dem gemeinsamen Abendmahl mit Kopf und den Anstaltszöglingen ist Harry am Abend wieder allein in seiner Kammer im Erziehungshaus am Halleschen Tor, tief traurig, dass sein Traum, für immer bei seinem *„lieben Herrn Präsident"* sein zu dürfen, nicht in Erfüllung geht. Auch die Ankündigung, dass er von seinen Paten als Taufgeschenk 15 Taler und ein eigenes Sparbuch erhalten soll, vermag ihn nicht trösten.

Zwei Tage später, mit Datum vom 25. April 1830, schreibt Rother einen ausführlichen Bericht an den König. Um dessen Erinnerung aufzufrischen, schildert er noch einmal die gesamte MENTOR-Vorgeschichte, die unternommenen Unterrichtsbemühungen, die Verdienste Kopfs und Hoßbachs, meldet den Vollzug der Taufe mit Eintragung ins Kirchenbuch. Er verschweigt auch nicht, dass Harry, obwohl gute Fortschritte erzielt wurden, noch immer beim Deutschsprechen Schwierigkeiten hat und wirbt erneut um eine Verwendung im Hofdienst: *„Auch ist derselbe von sehr guter Gemütsart, besonders treu, pünktlich und in den aufgenommenen Geschäften und zur Bedienung sehr brauchbar, sodaß er in letztgedachter Beziehung gewiß den Erwartungen entsprechen wird."*

Sieben Tage nach Erhalt des Bittschreibens verfügt der König mit Kabinettsorder vom 2. Mai 1830, das Hofmarschallamt möge prüfen, ob sich der Sandwich-Insulaner für eine Stellung im Lakaien-Dienst eignet. Am 18. Mai wird Rother davon in Kenntnis gesetzt, dass der König den Wirklichen Geheimrat und Hofmarschall Freiherrn von Maltzahn *„zu beauftragen geruht haben, zu berichten, ob der Maitey zum Lakaien-Dienst anzustellen sey, und daß demnach der Herr Hofmarschall, der in einigen Tagen von einer Urlaubsreise zurückkehrt, den Maitey zu sehen wünscht. Wir ersuchen Ew. Hochwohlgeboren ganz ergebenst, gefälligst bestimmen zu wollen, daß der Maitey gerufen wird, sich einzufinden."*

Einige Tage nach Erhalt dieser Aufforderung machen sich, Rothers Befehl folgend, Erziehungsinspektor Kopf mit dem in seine besten Kleider gewandeten Kandidaten auf den Weg zum Berliner Stadtschloss. Zum ersten Mal betritt Harry den großen Innenhof, der ihn durch seine Ausmaße, die Höhe der Fensterfronten, der Säulen, Erker und den aufwendigen

Figurenschmuck ebenso einschüchtert wie die nachfolgenden langen, dunklen Gänge mit zahllosen Türen.

Die beiden werden nicht, wie erwartet, von Baron Maltzahn, sondern seinem Stellvertreter, Hofrat Bußler, empfangen, der ohne Umschweife mit der Prüfung beginnt. Er fragt den bereits stark verunsicherten Harry nach *„den Unterschieden zwischen verschiedenen Chargen und Titulaturen"*, also den Rängen von Hofbediensteten. Wie soll sich Harry mit dem hochkomplizierten System der königlich-preußischen Beamtenhierarchie mit fast hundert unterschiedlichen Amtsbezeichnungen auskennen? Er bleibt stumm. Bußler legt einen Stapel Anordnungen und Benachrichtigungen mit der Aufforderung auf den Tisch, Anreden und Absender vorzulesen. Harry hat zwar Schönschreiben geübt, aber diese Handschriften kann er nicht entziffern. Auf Fragen antwortet er zögernd und schwer verständlich. Der Hofrat ist ungehalten, Kopf versucht, mit Hinweis auf weitere Ausbildung, die Situation zu retten. Doch für den Prüfer steht fest: Dieser Anwärter ist völlig ungeeignet. Da kommt Bußler eine Idee, die ihn selbst entzückt: Wie wäre es, den jungen kräftigen Mann, der ja wohl doch von einer Insel stammt, auf eine Insel zu schicken? Vor einigen Tagen ist ihm zugetragen worden, dass auf der Pfaueninsel ein Fährmann fehlt, eine Aufgabe *„wozu nur mechanische Fertigkeiten und pünktliche Treue erforderlich wären."*

Obwohl Hofmarschall Maltzahn bei der Examination nicht anwesend war, macht er sich Bußlers Meinung zu eigen und teilt einige Wochen später, am 26. Juni, dem König schnörkellos mit: *„Der Maitey ist klein und unansehnlich und qualifiziert sich nach meiner Ansicht durchaus nicht zum Hoflakaien. Er scheint ein guthmütiger Mensch zu sein, aber im übrigen wenig Fähigkeiten zu besitzen, so daß Ew. Königliche Majestät ich auch keine anderweitige paßliche Anstellung für ihn in Vorschlag zu bringen weiß."*

Nach diesem vernichtenden Urteil, bei dem die Pfaueninsel unerwähnt bleibt, wird Maltzahn nach zehn Tagen erneut aktiv und schlägt dem König überraschenderweise vor, Harry Maitey nun doch als Kanzleiboten zu beschäftigen und ihm ein Jahressalär in Höhe von 300 Reichsthalern zu gewähren.

Der gerade in Teplitz weilende König antwortet am 15. Juli: *„Ich genehmige auf Ihren Vorschlag vom 7ten Juli d.M. daß dem Sandwich-Insulaner Maitey vom 1ten dieses Monats ein jährliches Einkommen von 300 Reichsthalern ausgesetzt und der dafür als Kanzleibote beschäftigt werde."* Noch am selben Tag teilt Kabinettsrat Albrecht den Empfang dieser Weisung Präsident Rother mit: Harry Maitey könne jetzt seiner Bestimmung in Diensten des Hofmarschall-Amtes zugeführt werden. Für Christian Rother ist dies eine erfreuliche Botschaft, bringt sie doch nach fast sechs, manchmal nicht ganz einfachen Jahren eine Angelegenheit zum Abschluss, der er, aber vor allem auch seine Frau, viel Zeit und Kraft geopfert haben.

Als Chef der SEEHANDLUNG beschäftigen ihn gegenwärtig letzte Entscheidungen für die geplante zweite Weltreise der PRINCESS LOUISE, die fast ein Jahr beschäftigungslos in Hamburg-Altona vor Anker lag. Zeit, das Schiff endlich wieder nutzbringend auf große Fahrt zu schicken. Es soll noch einmal die Kanton-Route segeln und versuchen, ähnlich gute Geschäfte zu machen wie bei der letzten Reise. Nachdem Harmssen abgewinkt hat, befördert Rother den als Obersteuermann so bewährten Wilhelm Wendt zum Kapitän und muss nur noch einen neuen Supercargo als Ersatz für den eigentlich unersetzbaren William O'Swald finden, der keine Neigung zeigt, zum dritten Mal für mehrere Jahre an Bord zu gehen. O'Swald hat sich inzwischen mit Frau und kleiner Tochter in der Hansestadt als Agent der SEEHANDLUNG niedergelassen, für die dessen Präsenz vor Ort zunehmend wichtiger wird. Rother weiß ja, abgelegene Ostseehäfen wie Swinemünde sind für den Überseehandel ungeeignet, preußische Erzeugnisse müssen über Hamburg ausgeführt werden. In der Generaldirektion am Gendarmenmarkt gibt es deshalb erste Überlegungen, das SEEHANDLUNGS-Kontor in Stettin zu schließen.

Zu Beginn dieses Jahrzehnts gerät durch die sich beschleunigende Industrialisierung ohnehin einiges in Bewegung. Als Chef eines Staatsbankhauses muss Rother die Weichen stellen. Damit die Wirtschaft des Landes vorankommt, ist auftragsgemäß umsichtig und beispielgebend zu investieren. Beteiligungen beim Bau von Produktionsstätten sind zu verstärken, der Chausseebau ist weiter voranzutreiben, nach wie vor muss das schlesische Tuchgewerbe gefördert werden. Und gleichzeitig darf nicht versäumt werden, Nachrichten über neue, zukunftsträchtige Technologien im Blick zu behalten, wie die Berichte über die weitere Entwicklung der vor fünf Jahren in England zum ersten Mal von einer Dampflokomotive gezogenen, mit Passagieren besetzten *„Schienenkutschen"*.

Durch Übernahme eines Dampfschiffes und zweier Schlepper aus der Konkursmasse der bankrotten *„Berliner Dampfschiffahrts-Gesellschaft"* erfolgt der Einstieg der SEEHANDLUNG in die Dampfschifffahrt. Rother erkennt sofort die Chance, nicht nur mit eigenen Frachtseglern in New York, Buenos Aires, Vera Cruz, New Orleans oder Kingston Jamaica unter Preußischer Flagge aufzukreuzen, sondern auch in der Binnenschifffahrt auf Spree, Havel, Oder und Elbe mit Dampfkraft neue Maßstäbe zu setzen. Personenbeförderung von Berlin-Potsdam nach Hamburg und zurück, das müsste doch in Konkurrenz zur pferdebespannten Schnellpost in jeweils 30 Stunden möglich sein.

Vorrang hat das Tagesgeschäft. Und hier geht es Anfang August 1830 um die Ausführung der Kabinetts-Order Seiner Majestät vom 24. Juni, um das überfällige Gegengeschenk von Friedrich Wilhelm III. für den von Kamehamena III. vor zwei Jahren übersandten prächtigen Federmantel. Rother hat nach Erhalt des Auftrags von O'Swald umgehend eine Aufstellung mit Gegenständen erbeten, die dem König der Sandwich-Inseln Freude machen könnten. Alle Stücke sind jetzt beschafft, in der Generaldirektion gesammelt, und sollen, in drei großen Kisten sicher verpackt, rechtzeitig vor Auslaufen der PRINCESS LOUISE nach Hamburg gebracht werden.

Es dürfte sich um eines der seltsamsten und umfangreichsten Staatsgeschenke handeln, das je ein Monarch dem anderen machte. Die Packliste führt fast 100 Einzelteile auf. Vom Sattel, Zaumzeug, Steigbügeln, Silbersporen, Pistolen, Garde Husaren-Uniformen und Degen bis zum *„Hut mit General Decorationen und Feder"*, – von der Landkarte Preußens, Gebäudeansichten, Berlin-Stadtplan, eisernen Statuen S. M.

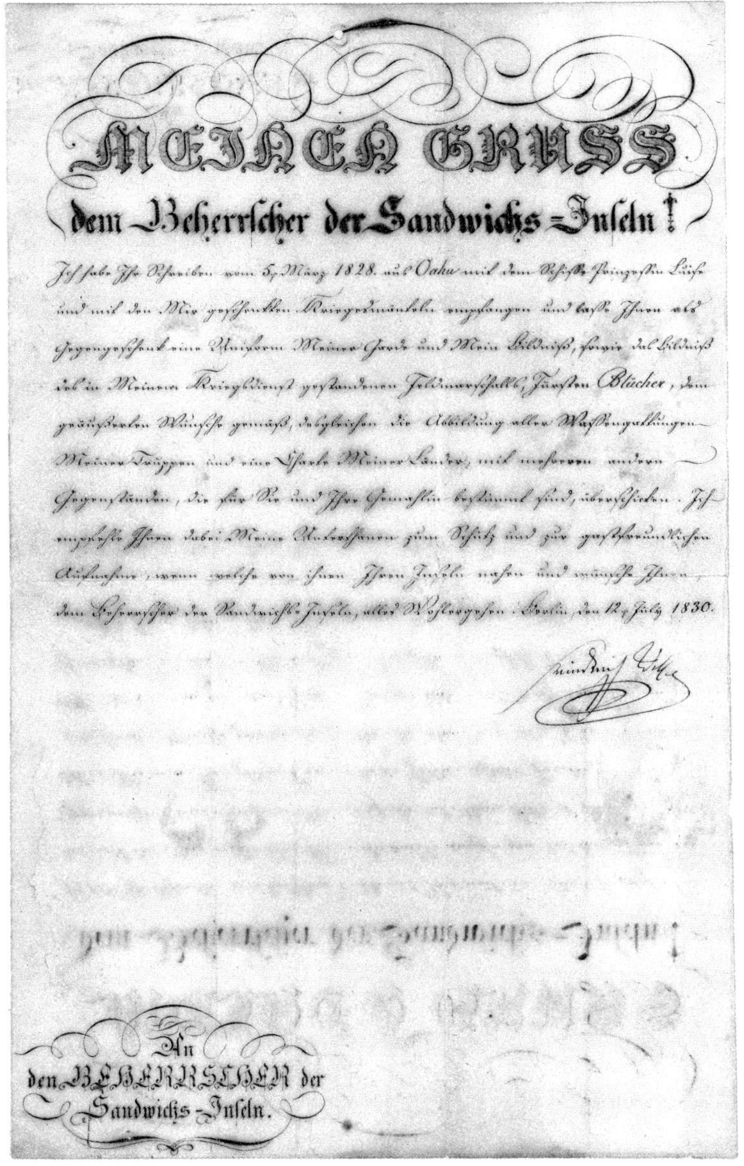

MEINEN GRUSS
dem Beherrscher der Sandwichs-Inseln!

Ich habe Ihr Schreiben vom 5. März 1828. aus Oahu mit dem Schiffe Prinzessin Luise und mit den Mir geschenkten Kriegsmänteln empfangen und lasse Ihnen als Gegengeschenk eine Uniform Meiner Garde und Mein Bildniß, sowie das Bildniß des in Meinem Kriegsdienst gestandenen Feldmarschalls, Fürsten Blücher, dem geäußerten Wunsche gemäß, desgleichen die Abbildung aller Waffengattungen Meiner Truppen und eine Charte Meiner Länder, mit mehreren andern Gegenständen, die für Sie und Ihre Gemahlin bestimmt sind, übersenden. Ich empfehle Ihnen dabei Meine Unterthanen zum Schutz und zur gastfreundlichen Aufnahme, wenn welche von ihnen Ihren Inseln nahen und wünsche Ihnen, dem Beherrscher der Sandwich-Inseln, alles Wohlergehen. Berlin, den 12. July 1830.

Friedrich Wilhelm

An
den BEHERRSCHER der
Sandwichs-Inseln.

Ein Königlicher Brief – Friedrich Wilhelm III. an Kamehameha III. *Quelle: Hawai'i State Archives Honolulu* (datiert: 12. Juli 1830)

des Königs, Kaiser Alexanders, Napoleons, Friedrich II. und Blüchers bis zu *„silbernen General-Epauletts mit Eichenblättern"*, – vom seidenen Damenkleid, Spitzentüchern, Schuhen, einem Dutzend feiner Damenhemden, sechs Paar Damenstrümpfen, Schmuck, einer Mahagoni-Toilette bis zum *„Schildpatt-Kamm + zwei Zahnbürsten"*. Das Wertvollste sind zwei in aller Eile vom Hofmaler Gebauer gefertigte Ölgemälde: Die goldgerahmten Brustbilder Friedrich

Wilhelms III. und Feldmarschall Blüchers. Den Kisten ist ein persönliches Begleitschreiben des Königs mit der kalligraphisch verzierten Anrede: „*Meinen Gruß dem Beherrscher der Sandwichs-Inseln*" beizufügen, das der Minister des Auswärtigen, Graf Bernstorff, entworfen hat.

Die endgültige Zusammenstellung der Geschenke erfolgt in der ersten August-Woche, die in diesem Jahr durch ein festliches Datum Bedeutung erhält. Am Dienstag, 3. August 1830, begeht Seine Majestät den 60. Geburtstag. Es ist der Tag, an dem ihm zu Ehren das von Karl Friedrich Schinkel entworfene KÖNIGLICHE MUSEUM am Lustgarten feierlich die Pforten öffnet, ein säulengeschmückter, griechisch anmutender Tempelbau, in dem künftig die seit den Zeiten brandenburgischer Kurfürsten gesammelten Schätze aus dem klassischen Altertum präsentiert werden. Es ist der Tag, an dem unzählige Festreden gehalten, am späten Abend die Luiseninsel im Großen Tiergarten romantisch erleuchtet wird, „*der kolossale Candelaber vor dem Schlosse zum ersten Mal sein glänzendes Gaslicht*" spendet, und Feuerwerke mit Zuschauerjubel das ausdrücken, was am Tag danach in den „*Berlinischen Nachrichten*" steht: „*In jeder Brust regten sich die lebendigsten Wünsche für das fernere Wohl eines väterlichen Herrschers, welcher der Stolz seines Volkes ist, und den der Preuße mit Begeisterung selbst von dem entlegensten Auslande gepriesen sieht.*"

Sieben Tage nach diesem Berliner Großereignis betritt Christian Rother die Planken der in Hamburg-Blankenese vor Anker liegenden PRINCESS LOUISE. Er will sich selbst ein Bild vom Stand der Ausreisevorbereitungen machen. Das Schiff ist fertig getakelt, der größte Teil der Ladung übernommen

Die Elbe bei Blankenese – Ankerplatz der PRINCESS LOUISE. Lithografie von Charles Fuchs 1840

und die 30-köpfige Mannschaft angeheuert. Rother trifft den hochgeschätzten William O'Swald, spricht mit Kapitän Wendt über Route, Herausforderungen wie mögliche Gefahren der Reise und lernt die drei Steuermänner kennen, die alle aus Stettin stammen. Am meisten interessiert ihn aber die Begegnung mit einem Dr. Franz Meyen, der seit zehn Tagen in der Hansestadt auf den Startschuss zum Abenteuer Erdumrundung gewartet hat. Zum ersten Mal ist auf einem Seehandlungs-Segler überhaupt ein Schiffsarzt an Bord, der zugleich als Wissenschaftler tätig werden soll. Der Vorschlag stammt von Alexander von Humboldt, dem großen Forschungsreisenden und Verfechter von Entdeckungsfahrten ohne koloniale Eroberungsabsichten, von Handelsunternehmungen, die nicht nur kommerzielle Interessen, sondern auch Erkenntnisgewinne verfolgen. Humboldt, seit Rückkehr von seiner Russland-Expedition wieder in Berlin, hat als Kammerherr und Berater des Königs Einfluss. Er war es, der die Empfehlung gab, den erst vor vier Jahren an der Berliner Universität zum Dr. med. promovierten, in Tilsit geborenen 26-jährigen auf die große Reise mitzuschicken, zumal sich dieser als Botaniker und ungewöhnlich junges Mitglied der LEOPOLDINA, der „*Gesellschaft der Naturforscher*", schon einen Namen gemacht hat. Bei seinem Hamburger Inspektionsbesuch gewinnt Rother von Dr. Meyen, wie von den gesamten getroffenen Maßnahmen, einen beruhigend guten Eindruck. Zum Abschied legt er Wendt noch einmal nahe, beim Anlaufen der Sandwich-Inseln die Geschenke des Königs in würdiger Form zu überreichen und stellt ihm frei, das Bild Seiner Majestät während der Fahrt in der Kajüte aufzuhängen.

Nach Rückkehr ins Berliner Hauptquartier der SEEHANDLUNG findet Rother auf seinem Schreibtisch einen letzten, Harry Maitey betreffenden Brief von Erziehungsinspektor Kopf vor, dem einige Tage später die „*Rechnung über die Beköstigung und Verpflegung des Sandwich-Insulaners Heinrich Wilhelm Maitey vom 1. Mai 1829 bis zum 10. August 1830*" folgt. Es sind 466 Tage „*abzüglich Sonn und Festtage wo er nicht beim Mittag- und Vesperbrot anwesend war*". Höhe der Kosten: 116 Reichsthaler und 15 Silbergroschen.

In dem am 9. August 1830 verfassten Handschreiben heißt es: „*Hochgebietender Herr Präsident! – Euer Hochwohlgeboren wollte ich hierdurch gehorsamst benachrichtigen, daß ich aufgefordert bin, den Sandwich-Insulaner Maitey morgen, den 10. August auf die Pfaueninsel zu bringen, wo er unter Aufsicht und Anleitung des Maschinenmeisters Friedrich beschäftigt werden wird. Sehr freue ich mich, daß durch Euer Hochwohlgeboren Fürsorge der gute Maitey seinem Ziele nahe geführt worden ist, und daß Gott die Umstände so geleitet hat, wie es jetzt am Tage ist, daß dem Maitey eine für ihn so herrlich passende Beschäftigung überwiesen wird.*"

AUF DER PFAUENINSEL
1830 bis 1852

Ankunft – die Tierschau des Königs – Rosen und Palmen – im Dampfmaschinenhaus

10. August 1830. Am selben Tag, fast zur selben Stunde: Vom Blankeneser Elbufer lässt sich der Präsident der KÖNIGLICHEN SEEHANDLUNG zur im Strom vor Anker liegenden PRINCESS LOUISE rudern, um Schiffsführung und Mannschaft „*Glückliche Reise*“ für die Fahrt nach China zu wünschen; 250 Kilometer weiter südöstlich, im Landesinnern, stößt vom Havelufer eines jener vollbesetzten Fähr-Boote ab, die während der Sommerzeit an drei Wochentagen – Dienstag bis Donnerstag – die schmale Durchfahrt zwischen dem Festland und der kleinen Flussinsel mit Ausflügler-Gruppen überqueren.

Die meisten Passagiere im Havelkahn sind seit Stunden unterwegs. Sie haben mit Pferdefuhrwerken, Kutschen, Kremsern, im Sattel oder zu Fuß weite Wege zurückgelegt, kommen aus Berlin, aus Potsdam und den umliegenden Kleinstädten und Dörfern. Alle wollen nur eines: Die wilden Tiere des Königs mit eigenen Augen sehen. Bären, Affen, Kängurus, Wölfe, und natürlich die merkwürdigen Menschen, Zwerge und Riesen. Unter den erwartungsvoll zum Inselufer blickenden Fahrgästen fällt ein modisch gekleideter, fremd aussehender, von einem etwa vierzig Jahre alten Herrn begleiteter junger Mann auf, der als Einziger Gepäck mitführt, ein geschnürtes Bündel, dazu den üblichen Reisesack. Noch ein Dutzend Ruderschläge, dann ist das Ziel erreicht: Die PFAUENINSEL.

Für Harry Maitey ist dieser Dienstag ein schicksalhaftes Datum, markiert es doch das Ende der Verbannungszeit im ungeliebten Erziehungshaus, den Neubeginn auf einer Insel. In den Tagen vor ihrem gemeinsamen Aufbruch vom Halleschen Tor hat sich Traugott Kopf Mühe gegeben, Harry auf diesen Augenblick vorzubereiten und versucht, seinem Schützling die künftige Wohnstatt als besonderen Ort in Preußen interessant zu machen. Auf einem extra

Pfaueninsel. Stahlstichansicht, um 1830

erworbenen neuen Stahlstich *„Plan der Pfaueninsel mit den Ansichten ihrer Gebäude“* konnte er ihm die von einem Dutzend merkwürdiger Bauwerke eingerahmte Kartenansicht der Insel zeigen, die wie ein Fisch mit erhobener Schwanzflosse aussieht. Es ist ein Stück Land, das von der Richtung Potsdam fließenden Havel umströmt wird, mit Wasser, das Harry doch schon so häufig von der Schlossbrücke in Berlin als Spree betrachten konnte. Das Wichtigste, so Kopf, sei die Ehre, künftig in Diensten des Hofmarschallamtes zu stehen, mit dem Vorrecht, ständig an diesem großartigen Ort leben zu dürfen, dem Lieblingsaufenthalt der königlichen Familie.

Wo wird Harry künftig leben und arbeiten? Was ist das überhaupt für ein Platz, diese kleine, einst völlig unfruchtbare Havelinsel, die zwei Preußische Könige innerhalb von drei Jahrzehnten in einen *„Garten Eden"* zu verwandeln suchten? Um dies zu klären, und um auch die Bedeutung des Zeitpunkts von Harrys Ankunft würdigen zu können, muss die Vorgeschichte hier ausführlicher erzählt werden:

Friedrich Wilhelm III. kannte die Insel seit Jugendtagen. Damals nannte man das Eiland noch Kaninchenwerder oder Pfauwerder, ein Haufen Märkischer Sand mit Buschwerk und alten Eichen im Havelstrom, der zum Potsdamer Militär-Waisenhaus gehörte und durch die Geschichte des Rubin-Glasmachers Johannes Kunckel zu Zeiten des Großen Kurfürsten von Geheimnis umweht war. 1793 – genau in dem Jahr, als er, der 23-jährige Kronprinz, die schöne Luise, Prinzessin von Mecklenburg-Strelitz heiratete, kaufte sein Vater, Friedrich Wilhelm II., Kaninchenwerder. Vom Rundtempel auf dem Dach des gerade im Neuen Garten in Formen des Frühklassizismus erbauten neuen Sommersitzes *„Marmorpalais"* sollte es eine schöne Aussicht nach Nordwesten über den Heiligen- und Jungfernsee hinweg, auf die dreieinhalb Kilometer entfernte kleine Insel geben. Ihr Erwerb war zugleich der Tribut an eine romantische Mode jener Zeit. Nach den großen Entdeckungsreisen mit Berichten Bougainvilles und Georg Forsters grassierte an den europäischen Höfen das „Südseefieber", die Sehnsucht nach fernen Inseln, nach dem einfachen Leben im Einklang mit der Natur. Zusammen mit seiner bevorzugten Mätresse Wilhelmine Encke, der Tochter eines Hofmusikers, die er als Beraterin und Mutter von sechs gemeinsamen Kindern zur Gräfin Lichtenau erhoben hatte, ließ Friedrich Wilhelm II. die Insel im Stil der Epoche in ein ländliches Refugium verwandeln. Während weniger Jahre, von 1794 bis 1797, entstand, entscheidend vom Geschmack der hochgebildeten Wilhelmine geprägt, ein Rückzugsort, eine stille Gegenwelt, die im Mai 1795 offiziell den klangvolleren Namen PFAUENINSEL erhielt. Einige in Sacrow angekaufte Exemplare dieser Gattung stolzierten bereits, ihre Schwanzfedern spreizend, mit weithin hörbaren Klagelauten zwischen den

Eichen umher – Symbole der Sonne, des Reichtums und der Unsterblichkeit.

Begonnen wurde die Verwandlung mit einem weithin sichtbaren Blickfang am Insel-Südufer, dem *„römischen Landhaus“*, aus dem dann jedoch eher etwas Burgartiges wurde, das später allgemein Schloss hieß, ein schlichter, weiß gekalkter Bau aus Holz mit aufgemalten Steinquadern und absichtsvoll ruinenhaft gestalteten, an die *„Vanitas“*, die Vergänglichkeit des Daseins gemahnenden Doppeltürmen. Im Innern sollte ein kleines *„Otaheitisches Kabinett“* an den Traum von Tahiti erinnern. Zur selben Zeit entstand als Gegenpol zum „Schloss“ in gut 1000 Metern Entfernung am Nordufer die *„Meierei“* mit Viehstall und Molkenstube in Form einer gotischen Klosterruine. Und unweit der Boots-Landestellen wurde für den Kastellan ein absichtsvoll altertümlich aussehendes Haus erbaut, während am Festlandufer, direkt gegenüber, eine schilfgedeckte Wagenremise Pferden und Kutschen des Hofes Wetterschutz bot.

Als leidenschaftlicher Jäger erfüllte sich der bereits kränkelnde König noch einen besonderen Wunsch, indem er anordnete, den in Beelitz stehenden *„Jagdschirm“* abzubrechen und am Ostufer auf einer winzigen, vorgelagerten Halbinsel wiederaufzubauen. Im Sockelgeschoss dieses mit Borkenrinde umkleideten quadratischen kleinen Holzgebäudes sollten im Parterre Jäger ihre Steinschlossflinten durch schmale Schlitze schieben, um unentdeckt auf Wasservögel zu schießen, während direkt über ihnen, im vornehmen grünen Salon, die Damen Tee trinken.

Aber Friedrich Wilhelm II. war es weder vergönnt, im Jagdschirm dem Waidwerk nachzugehen, noch die Vollendung des Ausbaus der Pfaueninsel zu erleben. Er starb im November 1797 mit 53 Jahren im Marmorpalais. Als neuer König von Preußen ließ nun der Sohn, als Friedrich Wilhelm III., die verhasste Vertraute des Vaters sofort in Gewahrsam nehmen und das Vermögen beschlagnahmen, hatte jedoch keine Bedenken, die von ihr, der Gräfin Lichtenau, so maßgeblich gestaltete Inselwelt während der Sommermonate zum Erholungsort für die königliche Familie zu machen. Mit der geliebten, vom Volk umschwärmten Luise, den

des Folgejahres der Herzog von York fünf Kängurus aus einer Menagerie in Südengland. Zur selben Zeit ließ Ignaz von Olfers, der naturwissenschaftlich interessierte Legationssekretär der Preußischen Gesandtschaft in Rio de Janeiro, eine ungewöhnliche Gabe für seinen fernen König an Bord der FORTUNA bringen: fünf afrikanische, vier brasilianische Affen und drei Nasenbären. Doch nur sechs Affen und ein Nasenbär überstanden die beschwerliche Atlantikreise und kamen über Hamburg auf der Pfaueninsel zu einem Zeitpunkt an, als in Berlin und Potsdam gerade eine folgenreiche Bekanntmachung veröffentlicht wurde: *„Die Königliche Pfaueninsel kann am Dienstag, Mittwoch und Donnerstag vom Publikum besucht werden.“*

Als Friedrich Wilhelm III. mit jener für die preußische Seefahrt so bedeutsamen Kabinettsorder vom 18. März 1822 die drei SEEHANDLUNGS-Schiffe auf ihre ersten großen Reisen schickte, verwahrte der Kapitän der nach Brasilien bestimmten AMERIKA in seiner Kajüte für den Preußischen Gesandten in Rio de Janeiro ein versiegeltes Kuvert des Hofmarschallamtes. Es enthielt die Aufforderung, für die Menagerie des Königs möglichst seltene Tiere anzukaufen und unversehrt nach Hamburg zu bringen. Beigefügt war eine Liste, die der Direktor des ZOOLOGISCHEN MUSEUMS an der Berliner Universität, Professor Lichtenstein, auf Wunsch des Königs zusammengestellt hatte. Bei der Ausreise war das Schiff mit schlesischem und westfälischem Leinen befrachtet, Ende Oktober 1822 kehrte es aus Rio de Janeiro mit einer Ladung Kaffee, Zucker und Baumwolle zurück, sowie weisungsgemäß, den gewünschten exotischen Tierexemplaren, die auf die Pfaueninsel gebracht wurden.

Dort musste der wachsende Bestand untergebracht werden. Mit Datum vom 26. Januar 1823 legte Lenné Hofmarschall von Maltzahn ein umfangreiches Memorandum vor, in dem er die notwendigen Maßnahmen für *„Gebäude und Thierwohnungen“* mit der Vorbemerkung auflistete: *„Da die Insel und die da selbst vorfindlichen Gebäude im ländlichen Charakter angelegt sind, so würden die zu errichtenden Menagerie-Gebäude in demselben rustiken Stiel zu entwerfen sein.“*

Dann folgt eine Aufstellung mit Bau- und detaillierten Gestaltungsvorschlägen für *„ein hölzernes Behältnis mit Drahtgitter für die verschiedenen Adler"*, Stallungen für Kängurus, bengalische und ägyptische Ziegen, brasilianische Schweine, ein Affenhaus, *„Wohnungen für Wolf und Füchse"* und Gebäude für Wasservögel. Am Schluss stehen zwei Empfehlungen: *„Ein Gebäude zum Schutze eines Wasser-Druckwerks. Dabei Wohnung des Maschinenwärters und Raum zur Aufbewahrung von Feuerungs-Materialien."* Und unter dem Buchstaben „K": *„Wäre die Translocierung der Fasanerie aus dem Neuen Garten zu veranschlagen."*

Vierzehn Monate später, am 6. März 1824, legte der Hofmarschall dem König ein umfangreiches Dokument mit angefügten Lageplänen und Entwurfszeichnungen vor. Maltzahn übernahm das von Lenné entwickelte Konzept, unterstützte die Verlegung der Fasanerie und den Plan, *„die auf der Pfaueninsel befindlichen fremden Thiere in der Art auf der Insel zu vertheilen, wie solches im „Jardin des Plantes" in Paris der Fall ist."* Er machte sich auch den Vorschlag zu eigen, – um *„die Insel stets im schönsten Flor zu erhalten"*, – an der Havel ein *„Wasserdruckwerk"* zu errichten, mit dem das benötigte Nass zum höchsten Punkt in Nähe der Rutschbahn gepumpt und von dort in Röhren zum Rosengarten wie den Tierhäusern geleitet und auf Rasenflächen verteilt wird. Außerdem empfahl der Hofmarschall ein *„neues Cavaliershaus"* zur Unterbringung von Gästen und der wachsenden Dienerschaft. Den Gebäudebeschreibungen ist ein genauer Kostenvoranschlag beigefügt. Die drei teuersten: Kavalierhaus: 10838 Taler 12 Silbergroschen, Maschinenhaus: 8827 Taler 21 Silbergroschen und Fasanerie: 6064 Taler 11 Silbergroschen. Alles in allem wurde ein Betrag von 43285 Talern und 6 Silbergroschen veranschlagt.

Für die Entscheidung nahm sich der König zehn Wochen Zeit. Am 18. May 1824 teilte er dem *„Geheimen Rath und Hofmarschall Freyherrn von Maltzahn"* mit, er habe sich Pläne und Bauzeichnungen angesehen, und nach kleinen Änderungswünschen heißt es zum Schluss: *„... so wie Ich genehmige, daß mit dem Bau des Wasserdruckwerks und des Kavalierhauses begonnen werde. Der Betrag der Gesamtkosten wird sich hiernach ändern; abschlägig habe ich jetzt*

25000 Thaler auf den Fonds des Kronfideikommisses angewiesen. Friedrich Wilhelm:"

Damit war der Befehl erteilt. Karl Friedrich Schinkel durfte im Zentrum der Insel seinen Vorschlag verwirklichen, bei Erweiterung des alten Guts- und Kavalierhauses durch Fassaden-Vorbau ein neues, an englische Landschlösser erinnerndes Bauwerk zu erschaffen. Vorher hatte der König zugestimmt ein in Danzig zum Abbruch freigegebenes Patrizierhaus anzukaufen, dessen aus dem 15. Jahrhundert stammende gotische Front, vorsichtig abgebrochen, Stein für Stein nummeriert und auf Lastkähne verladen, über Ostsee, Oder und Finowkanal zur Pfaueninsel transportiert wurde.

Zur selben Zeit entstand am Südost-Ufer das Maschinenhaus, ein schlicht zweckmäßiges, einstöckiges Wohngebäude mit Walmdach und seitlich angebautem Schuppen für den Kessel der englischen Dampfmaschine. Der hohe Schornstein aus Ziegelsteinmauerwerk war für alle vorbeifahrenden Schiffer und Fischer zuerst ein ungewohnter Anblick. Termingerecht konnte die „*Berliner Maschinenfabrik James und John Cockerill*" im Oktober 1824 als ersten Schritt den Kessel aufstellen und damit den Auftrag erfüllen, für 6000 Taler eine Dampfmaschine zu liefern, die in einer Stunde 3000 Kubikfuß Wasser 83 Fuß „*hochtreibt*". Außerdem präsentierte Hofmarschall von Maltzahn dem König einen Vorschlag des an der BERLINER BAUAKADEMIE lehrenden Professors Martin Friedrich Rabe, der vorsah, das kreisrunde Wasserbassin auf dem höchsten Punkt der Insel mit einer „*Etagere*" aus Gusseisen zu schmücken. Von der Spitze der im Becken-Mittelpunkt stehenden Säule sollte das Wasser wirkungsvoll schleierförmig herabfallen. Die Idee fand den Beifall des Königs, der sich persönlich am 3. August 1825 vor Ort vom Funktionieren der Gesamtanlage überzeugte. Erwartungsgemäß pumpte die Dampfmaschine am Tag des 55. Geburtstags Seiner Majestät das Havelwasser in die Höhe. Es lief nach einem von dem Engländer John Humphrey entworfenen Bewässerungsplan aus dem Hochbecken durch die verlegten Rohre zum Rosengarten, Runden Garten, Wasservogelteich, zur Volière und anderen Menagerie-Gehegen.

Diese erweiterte Lenné drei Jahre später noch um ein Känguruhaus und eine Bärengrube, die er einfühlsam in die Parklandschaft einfügte.

Ende der Zwanziger des neunzehnten Jahrhunderts wurde auf der Pfaueninsel mit erheblichem Aufwand gebaut. Schinkel errichtete direkt in Schlossnähe am Ufer zur Unterbringung der Gärtner das „*Schweizerhaus*", während sich der König zeitgleich im entgegengesetzten Teil der Insel einen Herzenswunsch erfüllte. Weil in Charlottenburg der Sandsteinportikus des Luisen-Mausoleums durch eine Kopie aus rotem Granit ersetzt werden sollte, gab es die Chance, das Original-Denkmal zu bewahren und auf die Pfaueninsel zu versetzen. So entstand an einem Lieblingsplatz der verstorbenen Königin, mit freiem Blick über Viehweiden auf die pittoreske Kulisse der Meierei, eine Gedächtnishalle, ein kleiner, von Eichen beschatteter „*Luisentempel*".

Das Jahr 1830 markiert einen Höhepunkt, und zugleich den Beginn der zehnjährigen Blütezeit der Pfaueninsel. So wie 1821 als Jahr der Rosen gelten kann, war dies das Jahr der Palmen. Unweit des Westufers liefen bereits die Bauarbeiten an einem beheizbaren Palmenhaus, das unter der Oberleitung Schinkels nach einem Entwurf des 33-jährigen Hofbauinspektors Albert Dietrich Schadow emporwuchs. Zur selben Zeit durfte der Schinkel-Schüler auch das neue Haus für Lamas und Kakadus am Eingang zur Menagerie im italienischen Villenstil als optischen Blickfang errichten.

Beim Palmenhaus, dessen Kosten sich auf beträchtliche 51 872 Taler belaufen sollten, war Eile geboten. Der König hatte sich, wohl auch in Erinnerung an die 1822 mit seinen Söhnen Wilhelm und Carl in Begleitung Wilhelm von Humboldts absolvierte Italienreise entschieden, die Vielfalt der Pfaueninselgewächse durch Hinzufügung von Palmen zu krönen. Es gab gerade ein interessantes Angebot aus Passy, einem vornehmen Vorort am rechten Seineufer von Paris. Dort musste ein Monsieur Fulchiron seine Sammlung verkaufen, weil er sich, obwohl selbst Bankier, finanziell außerstande sah, das private Gewächshaus für die größer werdenden Palmen weiter zu erhöhen. Nach Abschluss des Kaufvertrages am 3. Juli 1830 wurden die für 30 000 Francs erworbenen 42 „*Prachtexemplare*“ dreizehn Tage später auf ein Dampfboot verladen und die Seine abwärts nach Le Havre gebracht. Dort wartete die von der SEEHANDLUNG beorderte MENTOR. Am 23. Juli konnte das Weltumsegelungsschiff Anker lichten, Segel setzen und die merkwürdige Fracht nach Stettin transportieren. Am 6. August wurde die Pflanzen-Sammlung dann mit größter Vorsicht auf zwei Oderkähne umgeladen und auf die mehrwöchige Reise zur Pfaueninsel geschickt.

10. August 1830. Während Dattel-, Fächer- und Ostindische-Schattenpalmen die Oder stromaufwärts schwimmen, auf der Elbe der Präsident der SEEHANDLUNG an Bord der ausreisebereiten PRINCESS LOUISE mit Wendt und O'Swald spricht, legt das Havel-Fährboot am Landesteg der Pfaueninsel an. Zum ersten Mal betritt Harry Maitey, der „*Pflegling des Königs*“ die Insel des Königs. Nach sechs Jahren und Tausenden von Seemeilen scheint endlich das Ziel erreicht: Der Sandwich-Insulaner aus O'ahu ist wieder auf einer Insel.

Vor dem Fährhaus teilt sich die Besuchergruppe. Die meisten gehen nach links zum Schloss, einige nehmen den ansteigenden Weg zum Rosengarten und nur wenige den Uferweg nach rechts. Bald wandern Kopf und Harry allein direkt am Wasser entlang und erreichen nach wenigen Minuten das „*Wasserdruckwerk*“. Damit hat Erziehungsinspektor Kopf den Auftrag erfüllt, Harry an den Ort zu bringen, an dem er künftig als „*Gehülfe*“ des Maschinenmeisters eine sinnvolle Tätigkeit ausüben soll. Er verabschiedet sich von seinem Schüler, den er als stummen Jüngling zum ersten Mal in der SEEHANDLUNG gesehen hat und nun als kräftigen jungen Mann zurücklässt.

Das Maschinenmeister-Ehepaar Friedrich empfindet den ungewollten Neuzugang möglicherweise als Zumutung, leben sie doch seit Anfang 1825 ungestört in dem neugebauten Haus, seit kurzem nur noch mit ihrem erst 17 Monate alten Sohn Franz Hermann, nachdem die beiden zwölf und acht Jahre alten Töchter in Potsdam untergebracht sind, „*weil die zu ängstlich sind durch den Wald zur Schule zu gehen*“, wie Friedrich am 1. Januar 1828 in einer Bittschrift an den

Ansicht der Pfaueninsel mit Schloss und Kastellanhaus, um 1830. Radierung von Friedrich August Schmidt (1756–um 1830)

König schrieb, in der er aus diesem Grund um Aufbesserung seines Jahreslohns von 500 Talern bat.

Die Friedrichs haben zu Beginn etwas Mühe mit Harrys „*Singsang*", seiner nicht ganz leicht zu verstehender Aussprache des Deutschen, bei der das „R" fehlt. Doch der dunkelhäutige Fremde macht einen freundlich-aufgeschlossenen Eindruck und sie werden ihn, der Weisung Hofrat Bußlers folgend, als Hausgenossen aufnehmen müssen. Maschinenmeister Friedrich zeigt Harry die neue Heimstatt: Im Parterre Küche, Speisekammer, die drei Räume der Familie, die Werkstatt, den Maschinenraum, und den hallenartigen Anbau des Kesselhauses mit dem außenstehenden Schornstein. Anschließend steigen sie die schmale Treppe ins Obergeschoss. Dort gibt es Vorratsräume und mehrere Kammern. Harry erhält von Friedrich eine Schlafstatt mit kleinem, auf das Dach des Kesselhauses blickenden Fenster zugewiesen. Die Ausstattung: „*1 Bettstelle, 1 Tisch, 1 Spind, 2 Stühle, 1 Deckbett, 1 Matratze mit Pferdehaar und 1 mit Seegras, eine kattunene Decke und zwei Kopfkissen.*"

Nach dem Abendessen geht Harry allein zum Ufer, schaut auf das braungrüne, kaum sichtbar fließende Havelwasser, auf Fischerkähne, einige Schwäne und den Kiefernwald am gegenüberliegenden Ufer. Später liegt er auf der Seegrasmatratze, hört nahes Scharren und Rascheln und von weiter her, seltsame, unerklärliche Tierlaute. Träumt er von Korallenriffen, Brandungswellen, riesigen Koa-Bäumen und frischen Kokosnüssen?

Meister Friedrich – Streifzüge – die Inselbewohner – Dattelpalmen auf Oderkähnen

Bisher hat Heinrich Wilhelm Maitey Glück gehabt. Seitdem er vor acht Jahren das Deck der MENTOR in der Hafenbucht von Honolulu im Lendenschurz betrat, waren ihm die fremden „Häuptlinge" wohlgesonnen. Oswald – Rother – Kopf, drei gebildete, honorige Zeitgenossen, von denen sich jeder auf seine Art bemühte, den jungen Sandwich-Insulaner zu fördern, nicht zu vergessen Juliane Rother und Frau Kopf, die ihm die Anfangszeit am Gendarmenmarkt und schweren Jahre im Erziehungshaus am Halleschen Tor erleichterten.

Jetzt ist Harry im Haushalt Friedrich im Dampfmaschinenhaus angekommen. Er muss sich auf das Ehepaar einstellen, nicht nur auf Elisabeth Friedrich, genannt „Elise", eine resolute 41-jährige Prignitzerin, sondern vor allem auf den neuen Herrn, auf Franciscus Joseph Friedrich. Der ist ein durchaus bemerkenswerter Mann, den Freiherr von Maltzahn, Oberhofmarschall und zugleich Intendant der Königlichen Gärten, Seiner Majestät am 20. Oktober 1824 für das verantwortungsvolle Pfaueninsel-Amt mit den Worten vorschlug: „*... ich habe hierzu einen Mann gefunden, Namens Friedrich, der mehrere Jahre als Maschinenmeister bei dem Fabrikanten und Erbauer dieser Maschine, Herrn Cockerill in Berlin, gearbeitet hat. Später hat er unter dem Baumeister Ottner den Bau der Maschinerie im Königstädtischen Theater geleitet. Derselbe hat ganz vorzügliche Zeugnisse über*

Die Königlichen Stallungen mit dem Fähranleger am Havelufer. Radierung von Friedrich August Calau (1769–1828)

seine Kenntnisse der Maschinerien sowohl wie über seine Geschicklichkeit; er ist Schlosser, Tischler und Bildhauer und würde daher auch für die übrigen Gebäude auf der Insel sehr nützlich zu beschäftigen sein.“

Friedrich, ein Jahr älter als seine Frau, kann auf eine ereignisreiche Lebenslaufbahn zurückblicken. 1788 im Elsass als Sohn eines Holzbildhauers geboren, der ihm die Kunst des Schnitzens beibrachte, diente er von 1811 bis 1813 unter Napoleon in der französischen Armee, wanderte nach Dänemark aus, wo er sich in sieben Berufen bewährt haben soll: Tischler, Drechsler, Schlosser, Steinmetz, Maler, Bildhauer und Mechaniker. Über Hamburg nach Berlin gekommen, arbeitete er dann sieben Jahre in der Cockerillschen Fabrik in der Neuen Friedrichstraße und erhielt, angesichts seiner vielfältigen Talente, 1822 die Chance, vor Eröffnung des privat betriebenen „*Königstädtischen Theaters am Alexanderplatz*“ die Bühnenmaschinerien mit dem Ziel zu konstruieren, dass sie die Technik am Königlichen Theater an Raffinesse übertrafen. Den Spielbetrieb konnte Friedrich nicht mehr miterle-

Das Dampfmaschinenhaus auf der Pfaueninsel im Jahr 2018

ben. Offenbar war das Angebot des Hofmarschallamtes verlockender. Obwohl ihm bewusst sein musste, dass die Arbeit eines Hofbeamten streng geregelt ist, trat er am 1. Januar 1825 sein neues Amt als Maschinenmeister auf der Pfaueninsel an. Zuvor hatte er vorschriftsgemäß die *„Dienstinstruktion"* vom 20. November 1824 gelesen und unterschrieben. In ihr werden die Inselbeamten zu gegenseitig korrektem Verhalten ihren Vorgesetzten wie Fremden gegenüber angehalten und haben sich untereinander mit *„Verantwortungsgefühl, Rat und Tat"* zu unterstützen. Für Friedrich sind die Aufgaben genau festgelegt. Er muss dafür sorgen, dass die Dampfmaschine läuft und *„alle Bewässerungen, Wassersprünge und Wasserfälle stets in gangbarem Zustande"* sind, und hat auch Reparaturen *„sowohl an Meubles als in den Schloß- und Dienstgebäuden und Einrichtungen für die verschiedenen fremden Tiere zu besorgen und dem Hofgärtner in jeder Art unterstützend zur Hand zu gehen."* Friedrich soll besonders das Maschinenhaus und *„ganz vorzüglich die zur Dampfmaschine gehörigen Räume immer im reinlichen Zu-*

stande erhalten, weil es den hohen und höchsten Herrschaften öfter gefallen wird, der Arbeit der Maschine zuzusehen oder solche mit dorthin gebetenen Gästen zu besuchen."

Die Dampfmaschine ist das eiserne Herz der Insel. Sie sorgt im Hochsommer für fast alles Blühen und Leben. Ohne ihr hochgepumptes Wasser im fachgerecht verlegten Netz der Ton- und Eisenröhren würde auf dem sandigen Boden wenig gedeihen, das Tränken der Tiere wäre eine noch mühsamere, zeitaufwendigere Arbeit. Friedrich ist stolz auf die Maschine, auf die erste „*Wasserhebe-Anlage*" in den königlichen Gärten. Erst drei Jahre später (1827) gab es ein zweites Pumpwerk, das im Park des von Schinkel gestalteten kleinen Potsdamer Lustschlösschens Charlottenhof, dem Sommersitz des Kronprinzen, für Havelwasser sorgt.

Maschinenmeister Joseph Friedrich zeigt seinem neuen Gehilfen das nach englischem Vorbild im belgischen Maschinenbauwerk der Gebrüder Cockerill gebaute, dann ins Berliner Zweigwerk gebrachte technische Wunderwerk. Er erklärt ihm die Wirkungsweise einer modernen Kolbendampfmaschine, die Funktion des Zylinders, die Kraftübertragung der Kurbelstange auf das Schwungrad, die Bedeutung von Frischdampf und Abdampf. Friedrich zeigt auf Rauchgasregler, Flammrohre und Steuerhebel und verkündet mit sichtlicher Genugtuung, dass solche Maschinen sonst nur noch im Steinkohlebergbau arbeiten, dass dieses besondere Exemplar Havelwasser mit der Kraft von 6 Pferden 80 Fuß „*hochtreiben*", und das 6 600 Kubikfuß fassende Reservoir in 4 ½ Stunden füllen kann. Harry weiß zwar, Dampfmaschinen stehen in Baumwollspinnereien, Fabriken und auf Schiffen, aber noch nie hat er ein solches Ungetüm aus der Nähe gesehen. Alles macht auf ihn starken Eindruck: Die unaufhörlich stampfende Bewegung des Eisengestänges, das Surren des Schwungrades, die vom Feuerrost ausstrahlende Hitze und dazu die unerklärlichen Geräusche. Er ist von der Begeisterung Friedrichs angesteckt, der ihm wortreich klarzumachen versucht, was für eine wahrlich hohe Kunst es sei, durch die Verbindung zweier feindlicher Elemente, „*Feuer und Wasser*", oben im Wald von der Spitze des „*Kandelabers*" Havelwasser in das kreisrunde Speicherbecken herabfallen zu lassen.

Nach Vorführung der Maschine gibt Friedrich dem Neuankömmling erst einmal Zeit, sich auf der Insel umzusehen. Der nutzt die Chance zu ersten Erkundungsgängen, ist überrascht, wie klein das Eiland ist, wie schnell man es auf den angelegten Wegen durchmessen und bald umrundet hat. Er wendet sich zuerst nach Nordosten, streift durch ein Waldgebiet von Eichen, nordischen Birken, vereinzelten Nadelgehölzen und entdeckt plötzlich ein einsam stehendes Bauwerk, eine kleine, offene Halle, deren niedriger Dachgiebel von vier Säulen getragen wird. Im Innern Steinbänke, und an der Stirnwand, auf einer erhöht angebrachten Konsole, die Kopfbüste eines Mädchens. Harry rätselt: Was ist das? Hier wohnt niemand. Kann dies ein Tempel sein, ist die Frau mit dem Blumenhaarkranz und leicht zur Seite geneigten Kopf vielleicht eine christliche Gottheit, die ihm Hoßbach im Konfirmandenunterricht nicht erklärt hat? Wie soll Harry wissen, dass er im Mausoleum der Königin Luise steht, dass die kleine Büste, die sie als jugendliche Prinzessin in antiker Gewandung zeigt, von Daniel Christian Rauch geschaffen wurde, einem Schüler Schadows, also des Mannes, der ihn vor sechs Jahren in Berlin gezeichnet hat? Der Gehilfe des Maschinenmeisters ist von der Stille des sonnigen Augusttages ebenso gefangen, wie vom Blick über Sumpfwiesen auf ein merkwürdig aussehendes, weiß gekalktes Gebäude, dessen Zweck rätselhaft erscheint. Zur Rechten die schimmernde, seeartig weite Havel-Wasserfläche, fast 2000 Fuß flussaufwärts eine schilfumfasste, baumlose kleine Insel, die, wie er später erfahren wird, den Namen Kälberwerder trägt, weil man dorthin im Sommer mit dem Boot Rinder zum Weiden bringt.

Höchstwahrscheinlich hat sich Harry gleich in den ersten Tagen auch die Menagerie in der Insel-Mitte angesehen. Um die zu erreichen, muss er den steilen Hang hinter dem Dampfmaschinenhaus hochsteigen, den Wasservogelteich rechter Hand liegen lassen und dann den vom Schloss kommenden Hauptweg nehmen, über den auch die Inselbesucher kommen. So wie sie sieht er zum Auftakt, gleich am Eingang der Königlichen Privat-Tierschau, das Lamahaus, das sich vor dem Hintergrund kräftiger Eichenstämme und dem dunklen Grün der Nadelhölzer deutlich abhebt. Im runden

Freigehege aus Drahtgeflecht lebt ein halbes Dutzend brauner und schwarzer, aus Peru kommender, vom König in St. Petersburg angekaufter Lamas. Über ihren Köpfen sorgt eine Schar bunter Papageien für Lärm und Farbe. Einige Schritte weiter sitzen See- und Steinadler auf ihren Stangen, während gegenüber Neuholländische Strauße bedächtig hin und her schreiten. Wirklich interessant wird es für die Menagerie-Besucher aber erst, wenn sie vor dem Affenkäfig stehen und die Verfolgungsjagden der Paviane, Mandrill- und Kapuzineraffen über die in unterschiedlichen Höhen angebrachten Kletterstangen verfolgen können. Die nächste Attraktion ist auf der rechten Seite des Weges das strohgedeckte Känguru-Haus, vor dem graubraune, seltsam aussehende *„Beuteltiere“* aus dem unvorstellbar weit entfernten *„Australia“* zu bestaunen sind. Danach macht der Rundweg einen Bogen nach Norden und führt an der Vorderfront des Kavalierhauses entlang, das allgemein Danziger-Haus genannt wird. Auf die meisten macht der elegante, schlossartige Bau mit den beiden ungleich hohen, zinnenbekrönten Ecktürmen Eindruck, wohl auch, weil sich in den oberen Geschossen die Ankleide- und Ruhezimmer der königlichen Prinzen, Prinzessinnen und ihrer Dienerschaft befinden. Die Tierwärter leben mit ihren Familien im Untergeschoss. Hinter dem niedrigen Nordturm des Danziger-Hauses führt der Weg an der Fasanerie vorbei zum Zwinger mit der Bärengrube. Hier hausen die mächtigen, schwarzen Missouri-Bären, auch *„Barebals“* genannt, nach den Kängurus ein weiterer Höhepunkt und zugleich ein Ort, an dem sich die Besucher entscheiden müssen. Wer gut zu Fuß ist, kann nach links in einer großen Schleife zur Meierei mit dem Rinderstall oder sogar bis zur Büffelbucht gehen, während nach rechts der Weg zurück zum Fähranleger führt, vorbei an lappländischen Rentieren, weiß getüpfelten schwarzen Südseeinsel-Schweinen, Gazellen und der Volière, einem kreisrunden, mit Drahtgittern umbauten großen Vogelhaus.

So wie viele Ausflügler aus Berlin und Potsdam ist auch der junge Maschinenmeistergehilfe bei seinem ersten Rundgang von den schwarzen Bären gefesselt, einem Paar, das vor einem halben Jahr ein völlig nacktes, nur handgroßes Junges bekam, das zum Schrecken der Inselbewohner nachts wie ein

Kleinkind geschrien haben soll. Harry steht an dem brusthohen Eisengitter, das die 14 Fuß tiefe, aus Steinen aufgemauerte Grube umfasst und blickt auf die unten am Boden liegenden Bären herab. In der Mitte ein trockener Baum, den das Bärenjunge zur Erheiterung der Zuschauer zu erklettern versucht, weil in dem hoch oben im kahlen Geäst angebrachten Gefäß offenbar Verlockendes zu holen ist. Noch nie zuvor hat Harry derartige Tiere gesehen oder ihre Namen gehört. Auf seiner Heimatinsel O'ahu gibt es zwar die von den Entdeckern mitgebrachten Schweine, Hühner, Ziegen und Hunde, aber dies sind völlig andere, zum Teil viel größere und zudem gefährlich wilde Tiere, die man in Käfige einsperren muss. Von der Begegnung mit Kängurus und Bären leicht verwirrt, macht sich Harry auf den Rückweg, Richtung neues Zuhause am Havelufer.

Bei seinen Erkundungsgängen lernt er im Lauf der nächsten Tage alle Insel-Mitbewohner kennen: Die Tierwärter Parnemann und Becker, den Fasanenjäger Köhler, den Schäfer Elsholz und Gärtnergehilfen Deppe, wie die seit acht Jahren mit ihren Familien auf der Insel lebenden Brüder Carl Friedrich und Johann Ehrenreich Licht. Der 32-jährige Carl ist jener von den Ausflüglern so bestaunte „Riese", der seine beachtliche Körpergröße von fast 8 Fuß mit ständiger Kränklichkeit bezahlt. Sein sechs Jahre jüngerer und kleinerer Bruder diente als Soldat im 1. Garderegiment. Eine zweite menschliche „*Sehenswürdigkeit*" sind die Geschwister Strakow, Marie Dorothea und Christian Friedrich, die „*Zwerge*", beide nur 2 ½ Fuß hoch. Doch weder der Übergroße noch die Kleinwüchsigen beeindrucken Harry sonderlich, erst der Anblick eines kraushaarigen, dunkelhäutigen Mannes weckt seine Neugier. Wer ist das – wo stammt der her?

Der „*Sandwich-Insulaner*" trifft auf den „*Mohr Itissa*", der seit drei Jahren auf der Pfaueninsel lebt. Ein Afrikaner, den es auf unbekannten Wegen von Hamburg nach Berlin verschlug, wo er im Haus von Friedrich Wilhelm Suhr, Unter den Linden Nummer 22, landete. Der Kaufmann versuchte, offenbar ohne besonderen Erfolg, mit dem „*Wilden*" öffentliche Aufmerksamkeit zu erregen und wurde deshalb des Kostgängers bald überdrüssig. Gegen Jahresende 1826 bot er den „*Neger*“, mit ausdrücklichem Hinweis auf dessen Heidentum, dem König zur Übernahme in den Hofstaat an. Damit hatte Suhr den richtigen Ton getroffen. Bereits am 7. Januar 1827 schrieb Kabinettsrat Albrecht an Staatsminister von Altenstein im Auftrag Seiner Majestät: „*Ich bin auf die beyliegenden Vorstellungen des F. W. Suhr geneigt, den Afrikaner Itissa der öffentlichen Ausstellung zur Schau zu entziehen und seiner Unterweisung in der christlichen Religion förderlich zu seyn und erwarte Ihren gutachterlichen Bericht wie das am angemessensten geschehen kann.*“ Zwei Monate danach, am 14. März, berichtete Albrecht direkt an den König, dass die Prüfung Itissas ergeben habe: „*Es mangelt demselben noch durchaus an der Kenntnis der deutschen Sprache, die unumgänglich erforderlich ist, wenn der Unterricht eines Predigers mit ihm beginnen soll. Der will auch eben keine hervorstechenden geistigen Anlagen bei Itissa bemerkt haben.*“

Es scheint, dass im Hofmarschallamt wenig Neigung bestand, weiteren Aufwand mit dem Afrikaner zu treiben, und so wurde dieser drei Wochen später ohne Taufe, allerdings mit Zuweisung neuer Vornamen, als Karl Ferdinand Theobald Itissa auf die Pfaueninsel geschickt.

Durch Eingabe mehrerer Gesuche an den König gelang es Friedrich Wilhelm Suhr dann, die Kosten für die zweimonatige Unterbringung und Verpflegung Itissas aus der Staatskasse erstattet zu bekommen. Und auch eine siebenseitige Druckschrift sollte wohl noch Gewinn bringen, Titel: „*Kurze Beschreibung der Abkunft und der Schicksale des aus dem Innern Afrikas gebürtigen Wilden Itissa, nebst einigen Nachrichten von den Sitten und Gebräuchen seiner Nation.*“

Suhr fasst darin das Ergebnis der „*Befragungen*“ Itissas zusammen. Es ist ein bunter Text über die Lebensgewohnheiten eines Nomadenstammes in einer ungenannten zentralafrikanischen Kolonie und Itissas Weg nach Europa. Nach dessen Schilderungen verlor er mit 15 Jahren den Vater, wurde im Erbstreit vom älteren Bruder mit dem Messer bedroht, musste fliehen und rettete sich an die Küste. Dort gelang es ihm, auf einem vor Anker liegenden portugiesischen Schiff als Matrose anzuheuern und Afrika hinter sich zu lassen. Doch die Reise stand unter keinem guten Stern: „*Ohnweit der Küsten von Holland, wohin das Schiff bestimmt war, wurde dasselbe von einem Sturm überfallen, der den Mastbaum zersplitterte, auf welchem Itissa oben den Dienst versah. Er selbst erlitt im Herabstürzen eine lebensgefährliche Beschädigung, (deren Spur noch vorhanden ist), und fiel über Bord in die See, rettete sich aber, während das Schiff zu Grunde ging, durch Schwimmen an Land. Hier mitleidig aufgenommen und verpflegt, begab er sich nach seiner Wiederherstellung nach Hamburg zu dem dortigen Königl. portugiesischen Konsul, und von da nach anderen deutschen Staaten.*"

Wie Harry hat es auch Itissa ohne eigenes Zutun auf die Pfaueninsel verschlagen. Und es ist vorstellbar, dass sich den Altbewohnern in jenen Augusttagen ein ungewohntes Bild geboten hat: An der Spitze einer der 40 Fuß langen, 12 Fuß breiten und je nach Wasserstand in der Höhe verstellbaren „*Überfahrtsbrücken*" sitzen, Schulter an Schulter, die beiden „*Wilden*". Ihre Verständigung ist nicht leicht, Itissa spricht unzulänglich Portugiesisch, radebrechend Deutsch und wenige Worte Englisch. Trotzdem können sie sicher Gemeinsamkeiten entdecken, sind sie doch zwei Seefahrer, Männer, die auf großen Schiffen die Meere durchsegelt, das Knarren der Rahen gehört, Stürme durchlebt und fliegende Fische gesehen haben.

Dass Ferdinand Fintelmann der eigentliche Herr der Pfaueninsel ist, erkennt Harry sofort, als er diesem Mann vorgestellt wird. Zusammen mit dessen 27-jährigen Neffen Gustav und den Geschwistern Strakow wohnt der „*Königliche Hofgärtner*" im Haus direkt an der Überfahrt. Seit 1804 in diesem Amt, und sechs Jahre später zugleich Kastellan, ist der 56-Jährige eine weithin respektierte Persönlichkeit. Aus einer preußischen Dynastie von Hofgärtnern stammend, hat er sich als Züchter von tropischen Blattpflanzen einen Namen gemacht und mit der Blaufärbung von Hortensienblüten in Fachkreisen Aufsehen erregt. In den letzten vierzehn Jahren ist es ihm in enger, freundschaftlicher Zusammenarbeit mit Peter Joseph Lenné gelungen, nicht nur den in Europa einzigartigen, labyrinthisch angelegten Rosengarten zu schaffen, sondern die gesamte Insel in einen Landschaftspark

Hofgärtner Ferdinand Fintelmann. Pastell von Franz Krüger (1797–1857)

mit reizvollen Gartenpartien zu verwandeln. Außerdem hat er dafür gesorgt, dass neue Gewächshäuser gebaut wurden und ist jetzt, zusammen mit Hofbauinspektor Schadow, ganz auf die Fertigstellung des neuen, großen Palmenhauses konzentriert.

Seit Tagen herrscht auf der Insel eine allgemein spürbare Aufgeregtheit. Alle warten auf die Ankunft der Oderkähne mit der Palmenfracht aus Stettin. Die Spannung steigt, als die Nachricht eintrifft, sie seien bereits vor der Schleuse Spandau gesichtet worden. Am 22. August 1830, einem nach den Barometer-Beobachtungen der Berliner Zeitungen schönen Sonntag mit 17,6 Grad Reaumur Temperatur und leichtem Wind aus Südost, ist es soweit. Am Ostufer, unweit des Luisentempels, haben sich einige Inselbewohner, unter ihnen Harry und der Maschinenmeister, versammelt und blicken seit Stunden angestrengt havelaufwärts. Über den Schilfgürtel hinweg sehen sie auf der Havel nur einen einsamen Kaffenkahn mit dem großen, trapezförmigen Segel flussabwärts treiben und eine Gruppe wilder Schwäne. In Sichtweite liegt das kleine Kälberwerder und etwas entfernter, die größere Insel *„Cladower Sandwerder"*. Gegen Mittag wird beim Blick durch das einzige Fernrohr klar: Sie kommen! Bald können alle die Rauchwolke des Dampfschleppers sehen und nach einer weiteren Stunde entwickelt sich ein höchst seltsames Bild, das vor allem Harry bewegt: Da schwimmt ein kleiner Palmenwald auf dem Wasser, der beim Näherkommen immer größer wird, dann lautlos an den am Inselufer Versammelten vorbeischwebt und erst am Ankerplatz vor dem Kastellanhaus zum Stillstand kommt.

Das Entladen der seit Paris vom Königlichen Gartendirektor Otto und Fintelmann-Neffen Gustav persönlich begleiteten kostbaren Pflanzen dauert zwei Tage. Stolz verkündet Otto, es sei geglückt, den 37-tägigen Transport *„ohne den Verlust eines einzigen Blattes"* zu bewerkstelligen. An Land werden die Palmen zu einer Art kleinem Wäldchen zusammengestellt, das Harry mit zwiespältigen Gefühlen umkreist. Ihn berührt das Wiedersehen mit den Boten seiner Heimat, wohl auch, weil die unterschiedlich großen Baumpflanzen in ihren Kübeln und Töpfen an diesem wolkenverhangenen Tag einen irgendwie trostlosen Eindruck machen. Das ist kein Palmenhain unter pazifischer Sonne mit tiefblauem Himmel, mit Korallensand und Meeresrauschen.

Zwei Tage später erscheint Friedrich Wilhelm III. mit Gefolge, um sich die Neuerwerbung vor Ort anzusehen. Fintelmann empfängt ihn am Landesteg. Gartendirektor Otto nutzt die Stunde und berichtet von den Herausforderungen der Reise, weist den König auf Besonderheiten hin, hebt hervor, dass es ihm, Friedrich Otto, gelungen sei, zwei außergewöhnlich schöne Stücke, eine *„Cycas circinalis"* und eine *„Corolinea insignis"*, vom Vorsteher des Pariser Pflanzen-Gartens geschenkt zu bekommen, die er nun, – selbstlos versteht sich, – der Sammlung hinzufüge. In einem Rechenschaftsbericht an Staatsminister von Altenstein hält Otto später schriftlich fest: *„Am 24. August hatte ich das hohe Glück, die Pflanzen Sr. Majestät dem Könige persönlich zu übergeben und Allerhöchstdieselben auf den Werth, die Seltenheit und Schönheit derselben aufmerksam zu machen. Seine Majestät geruhten über das frische Aussehen der Pflanzen im Allgemeinen, wie über die Schönheit einiger besonders ausgezeichneter Pflanzen-Exemplare Ihr Wohlgefallen zu bezeugen und hatten die Gnade, die künstliche Verpackung in Augenschein zu nehmen und dabei dem Ganzen volle Gerechtigkeit wiederfahren zu lassen."*

Für Harry war dies, nach dem Besuch der SEEHANDLUNGS-Ausstellung vor sechs Jahren, die zweite Begegnung mit Friedrich Wilhelm III. Wahrscheinlich hat sich der wortkarge König den fremdländischen Insel-Neuzugang an diesem Tag zumindest noch einmal angesehen, ist er doch häufig genug von Rother mit der Angelegenheit *„Sandwich-Insulaner"* behelligt worden und weiß um die Sonderrolle des ersten Polynesiers in Preußen.

Nach dem Auftritt des Königs beginnt für Harry Maitey der Arbeitsalltag auf der Pfaueninsel, nicht als Fährmann, wie von Hofrat Bußler vorgesehen, sondern als Helfer des Maschinenmeisters, dem er bei allen anfallenden Tätigkeiten zur Hand gehen soll. Schwere, schmutzige Arbeit bleibt ihm erspart. Das Beheizen des Dampfkessels und Abladen der Kohle, die auf Kähnen anlandet und in Säcken zum Lagerschuppen getragen werden muss, besorgen ein *„Feuermann"* und die dafür extra bezahlten Schifferknechte. Harry hat nur aufzupassen, dass die Gestänge der Maschine genug geschmiert sind und lernt schnell mit Fett und Ölkanne umzugehen.

Wesentlich interessanter sind die von Hofgärtner Fintelmann erteilten Reparaturaufträge, weil sie in alle Teile der Insel führen. Harry kommt zum ersten Mal in die Meierei am Nordufer, sieht die eigenartigen Fensteröffnungen, den abgebrochen wirkenden Turmstumpf aus der Nähe. Dann zeigt ihm Friedrich im Untergeschoss den Kuhstall, die Futterkammer, die Wohn- und Molkenstube, in der Holzschemel, Butterfässer und Milchgefäße stehen. Er erklärt, dass

Das Königliche Schloss auf der Pfauen-Insel

sich hier die Majestäten bei ihren Inselbesuchen wie einfache Bauern in ländlicher Umgebung fühlen wollen. Deshalb ist Harry überrascht, im Obergeschoss in einen holzgetäfelten, phantasievoll ausgemalten Saal im gotischen Stil zu kommen, dessen Fenster einen wunderbar weiten Blick auf die Parschenkessel genannte, fast kreisrunde Bucht nach Südwesten freigeben, über Viehweiden hinweg, bis zur Sacrower Lanke und zum Meedehorn.

In ihrem kleinen Revier sind Meister und Gehilfe ständig unterwegs. Sie kontrollieren die Wasserleitungen, bessern schadhafte Rohre aus, richten verbogene Gitterstäbe von Käfigen oder tauschen morsche Bretter am Affenhaus aus. Friedrich ist zufrieden. Er hat gleich erkannt, dass Harry handwerklich anstellig ist, einigermaßen schnell begreift und sich redlich Mühe gibt. Mitte September sind Ausbesserungsarbeiten im Schloss zu verrichten. Friedrich nutzt den Auftrag, seinem Assistenten die Räumlichkeiten der hohen Herrschaften vorzuführen. Zusammen steigen sie im Südost-Turm die Wendeltreppe hoch und treten oben, unterhalb der Uhr, auf dem Umgang ins Freie. Friedrich führt Harry auf den schmalen, leicht nach oben gebogenen gusseisernen Steg, der die beiden Schlosstürme seit 23 Jahren als Ersatz für die alte Holzbrücke verbindet. Harry ist überwältigt. Das ist ja wie auf der Vormarsrah im Fockmast der MENTOR.

Unter ihnen ragt voraus die grüne Inselspitze wie ein Schiffsbug in das im Gegenlicht glitzernde Wasser der Sacrower Lanke. Ein steter, dicke Kumuluswolken ostwärts treibender Westwind verstärkt das Gefühl, hoch oben im Rigg eines Rahseglers zu stehen. Friedrich genießt die Verblüffung seines Begleiters und beginnt, ihm den einzigartigen Rundblick zu erläutern.

Zur Linken, in einiger Entfernung auf dem Höhenrücken der Haveldüne, das gut sichtbare Blockhaus Nikolskoe, in dem seit zehn Jahren Iwan Bockow, der ehemalige Leibkutscher des Zaren, in russischer Tracht als Kastellan die Aufsicht führt und, stillschweigend geduldet, Ausflügler mit Kaffee und Schinkenstullen bewirtet. Wesentlich weiter weg, beim Blick nach Südwesten, am Horizont die Residenz Potsdam. Friedrich zeigt auf den spitzen Turm der Hof- und Garnisonkirche, das Wahrzeichen der Stadt, und als weitere Landmarke die zur russischen Kolonie Alexandrowna gehörende, im Vorjahr geweihte orthodoxe Alexander-Newski-Kirche, deren Kuppel unübersehbar den Kapellenberg markiert. In gleicher Distanz, nur etwas weiter nach links blitzt der tempelartige Dachaufbau eines Schlossgebäudes in der Sonne auf: Das Marmorpalais. Der Maschinenmeister erklärt, dass dort der Vater des jetzigen Königs gelebt hat und vor 33 Jahren gestorben ist. Dieser Friedrich Wilhelm II. hätte die Insel noch als Kronprinz zusammen mit seiner jungen Geliebten Wilhelmine auf ihren Gondelfahrten als Bühne für romantische Spiele mit Tanz und bengalischem Feuerwerk entdeckt, und später zu dem ausgebaut, was nun aus luftiger Höhe zu betrachten ist. Beide Männer drehen sich um, in Richtung Nordosten. Havelaufwärts haben sie freie Aussicht über die gesamte Insel, auf das satte Grün der Bäume und Wiesenflächen, den rechteckigen Flachdachbau des Palmenhauses, einige Käfige der Menagerie, die Türme des Danziger-Hauses und Gebäude der Meierei. Ganz da hinten am Ostufer, so Friedrich, habe vor fast 150 Jahren das längst verschwundene erste größere Bauwerk der Insel gestanden. Er zeigt Harry einen unsichtbaren Punkt und erzählt die Geschichte des Naturforschers und Chemikers Johannes Kunckel, der in seinem Geheim-Laboratorium so erfolgreich das begehrte, höchst wertvolle Goldrubinglas herzustellen vermochte, dass ihm der Große Kurfürst die gesamte Insel schenkte. Doch 1688, nach dem Tod des Kurfürsten, fiel Kunckel schnell in Ungnade. Die Bauern der Umgebung sollen froh gewesen sein, als ein Jahr später die merkwürdige Produktionsstätte, in der so viel Rätselhaftes, wenn nicht gar Hexerei geschah, in Flammen aufging.

Vor Verlassen der Eisenbrücke und dem Abstieg noch ein kurzer Blick auf den Giebel des Schweizerhauses wie die beiden langen, strohgedeckten Firste der Königlichen Stallungen am anderen Ufer. Von dort ertönt in diesem Augenblick das vertraute Glockenzeichen, das den Fährkahn vor dem Kastellanhaus zum Ablegen auffordert.

Im Obergeschoss des Schlosses geht Friedrich mit Harry durch die leeren Schlaf- und Ankleideräume der Königin Luise, lässt ihn das kleine, kreisrunde Turm-Arbeitszimmer des Königs mit einem schönen Mahagoni-Schreibtisch anschauen und dann ausreichend Zeit, damit der große Musiksaal seine Wirkung entfalten kann. Harry kennt zwar die ansehnlichen Räume der Stadtwohnung Wilhelm von Humboldts und die vornehm möblierte Zimmerflucht Präsident Rothers am Gendarmenmarkt, doch diese Pracht ist neu und unvergleichlich. Von der hohen, mit großformatigen Gemälden geschmückten Kassettendecke hängen zwei riesige Kristall-Kerzenleuchter. Auf dem wunderbar spiegelnden, aus verschiedenen Hölzern kunstvoll zusammengesetzten Fußboden stehen elegante Bänke, Stühle, kleine Tische und ein Klavier, das Harry an Oswalds Instrument in der Achterkajüte der MENTOR erinnert. Sonnenlicht fällt durch hohe Rundbogenfenster auf getäfelte Wände und lässt kostbar bemalte Porzellanvasen über dem goldverzierten Kaminsims unter einem großen, schnitzwerkumrahmten Spiegel leuchten. Harry ist sprachlos. Aber Friedrich hat noch eine Überraschung. Um unterhalb des königlichen Arbeitszimmers in das *„Otaheitische Kabinett“* zu gelangen, müssen sie im Parterre noch einmal das Vestibül und dann das Teezimmer durchqueren. Friedrich ist überzeugt, nun den Höhepunkt des Rundgangs zu präsentieren, denn Tahiti, das muss doch Harrys Heimat sein.

Gemeinsam betreten sie einen kleinen, kreisrunden Raum, eine auf Leinwand gemalte Bambushütte. An den Wänden zwischen drei hohen Rundbogenfenstern: exotische Phantasielandschaften mit Papageien und Kokospalmen, Bergen und Meeresbuchten, üppig umrankt von Ananasstauden, Kaktusfeigen und Agaven. Beim Ausblick in die rätselhafte Ferne hat der Künstler die Nähe nicht vergessen. Inmitten paradiesischer Buntheit die Ansicht zweier Schlösser – das auf der Pfaueninsel und das Marmorpalais. Das „*Otaheitische Kabinett*“ als Zeichen königlichen Verlangens nach unerreichbaren Südsee-Welten, als gemalten brandenburgisch-preußischen Traum von Tahiti. Für den Gehilfen des Maschinenmeisters ist das aber nur ein etwas muffig riechender Raum mit Sitzbänken und einem runden Tisch in der Mitte. Er versteht die Enttäuschung Friedrichs nicht.

Besuch aus Berlin – Elfenbeinmodelle – das Palmenhaus – ein Löwe aus St. Thomas

Harry hat sich eingelebt. Er kennt nun die Insel und ihre Bewohner, die Tiere, und an drei Tagen den ungeliebten Zustrom fremder Besucher, die störend alle Wege bevölkern und Ausschau nach Riesen und Zwergen halten. Während Carl Licht sich nicht ungern vor seiner Wohnung im Danziger-Haus begaffen lässt, versuchen sich die Geschwister Strakow und der Afrikaner Itissa nach Möglichkeit vor den Neugierigen zu verbergen, obwohl das von Fintelmann nicht so gern gesehen wird. Die Lage des Maschinenhauses ist da günstiger. Nur selten verirrt sich ein Ausflügler bis zu dem einsam stehenden Gebäude. Diese Abgeschiedenheit bedeutet für Harry aber auch ein Problem. Wozu besitzt er zwei Hüte, mehrere farbige Westen und seinen schönen Gehrock? Ihm fehlen die Spaziergänge durch die belebten Straßen Berlins, ja sogar der Trubel der Zöglinge in der Erziehungsanstalt. Er fühlt sich eingesperrt. Nachts halten ihn häufig das unheimliche Kreischen und Röhren der Menagerie-Tiere wach, und bei geöffnetem Kammerfenster wehen an Westwindtagen unangenehme Gerüche herüber. In solchen Stunden denkt Harry

Blick vom Pfingstberg auf Pfaueninsel und Havellandschaft. Gouache von Johann Wilhelm Gottfried Barth (1779–1852)

an die ferne, verlorene Heimat, an Fahrten auf Segelkanus, an den Klang der Pahu-Trommeln und die mit Kränzen aus Plumaria-Blüten geschmückten Mädchen oder das Ankern der MENTOR in der paradiesischen Bucht von Anjer.

Mitte Oktober gibt es eine Überraschung. Jony Kahopimeai kommt zu Besuch. Auch wenn sich die beiden Sandwich-Insulaner in der Erziehungsanstalt nicht besonders gut verstanden haben, so überwiegt die Freude, sich endlich wieder in der eigenen Sprache austauschen zu können. Jony berichtet vom Alltag am Halleschen Tor, von Traugott Kopf und der Arbeit in der Schlosserwerkstatt. Er kann nicht ahnen, dass der Erziehungsinspektor am Vortag, am 16. Oktober 1830, Rother einen Vorschlag gemacht hat, falls Jony die Gesellenprüfung als Schlosser und die Taufe schafft: „*Nach meiner Meinung kann unsere Königl. Majestät dem Könige der Sandwich-Inseln kein besseres Geschenk machen, als wenn er ihm einen Eingeborenen – der ins Christenthum eingeweiht und mit einer thätigen Profession und unseren Ord-*

nungen ausgestattet ist, zurückschickt." In einem Nachsatz heißt es: *„Die über Maitey eingegangenen Nachrichten lauten bisher sehr günstig."*

Leider ist der kurze, von Kopf gutgemeinte Pfaueninsel-Aufenthalt, der den schwer Heimwehkranken aufheitern soll, eher ein Misserfolg. Jony sind die merkwürdigen Gebäude und seltsamen Tiere völlig gleichgültig, er findet das Eiland trostlos, ist schlechter Laune und froh, als er endlich als einer der letzten Inselbesucher den Fährkahn besteigen kann. Denn jetzt kommen keine Schaulustigen mehr – die Insulaner sind ganz unter sich. Harry erlebt zum ersten Mal, wie sich die Blätter von Waldbäumen färben, dann zu Boden fallen, wie alles stiller wird. Die Dampfmaschine ist längst abgestellt, auch die Affen, Lamas, Pfauen und Papageien scheinen ruhiger sein.

Seit einiger Zeit hat sich Harry mit dem Tierwärter und Inselwächter Johann Becker angefreundet, einem 38-jährigen Hessen, der das Pech hatte, 1810 in Gießen zum Dienst in der französischen Armee gepresst zu werden, um mit Napoleon zuerst gegen die Preußen zu kämpfen und dann nach Russland zu ziehen. In der Schlacht bei Großgörschen Anfang Mai 1813 am Fuß verwundet, wurde er vom Bülowschen Korps gefangen genommen und landete vor neun Jahren nach etlichen Zwischenstationen für einen Jahreslohn von 240 Talern auf der Pfaueninsel, wo er seitdem zusammen mit Frau Charlotte und Tochter im Danziger-Haus lebt. Dahin geht Harry abends mit Vorliebe, scheinbar, weil er von den Kriegsabenteuern Beckers nicht genug hören kann, von Kavallerieattacken, Todesmärschen, von Hunger, Kälte, Schlamm und unvorstellbaren Verlusten. In Wirklichkeit sucht er die Nähe der 16-jährigen Dorothea Charlotte, allgemein Doro genannt, die sich tagsüber beim Füttern der Pfauen und Vögel in der großen Voliere nützlich macht.

Im Spätherbst sind auf der Pfaueninsel nur noch wenige Reparaturaufträge zu erledigen. Maschinenmeister Friedrich zieht sich ganze Tage in seine Werkstube zurück, in der er einer ungewöhnlichen Tätigkeit nachgeht: Dem Anfertigen kleiner, überaus kunstvoller Architektur-Modelle aus den

Materialien Holz, Elfenbein und Perlmutt. Begonnen hat alles vor zwei Jahren mit einem etwa 30 Zentimeter hohen Abbild des Pfaueninsel-Schlösschens, das er in klug kalkulierender Absicht dem König zum Geschenk machte. Der fand an dem Werk so viel Gefallen, dass er Order gab, gegen angemessene Bezahlung ein zweites Exemplar für Schwiegersohn Zar Nikolaus herzustellen. Nach mühsamer, monatelanger Arbeit wurde das neue Stück am 6. Juli 1830 mit einem werbenden und zugleich durchaus selbstbewussten Begleitschreiben abgeliefert:

„*Ew. Königl. Majestät überreiche ich hierbei in ehrfurchtsvoller Unterthänigkeit das zweite Exemplar des Königl. Pfaueninsel-Schlosses zu welchem Geschäft Allerhöchstdieselben mich, laut allergnädigster Kabinettsorder vom 29.October vorigen Jahres huldvoll gewürdigt haben. Begeistert durch die allerhöchste Gnade Ew. Königl. Majestät und mit den verbesserten Werkzeugen versehen, ist mir diese kleine Arbeit vollkommen gelungen und wird hoffentlich den Beifall Ew. Königl. Majestät erhalten. Gewöhnt, täglich nur 5 Stunden zu schlafen bleibt mir zu meiner Lieblingsbeschäftigung, zum Zeichnen, Modellieren und Schnitzen, ohne meine Dienstpflichten zu versäumen, täglich eine schöne Zeit übrig, die ich so gerne in dieser Art, besonders in Aufträgen Ew. Königl. Majestät verwenden, und mir den Titel eines Königl. Hofmodellierers dereinst erwerben möchte.*“ Zum Schluss heißt es schnörkellos: „*Die Summe der sämtlichen Auslagen beträgt 93 Reichsthaler und 25 Silbergroschen.*“

Friedrich hoffte nun inständig, auf Dauer eine zusätzliche Geldquelle zu erschließen, dankte am 18. Juli „*beglückt, mit Kniefall*“ für die Annahme der Arbeit, und schrieb bereits am 30. Juli den nächsten Brief: „*Erlauben Ew. Majestät die Allerunterthänigste Bitte um Aufträge im Modellieren. Vielleicht wäre es Ew. Königl. Majestät nicht unangenehm, wenn ich die Werdersche Kirche in Berlin oder das Museum anfertige. Sehr lieb würde es mir sein, wenn Ew. Königl. Majestät allergnädigst selbst einen Gegenstand zu bestimmen geruhten.*“

Sechs Wochen musste sich der Maschinenmeister gedulden, dann kam am 11. September 1830 die ersehnte Nachricht. Kabinettsrat Albrecht teilte mit, der König habe dem eingereichten Gesuch stattgegeben und Befehl erteilt, die „*Werdersche Kirche bei Ihnen zu bestellen.*“

Das ist das erhoffte Startsignal. Friedrich beschafft sich die Pläne der von Schinkel im neugotischen Stil entworfenen, gerade erbauten „*Friedrichswerderschen Kirche*“, die in der Berliner Stadtmitte in Schlossnähe am Werderschen Markt an prominenter Stelle steht. Das neue Projekt ist erheblich anspruchsvoller als das des architektonisch vergleichsweise schlichten Pfaueninsel-Schlosses. Bei der Kirche gilt es, das Maßwerk der Rosetten am Hauptportal, die Strebepfeiler, Turmbrüstungen, den filigranen Schmuck von Akanthusblättern und korinthischen Kapitellen der Eingangssäulen mit darüber schwebenden Engelsfiguren in aller Feinheit auszubilden.

Als Schnitzer ist der Maschinenmeister ein wirklicher Könner und er hat die Fähigkeit, Bauzeichnungen maßstabsgerecht auf Modelle zu übertragen. Das Beschwerlichste sind jedoch die Vorarbeiten. Hunderte von kleinen Elfenbeinplatten müssen ausgeschnitten, in Form gebracht und poliert werden, bevor es mit dem eigentlichen Modellbau losgehen kann. Aber wozu ist ein Gehilfe im Haus? Friedrich hat Harry als geschickten jungen Mann mit scharfen Augen erlebt, kann aber nicht wissen, dass der ein fähiger Partner sein wird, hat er doch schon als Knabe Angelhaken aus Muscheln angefertigt und während der MENTOR-Liegezeiten in Whampoa wie bei der Fahrt über den Indischen Ozean von den Matrosen gelernt, Pottwal-Knochen zu bearbeiten. Und so wird der neue Auftrag gemeinsam in Angriff genommen. Friedrich unterweist Harry im Gebrauch der Schnitzmesser, der kleinen Bohrer, Zangen, Feilen und Schablonen. In gutem Miteinander schneiden und schleifen sie winzige Elfenbeinstücke, sortieren die Perlmuttvorräte, jener „*Südsee-Abalonen*“ genannte, schillernd glänzende, von in tropischen Gewässern lebenden großen Schnecken stammende Zierrat, der dem Modell zusätzlichen Glanz verleihen soll. Während draußen die ersten brandenburgischen Herbststürme über die Insel fegen, sitzen Meister und Gehilfe vereint beim Licht einer Petroleumlampe im Dampfmaschinenhaus und lassen die Friedrichswerdersche Kirche aus Elfenbein erstehen.

Im Jahr 1830 beginnt der Winter ungewöhnlich früh. Es wird bitterkalt. Die Havel friert zu, sodass Insel, Fluss und Festland nach ersten Schneefällen kaum noch zu unterscheiden sind. Tierwärter und Gärtner haben zu tun. Das Affen- und Känguru-Haus muss, wie das Palmenhaus, Tag- und Nacht beheizt werden. Nur die Bären machen keine Arbeit. Über die Havel kommen jetzt Füchse, um leichte Beute zu machen. Es gibt vermehrt gerissene oder durch Krankheiten gestorbene Tiere, die nahe am Ostufer entsorgt werden, da, wo einst die Glashütte und der Schmelzofen Kunckels gestanden haben. Wegen der zunehmenden Schneehöhen fällt der gewohnte Sonntags-Kirchgang aus. Für Harry war das bisher die einzige, hochwillkommene Möglichkeit, die Insel zu verlassen. Zu normalen Zeiten setzen die fein gemachten Hofbediensteten in aller Feiertags-Frühe mit dem Fährboot über und marschieren dann als eine Gruppe von mehreren Dutzend Männern, Frauen und halbwüchsigen Kindern von den Königlichen Stallungen aus Richtung Süden durch den Wald. Ihr Ziel: Das etwa eine halbe Meile entfernt an einem kleinen See liegende Fischerdorf Stolpe. Dort findet der Gottesdienst in der fast 400 Jahre alten, bereits leicht baufälligen Fachwerk-Kirche statt. Jetzt vermisst Harry den jeweils knapp einstündigen Weg, der immer die Möglichkeit geboten hat, neben Doro Becker her zu gehen, wenn es schon nicht gelang, auf der Kirchenbank in ihrer Nähe zu sitzen.

Zu Weihnachten versammelt sich die Familie Friedrich mit den beiden aus Potsdam gekommenen Töchtern im gut beheizten Dampfmaschinenhaus. Draußen herrscht eine eigentümliche, lautlose Stille, als ob nicht nur die Bären, sondern alle Tiere Winterschlaf halten. Im Danziger-Haus ist Itissa in diesen Tagen der Glücklichste, hat er doch rechtzeitig zum Fest erfahren, dass der von Hofmarschall von Maltzahn am 15. Dezember 1830 gestellte Antrag, ihm für das kommende Jahr, *„wie dem Sandwich-Insulaner Maitey 300 Thaler allerhuldreichst zu bewilligen, was auch den Wetteifer der beiden belebt“*, vom König ungewöhnlich schnell genehmigt wurde.

Das neue Jahr beginnt mit weiterer Arbeit am Elfenbein-Modell der Friedrichswerderschen Kirche und Reparatur der Dampfmaschine. Völlig überraschend erreicht Harry eine schlechte Nachricht, die Aufforderung, sich baldmöglichst auf den Weg zum Halleschen Tor zu machen. Kopf musste am 19. Februar 1831 an Rother schreiben: *„Ew. Hochwohlgeboren zeige ich ganz gehorsamst an, daß der Sandwich-Insulaner Jony seit dem Tage, wo er bei Ew. Hochwohlgeboren war, krank ist. Er leidet an der Brust, hustet gewaltig, wirft stark aus und hat öfters Nasenbluten. Es scheint, als behagte ihm das nördliche Klima weniger als dem Harry, auch ist er in seiner Krankheit verdrießlicher und ungeduldiger als Harry in üblichen Verhältnissen war.“*

Der Zustand Jonys bleibt kritisch. Rother erkundigt sich ständig bei Kopf wie es dem Patienten geht. Er empfiehlt, alle notwendigen Arzneien zu besorgen und fragt am 24. Februar an, ob es sinnvoll sei, den Kranken in die Charité zu bringen, worauf Kopf noch am selben Tag schriftlich antwortet: *„Wenn auch die Charité nicht so überfüllt wäre, daß fast kein Kranker mehr aufgenommen werden kann, so könnte doch Jony wegen seiner großen Schwachheit und wegen der rauhen Witterung nicht dahin transportiert werden.“* Am Tag danach schafft es Harry, den weiten, in dieser Jahreszeit besonders beschwerlichen Weg von der Pfaueninsel zur Erziehungsanstalt zu bewältigen und Jony den gewünschten Krankenbesuch zu machen. Anschließend kann Kopf dem SEEHANDLUNGS-Präsidenten erfreut mitteilen: *„Maiteys Besuch hat auf den Kranken Jony sehr wohlthätig gewirkt.“* Am 26. Februar schlägt Kopf vor: *„Es würde gut seyn wenn dem Kranken eine Unterjacke von Flanell und ein Paar warme Unterziehbeinkleider angeschafft werden dürften damit einem Rückfalle der bösen Krankheit vorgebeugt werden könnte.“* Rother genehmigt den Vorschlag noch am Abend desselben Tages. Doch am nächsten Morgen ist Jony Kahopimeai tot. *„Seine Gesichtszüge sind unverändert und stellen das Bild eines sanft schlafenden Kindes dar. Über die Kleidungsstücke und Wäsche des Jony werde ich gleich nach der Beerdigung Rechnung ablegen.“*

Der Sandwich-Insulaner Jony wird, obwohl ungetauft, am 2. März 1831 auf dem neuen Jerusalem Friedhof *„links der Chaussee nach dem Kreuzberge“* bestattet. Bereits zwei Tage später macht Kopf eine Aufstellung der zurückgelassenen Habseligkeiten. Peinlich genau ist alles aufgelistet, vom

„braunen, tuchenen Laibrock“ und Hut über Schnupftücher, Strümpfe und Pfeife bis zum Federmesser und runden Stein. In der im GEHEIMEN STAATSARCHIV in Berlin verwahrten *„Acta betreffend den durch das Seehandlungsschiff „Prinzeßin Louise“ mitgebrachten Sandwich-Insulaner Jony“* sind außer Briefwechseln und amtlichen Anweisungen auch einige Blätter abgeheftet, die Jony persönlich gehörten: Schönschreibübungen und zwei Seiten mit anrührend sorgfältig ausgeführten kleinen Bleistiftzeichnungen: Gießkanne, Türschloss, Topf, Trichter, Messer und Gabel.

Wie in jedem Frühjahr entfaltet sich auf der Insel rege Geschäftigkeit. Gärtner und Tierwärter haben alle Hände voll zu tun. Blumen müssen gepflanzt, Menagerie-Gebäude für die beginnende Besuchersaison in vorschriftsmäßigem Zustand versetzt werden. Harry hat am 23. April Geburtstag und wird nach dem Willen seiner Taufpaten Rother und Kopf nun 24 Jahre alt. An diesem arbeitsfreien Tag kommt er zum ersten Mal ins Palmenhaus. Das etwas abseits, nur einige hundert Schritte vom Schloss entfernt stehende Gebäude hat auf ihn schon beim Vorbeigehen immer irgendwie geheimnisvoll gewirkt, ein 42 Fuß hoher, 40 Fuß breiter und 110 Fuß langer, kastenartiger Bau mit einer Vielzahl durch eine Holzkonstruktion gefasster Glasfenster. Der Augenblick des Betretens wirkt fast wie ein Schock. Harry steht plötzlich in stickig-feuchter Luft einer grün wuchernden hohen Pflanzenhalle, in der sich Palmen, Bambus, Zuckerrohr, Ananasstauden, Farne, Drachenblutbäume, Lianen und von der Decke herabhängende Passionsblumenranken zu einem gründampfenden, tropisch-urwaldartigen Geflecht verbinden.

An diesem Samstag findet gerade für eine Gruppe vornehm gekleideter Damen und Herren eine Sonderführung statt, die der Fintelmann-Neffe Gustav übernommen hat, kann er doch aus erster Hand vom aufwendigen Transport der Sammlung von Paris bis zur Pfaueninsel berichten. Der junge Gärtner weist seine Zuhörer auf das im Zentrum stehende Paradestück hin, eine Fächerpalme von der Insel Bourbon, eine *„Latania borbonica“* mit über 50 Blättern. Er erklärt die Unterschiede zwischen japanischen und neuholländi-

schen Fächerpalmen, zwischen Dattel-, Zucker-, Zwerg- und Sagopalmen, und lenkt die Blicke der Besucher auf ein Exemplar, das über 250 Jahre alt sein soll. Harry hält sich im Hintergrund. Ihn interessieren die Namen der Pflanzen und ihre Herkunftsorte nicht. Er wird erst neugierig, als die Gruppe unterhalb eines Balkons zu einem durch mehrere Stufen erhöhten Blickfang kommt, der wie ein kleiner Tempel aussieht. Es handelt sich hier, wie Gustav Fintelmann erläutert, um die mit geometrischen Mustern verzierten Mar-

Das Palmenhaus – Innenansicht um 1832. Gemälde von Carl Blechen (1798–1840)

Das Palmenhaus – Innenansicht um 1832. Gemälde von Carl Blechen (1798–1840)

mortafeln einer *„ostindischen Pagode“*, die ein englischer General in Bengalen abbrechen ließ, um sie in Europa mit Gewinn zu verkaufen. In Hamburg im Herbst 1829 auf einer Auktion angeboten, wurden Platten und Giebelteile auf Betreiben des Kronprinzen für 1005 Reichsthaler, 13 Groschen und 6 Pfennig angekauft, in 42 Teakholzkisten verpackt und auf dem Wasserweg zur Pfaueninsel gebracht und hier als dekoratives islamisch-indisches Kulturzeugnis aufgestellt.

Das neue Palmenhaus ist die große Attraktion. Friedrich Wilhelm III. überzeugt sich gleich nach Ende des Winters, zusammen mit seiner Gemahlin, der dreißig Jahre jüngeren Auguste, vom Wohlergehen der wertvollen Pflanzen. Danach kommt er immer wieder auf die Insel, manchmal mit dem inzwischen 62-jährigen Alexander von Humboldt, über den es in einer zeitgenössischen Quelle heißt: *„Es betäubte die exotische Pracht des Palmen-Treibhauses jeden Besucher. Selbst Alexander von Humboldt fiel in nostalgische Träumereien von der entfernten und unzugänglichen Üppigkeit des Orinocos."*

Auch die erwachsenen Kinder des Königs erscheinen oft mit ihren Booten. Kronprinz Friedrich Wilhelm oder Prinz Carl, der seit sieben Jahren nur eine knappe halbe Meile südlich am Jungfernsee in dem von Schinkel im klassizistischen Stil vom Gutshof zum Sommersitz umgebauten Schloss Klein-Glienicke lebt und mit seiner Jacht NAVARIN gern bei günstigem Süd-West-Wind havelaufwärts segelt und unterhalb des Kastellanhauses an dem der königlichen Familie vorbehaltenen Steg anlegt. Der Hofgesellschaft folgt der Strom schaulustiger Besucher, darunter fast alle Repräsentanten des in jenen Jahren blühenden Kultur- und Wissenschaftslebens der Hauptstadt. Durch Eröffnung des Palmenhauses ist der Ruf der Pfaueninsel als lohnendes Ausflugsziel erheblich gewachsen.

Harry lebt jetzt zehn Monate im Dampfmaschinenhaus. Weil er bei allen Arbeiten anpacken muss, hat er von Meister Friedrich einiges gelernt. Es geht ums Tischlern, Schlossern, Schreinern, um die Dampfmaschine und nicht zuletzt um das Modell der Friedrichswerderschen Kirche. In seiner Freizeit sucht der *„Gehülfe"* die Nähe zur Familie Becker und zu Itissa, einem guten Schwimmer und ausdauernden Angler. Harry findet die braun-muddige Havel im Vergleich zu den kristallklaren Heimatgewässern zwar eher dreckig, die Fische klein und unansehnlich. Aber ein Fluss im Binnenland ist kein Ozean, Barsche und Karpfen sind keine Bonitos oder Barrakudas. Frau Friedrich freut sich aber über jeden Aal und Zander in der Pfanne.

Szenenwechsel.
Schauplatz Pazifik.
Zur selben Zeit, am 24. Juni 1831, lässt die PRINCESS LOUISE auf ihrer zweiten Weltumsegelung nach einer 34-tägigen Fahrt vom peruanischen Callao nach O'ahu auf der Reede von Honolulu bei 19 Faden Wassertiefe den Anker fallen. Im Schiffsjournal steht für den Ankunftstag: „*Der Gouverneur von Hononunu, namens John Adams, kam an Bord. Um 3h nachmittags wurde der König der Sandwich-Inseln von uns durch 17 Kanonenschüsse salutiert, die durch eine gleiche Anzahl Kanonenschüsse von dem Kastell der Stadt erwidert wurden. Hierauf fuhren der Kapitän und Dr. Meyen an Land mit der Gick. Sie wurden bei ihrer Annäherung an den Strand durch ein jubelndes Hurrah-Rufen der dort zusammengeströmten Volksmassen begrüßt.*"

Beide Herren wollen natürlich unverzüglich die Sandwich-Insel-Mission ihres Königs erfüllen. So versuchen sie als erstes, bei dem inzwischen 17-jährigen Kamehamena III. vorgelassen zu werden. Der darf die preußische Delegation aber nur empfangen, wenn Reverend Bingham, das Oberhaupt der nordamerikanischen Missionare, zustimmt. Schließlich gelingt es Wendt und Meyen doch noch am Abend, dem jungen Monarchen das Handschreiben Friedrich Wilhelm III. zu überreichen und ihn zur Übergabe der mitgebrachten Geschenke einzuladen. Am nächsten Vormittag findet das Auspacken der Kisten in Anwesenheit der zahlreich versammelten Hofgesellschaft im Palast statt. Es ist die Gegengabe für den rot-gelben Federmantel, den Supercargo O'Swald vor drei Jahren, als Reaktion auf seine den Knabenkönig begeisternden Schilderungen preußischer Waffentaten im Krieg gegen Napoleon für Friedrich Wilhelm III. in Empfang nehmen durfte. Unter großem Beifall werden die Berliner Präsente verteilt. Vor allem die Ölgemälde des Preußischen Königs und Marschall Blüchers, wie die eisernen Statuen europäischer Herrscher, finden begeisterte Zustimmung. Doch auch die Waffen, Uniformen, Schmuckstücke für die Damen und das Sattelzeug werden gern entgegengenommen. Gouverneur John Adams, der eigentlich Kuakini heißt und sich den Namen des fünf Jahre zuvor verstorbenen zweiten amerikanischen Präsidenten zugelegt hat, bekommt einen modischen

Das Schiff PRINCESS LOUISE von Stettin
auf seiner Reise um die Welt.

Abfahrt von Hamburg den 8ten September 1830. Ankunft zu Hamburg den 19ten April 1832.
1 Jahr, 7 Monate & 11 Tage.

Monat.	Dat.	Abfahrt.	Monat.	Dat.	Ankunft.	Tage in See.	Meilen 15 . 1 Grad.
1830. September	8	Von Hamburg	1830. November	15	Zu Rio de Janeiro	68	1750
November	20	„ Rio de Janeiro	1831. Januar	21	„ Valparaiso	62	1395
1831. März	6	„ Valparaiso	März	10	„ Copiapo	4	100
März	20	„ Copiapo	März	26	„ Arica	6	143
April	10	„ Arica	April	12	„ Islay	2	39
April	26	„ Islay	May	1	„ Lima	5	113
May	21	„ Lima	Juny	24	„ Oahu	34	1310
July	2	„ Oahu	August	14	„ Canton	43	1300
September	3	„ Canton	September	13	„ Manila	10	210
October	16	„ Manila	November	4	„ Canton	19	240
December	13	„ Canton	1832. Februar	14	„ St. Helena	63	2207
1832. Februar	15	„ St. Helena	April	19	„ Hamburg	63	1630
Die während der ganzen Reise gesegelte Distanz beträgt nach dem General Cours in						379	10437

B. 271.

Hut nebst einer an einem eleganten Stock festgebundenen Mundharmonika. Als die Übergabeprozedur bereits über vier Stunden andauert, wird dem jungen König bedeutet, dass es wohl angemessen wäre, die Gäste mit einigen Erfrischungen zu bewirten.

Aber der erwidert, er dürfe nichts anbieten, die Missionare hätten es verboten.

Zwei Tage später, am 28. Juni 1831, sind die Vertreter der PREUSSISCHEN SEEHANDLUNG gastfreundlicher. Auf dem Oberdeck der PRINCESS LOUISE ist ein Zelt aufgebaut, in dessen wohltuendem Schatten König Kamehamea III., Reverend Hiram Bingham und die Insel-Honoratioren auf Einladung der Schiffsführung festlich tafeln. Nach diesem Essen sind sich Kapitän Wendt und Dr. Meyen einig: Die Missionare haben sich in den wenigen Jahren unzulässig viel Macht angeeignet, während die einheimische Bevölkerung verarmt. Meyen schreibt in seinem Reisebericht: *„Die Missionare der Sandwich-Inseln sind Nordamerikaner und sie allein sind es, welche von allen Seiten hart angeklagt werden. Sie haben den Wohlstand des Landes untergraben, statt ihn vor Allem zu befördern, sie haben die Gastfreiheit, eine der schönsten Eigenschaften der Natur-Menschen, und die Fröhlichkeit von diesen glücklichen Inseln verbannt, und dagegen eine Religion eingeführt, zu deren Auffassung die Indianer keinen Verstand haben.*" Meyen kritisiert die strenge Sonntagsruhe, das täglich bereits abends um acht Uhr beginnende Ausgehverbot und ist empört, als er sieht, dass sich Missionarsfrauen in kleinen Kutschen von eingeborenen Frauen ziehen lassen.

Am 30. Juni erklärt der Bootsmann die PRINCESS LOUISE für segelfertig. Ausreichend Frischproviant für die nächste Etappe ist an Bord, die Wasserfässer sind gefüllt. Das Schiff kann Kurs auf Kanton nehmen. Das einzige, was noch fehlt, ist das unter Aufsicht der Missionare entstehende, angekündigte offizielle Dankschreiben von König zu König.

In Berlin hatte Christian Rother am Tag der PRINCESS LOUISE-Ankunft in O'ahu dem König von Preußen in einem Brief unterbreitet, dass ein SEEHANDLUNGS-Geschäftspartner auf der im Golf von Guinea liegenden Insel St. Thomas, der Kaufmann Carl Friedrich Blume, Seiner Majestät eine besondere Freude machen wolle. Am Tag des Ankerlichtens diktiert nun Friedrich Wilhelm III. eine Order an Hofgärtner Fintelmann, die zeigt, dass er Rothers Angebot vom 24. Juni angenommen hat: *„Der Kaufmann Blume in St. Thomas hat mir für die Pfauen Insel einen Löwen mit* *dem Seehandlungs-Schiffe „Elisabeth Louise" überschickt, welchen der wirkliche Geheime Ober Finanzrath und Präsident Rother unter Begleitung des Schiffs Capitains Moritz von Hamburg mit dem Dampfschiff „Helene" dahin transportieren lassen wird. Ich beauftrage Sie, wegen der Aufnahme Anordnung zu treffen, wobei der Moritz, an welchen der ganz jung in Senegal eingefangene, von einer Ziege gesäugte Löwe gewöhnt ist, die beste Anleitung wegen seiner Behandlung wird geben können.*"

Wie vor Ankunft der Palmen-Kähne herrscht auf der Pfaueninsel gespannte Erwartung. Ein leibhaftiger Löwe, ja, das ist wirklich etwas Außergewöhnliches. Der „*König der Tiere*" als Krönung der königlichen Menagerie, eine Krönung, die wohl zu noch mehr bürgerlichen Besuchern führen wird. Haben sich im vergangenen Jahr die Inselbewohner zum Empfang der Palmen am Ostufer versammelt, so stehen sie jetzt auf der entgegengesetzten Seite vor dem Schweizerhaus und blicken havelabwärts in Richtung Jungfernsee, auf die Enge zwischen Appelhorn und Meedehorn. Dort taucht am Spätnachmittag des 14. Juli 1831 die Rauchwolke des SEEHANDLUNGS-Dampfers HENRIETTE mit den in Potsdam zugestiegenen Prinzen Wilhelm und Carl an Bord auf. Gleichzeitig legt die Hofbarkasse mit dem von einigen Damen und Herren und Christian Rother begleiteten König an, der es nicht versäumen will, das ungewöhnliche Geschenk persönlich entgegenzunehmen. Es dauert jedoch einige Zeit bis das Schiff vor dem „Überfahrerhaus" Anker geworfen hat, die wertvolle Fracht über die Reling gehievt und auf einem Beiboot ans Ufer gerudert ist. Zum Erstaunen der kleinen Menschenmenge, unter der sich auch Harry und die Maschinenmeister-Familie befinden, werden gleich mehrere Käfige angelandet, in denen sich neben einer Ziege noch zwei Affen und Ameisenbären befinden. Kaum einem gelingt es, einen Blick auf den hinter Gitterstäben verborgenen jungen Löwen zu werfen. Das bleibt Privileg des Königs und seiner Gäste. Für die meisten von ihnen allerdings eine herbe Enttäuschung, denn das Tier wirkt so gar nicht eindrucksvoll, sondern eher unscheinbar klein und überhaupt nicht gefährlich. Aber der Löwe wird wachsen.

Mitte September 1831, acht Wochen nach der Löwen-Übergabe, trifft Berlin ein schicksalschwerer Schlag. Die Cholera, der „*Fluss der gelben Galle*", – von Russland über die baltischen Häfen und Danzig kommend, – hat die Stadt erreicht. Wer es sich leisten kann flieht vor der Seuche aufs Land. In den Straßen der Armenviertel fallen Menschen tot um und werden von Vermummten in schwarzen Wachsleinwandmänteln auf Karren geworfen. Der König hat sich in Paretz verschanzt, rührt keine Speisen aus dem Osten des Landes an und reicht keinem die Hand. Auf der Pfaueninsel hoffen alle in Sicherheit zu sein. Die Boote liegen fest vertäut am Inselufer und auf das Glockenzeichen vom Festland, das Signal: „*Fährmann hol über*", setzt sich niemand in Bewegung. Die Insulaner wollen verschont bleiben vom Unheil, das von einer Stadt mit fast 250 000 Einwohnern droht.

Schattenseiten – „Royal Louise" das englische Geschenk – Bau des Fregattenhafens

Wie erwartet, der Löwe aus dem Senegal wird schnell größer und lockt an den Besuchstagen gleich zu Beginn der Saison 1832 noch mehr Schaulustige an, sodass auf dem Menagerie-Rundweg immer häufiger drangvolle Enge herrscht. Auf Weisung des Hofmarschallamtes hat Fintelmann während der Wintermonate eine genaue Tierzählung vorgenommen, die er bereits im Januar vorgelegt hat. Es sind 847 – eine ellenlange Aufstellung exotischer und einheimischer Arten. Von Büffeln, Gazellen, Bären, Känguruhs, Lamas, Affen, tibetanischen Ziegen, ägyptischen Schafen und chinesischen Schweinen über Damhirsche, Bernhardinerhunde, Raubvögel und Papageien bis zu 63 Pfauen, 85 verschiedenen Enten, sechs Schildkröten und vier Kanarienvögeln. Nur die Goldfische im kleinen Marmorbecken des Palmenhauses sind nicht mitgezählt.

Die hohe Anzahl und Verschiedenartigkeit der Tiere bereiten Fintelmann und den Tierwärtern zunehmend Probleme. Es gibt Schwierigkeiten mit der Unterbringung wie mit der richtigen Fütterung. Fachlicher Rat kommt von den aus den Niederlanden stammenden Gebrüdern Hermann und Wilhelm van Aken, die als Tierhändler und Besitzer einer Wander-Menagerie in Berlin ihre Zelte meistens auf dem Exerzierplatz vor dem Brandenburger Tor aufschlagen. Zu ihnen bestehen schon seit einigen Jahren Geschäftsverbindungen, denen die Pfaueninsel-Tiersammlung das eine oder andere interessante Exemplar verdankt. Zusammen mit dem bewährten Professor Lichtenstein beraten sie den König bei seinen Ankäufen. Eine traurige Rolle spielen dagegen die häufigen Krankheiten. Vor allem die elf unterschiedlichen Affenarten leiden immer wieder unter Husten, Schnupfen und rheumatischem Fieber, das dann der aus Potsdam gerufene Tierarzt zu kurieren versucht. Bei besonders schwerwiegenden Fällen wird Professor Hertwig von der KÖNIGLICHEN TIERARZNEISCHULE BERLIN hinzugezogen.

Obwohl auf der kleinen Insel längst zu viele Tiere und zu viele Hofbedienstete leben, nimmt der König immer wieder neue Tiergeschenke an. So im Frühsommer 1832, als ihm der Gutsbesitzer Witte-Schenkendorff eine *„große Seltenheit“* zuschickt, einen Ziegenbock, der *„zwey große Zitzen gleich die bey gewöhnlichen Ziegen hat, aus denselben mit Leichtigkeit Milch gemolken werden kann.“*

Zur selben Zeit steht den Inselbewohnern eine Überraschung bevor, deren Hintergründe nur Fintelmann kennt. Mitte Juni erscheint vor den Überfahrtbrücken am Südufer der Pfaueninsel der von Rother für die SEEHANDLUNG in Dienst gestellte Dampfschlepper MARIE. Von Potsdam über den Jungfernsee heraufkommend, zieht er eine flachbordige Zille hinter sich her, auf der ein durch Balken abgestützter Rumpf eines Kriegsschiffes mit kampfbereit herausragenden Kanonen und drei kahlen Maststümpfen steht. Die herbeigelaufenen Gärtner und Tierwärter beobachten vom Ufer aus, wie die Zille ankert, der Schlepper mit einem Pfeifsignal abdreht, wie sich an Bord sofort lebhafte Geschäftigkeit entfaltet.

Offenbar geht es darum, die etwas wrackartig wirkende Fracht ohne einen Kran zu Wasser zu bringen. Keiner der Zuschauer kann wissen, dass dies eine britische Fregatte im Maßstab 1 : 3 ist, die in Woolwich an der Themse für den König von Preußen neu gebaut, von einem Werftdampfer über die Nordsee geschleppt und in Hamburg vom SEEHANDLUNGS-Dampfschiff BERLIN übernommen wurde. Wegen zu niedrigen Wasserstands musste die Fahrt elbaufwärts aber schon bei Kilometer 80 gestoppt werden. Erst nach Ankauf der Zille und Einsatz der zeitaufwendigen Prozedur des Prinzips „*Schwimmdock*", konnte die Reise fortgesetzt werden. Dasselbe soll nun noch einmal vor der Pfaueninsel gelingen. Der Zille-Rumpf wird langsam geflutet, sodass die kleine Fregatte aufschwimmt und von Ruderbooten gezogen, ins freie Wasser gleitet. Der Ankunftstag ist gut gewählt. Es gibt keinen Besucherverkehr. Der Schiffsrumpf hat ausreichend Raum, auf der hier nur 400 Fuß breiten Durchfahrt zwischen Insel und Festland am lang gesteckten Ankertau frei zu schwingen. Als es schließlich dunkel wird markiert nur das Ankerlicht die Stelle, an der das rätselhafte Gefährt liegt.

Gleich am nächsten Morgen ist Harry zur Stelle. Er ist aufgeregt. Hat er doch schon gestern englische Worte gehört und die typischen Matrosenkleider ausgemacht, wie er sie aus Whampoa kennt: schwarz-weiß gestreifte Hosen, kurze blaue Jacken, bunte Halstücher und Lackhüte. Zum Ärger Meister Friedrichs verfolgt Harry in den nächsten Tagen das Auftakeln. Rahen und Segel werden angeschlagen. Nach einer Woche ist das Werk der kleinen Gruppe britischer Seeleute vollbracht. An einem völlig windstillen, sonnigen Vormittag werfen sie zur Probe alle Rahsegel los und setzen auch die drei Vorsegel. Ganz plötzlich liegt da weithin sichtbar auf der Havel ein reisebereites, dreimastiges Vollschiff mit schwarzem Rumpf und weißem Kanonengangstreifen. Obwohl Harry die an Bord im Verhältnis zum Schiff zu großen Menschen irritieren: Dies ist das getreue Abbild der MENTOR. Mit einem solchen Segelschiff ist er doch über den Indischen Ozean und Atlantik bis nach Europa gekommen. Ungläubig starrt Harry Maitey auf die wundersame Erscheinung. Durch einen Windhauch leicht in Bewegung gesetzt, zeigt ihm das Schiff den Achterspiegel, auf dem er schon in den Tagen zuvor den leicht verschnörkelt geschriebenen Namen lesen konnte: ROYAL LOUISE.

Nur Hofgärtner Fintelmann ist eingeweiht, dass die kleine Fregatte ein großes Geschenk ist, eine noble Geste des englischen Königs William IV., Ersatz für eine Segelbarkasse, die dessen Bruder dem Preußischen König vor 18 Jahren bei einer Flottenparade in Spithead schenkte. Damals hat Fintelmann, als Aufseher aller während der Sommermonate vor der Insel liegenden Gondeln und Ruderboote des Hofes, schon die erste Lustjacht in Empfang genommen und dann erleben müssen, wie diese im Lauf der Jahre verrottete. Jetzt war er sogar indirekt am Neubau beteiligt, indem er der britischen Werft auf Anfrage Auskunft über die Havelwasserstände und brandenburgischen Schleusenmaße gab. Dem Hofgärtner ist bewusst, auch die ROYAL LOUISE soll, so wie das erste Boot, ein Symbol der Freundschaft sein, eine Erinnerung an die preußisch-britische Waffenbrüderschaft im Kampf gegen Napoleon, und er empfindet den Vorschlag, das Schiff auf den Namen der vom König so über alles geliebten Luise zu taufen, als schönen Ausweis englischer Feinfühligkeit.

Als erstes Mitglied der königlichen Familie nimmt Prinz Carl die Fregatte in Augenschein. Er kommt mit der NAVARIN, einem Geschenk des Zaren, in Gesellschaft der den Transport begleitenden englischen Marineoffiziere flussaufwärts von Schloss Glienicke. Gemeinsam klettern die Herren zur Inspektion an Bord, aufmerksam von den Inselbewohnern gemustert, die gerade aufregende Tage erleben. Zuerst das eigenartige, so noch nie gesehene Segelschiff mit ausländischen Matrosen, und nun noch Royal-Navy-Kapitäne in prächtigen Uniformen, kokardengeschmückte Zweispitze, dunkelblaue Fräcke mit üppigen Epauletten, goldgefasste Aufschläge an Kragen und Ärmeln, goldblitzende Marinedegen.

Der Höhepunkt steht noch bevor. Einige Tage später, am 22. Juni 1832, kommt es zur feierlichen Geschenkübergabe. Friedrich Wilhelm III. erscheint mit Familie und Gefolge. Als erstes lässt sich der König von zwei Navy-Offizieren im Beiboot langsam um das Schiff rudern, um in aller Ruhe die großzügige Gabe Williams IV. zu mustern. Er ist hocherfreut, am Heck den Namen seiner verstorbenen Frau in so schö-

Prinz Carl von Preußen. Gemälde von Franz Krüger (1797–1857)

ner Goldschrift zu sehen und am Bug als Galionsfigur einen kühn die schwarzen Schwingen ausbreitenden Adler mit dem preußischen Wappen in Fängen.

Die Zeremonie an Bord ist militärisch kurz. In dem Augenblick, als der König das Deck der ROYAL LOUISE betritt, sinkt der Union Jack, die preußische Flagge steigt empor. Im Namen Williams IV. übergibt dessen illegitimer Sohn, Lord FitzClarence, als persönlicher Gesandter seines Vaters dem preußischen König das Schiff. Der dankt dem englischen König: „*…es ist ein herrliches Geschenk, einem Herrscher würdig, der zugleich der erste Admiral seines Königreiches ist.*“ Und einer der Royal-Navy-Captains schreibt zwei Tage später an einen Freund auf der Heimatinsel: „*Nachdem er die Fregatte in Empfang genommen hatte, kam die ganze königliche Familie an Bord. Sie waren alle davon bezaubert, und da einige dabei waren, die noch nie ein Schiff gesehen hatten, so können Sie sich denken, wie groß ihre Verwunderung war.*“

Nach einer wegen des schwachen Windes nur kurzen Ausfahrt versammelt sich die Gesellschaft an der festlich auf der Schlosswiese im Schatten einiger Bäume gedeckten Tafel. Friedrich Wilhelm III. bringt drei Hochs aus: *„Auf das Wohl des Königs von England“* – *„Auf die britische Marine“* – *„Auf die Erinnerung an 1815“*, an die gemeinsame siegreiche Schlacht von Waterloo. In einiger Entfernung, hinter Buschwerk verborgen, spielen Regimentsmusiker: *„God save the king“* und *„Rule Britannia – Britannia rule the waves!“*

Harrys Ansehen ist in diesen Tagen gewaltig gewachsen. Seine Inselgefährten haben begriffen, dass ihr Maschinenmeistergehilfe mit einem solchen Schiff über die Weltmeere gesegelt ist, dass er sich stolz *„Chinafahrer“* nennen darf. Zum ersten Mal hören sie ihm zu, wenn er von seinen Erlebnissen berichtet. So glücklich das Harry auch macht, er vermisst Itissa, der vor drei Monaten, am 16. März 1832, unter etwas rätselhaften Umständen ganz plötzlich verstorben ist. Mit ihm hätte er über die Takelage und Rumpfform der ROYAL LOUISE sprechen können, über Entbehrungen auf See, die sie beide erfahren haben, die Kälte und Nässe, bei der man tagelang keinen trockenen Faden am Leib hat, über das elende Essen aus Wassergrütze, Hartbrot und Salzfleisch.

Manchmal gelingt es Harry, abends mit Doro, der Tierwärtertochter Becker, am Ufer zu sitzen und mit ihr gemeinsam auf die vor Anker liegende kleine Fregatte zu blicken. Dann erzählt er von Stürmen und Gefahren, von Seeschildkröten und schneebedeckten Vulkanen. Zum Betrachten romantischer Sonnenuntergänge müssen die beiden allerdings wenige Schritte am Schloss vorbei zum Westufer herübergehen. Hier öffnet sich das weite Rund mit den glitzernden Wassern der Sacrower Lanke, und neben der Meedehorn genannten Landspitze ist die Sicht auf die schmale Durchfahrt zum Jungfernsee bis hin zum Marmorpalais frei, auf eine Havel, die zur Elbe und zum Meer fließt.

Im Sommer 1832 bietet sich Inselbesuchern schon beim Übersetzen mit dem Fährboot gleich zum Auftakt ein aufregender Anblick. Als erstes sehen sie ein dreimastiges Kriegsschiff vor Anker, das ihnen nur bei stetem Nordostwind das

Heck zuwendet und damit den Namen preisgibt. Die meisten haben noch nie ein Segelschiff gesehen oder kennen es allenfalls von Abbildungen in Büchern oder Journalen. Rätselhaft wie der Segler sind auch die Kähne und Treckschuten, die in direkter Nähe am Inselufer festgemacht haben. Von den rudernden Fährleuten erfahren die Passagiere: Das ist die neue Lustjacht des Königs, für die gerade ein Hafen gebaut wird.

Unmittelbar nach Abreise von Lord FitzClarence und seinen Offizierskameraden trifft Friedrich Wilhelm III. eine Entscheidung: Die ROYAL LOUISE bekommt ein geschütztes Winterquartier. Hofbauinspektor Schadow, der sich jüngst bei Errichtung des allseits bewunderten Palmenhauses so bewährt hat, erhält den Auftrag, einen *„Fregattenhafen"* zu bauen. Das ist ein technisch recht schwieriges Unterfangen. Direkt am morastigen Ufer muss zuerst ein Becken in den Abmessungen des Schiffes ausgeschachtet und als trockene Baugrube mit Holzbohlen gegen eindringendes Wasser gesichert werden. In den Grund gerammte Eichenpfähle bilden dann den Rost, auf dem das mit den von der Ziegelei Mötzow des Domstifts Brandenburg angelieferten Ziegelsteinen aufgemauerte Fundament ruht, das die Holzkonstruktion der Schiffshalle tragen soll.

Der 1. August 1832 markiert einen Einschnitt für die Tier-Sammlung. Fintelmann konnte Seine Majestät wie das Hofmarschallamt überzeugen, dass es angesichts der ständig steigenden Anzahl von Kreaturen einer eigenen fachlichen Aufsicht bedarf. Und so übernimmt an diesem Tag der 36-jährige August Sieber, der bei den Gebrüdern van Aken ausreichend Erfahrungen sammeln durfte, als *„Königlicher Menagerieaufseher"* das neue Amt. Er hat dafür Sorge zu tragen, *„daß die Thiere der Menagerie, einschließlich die der Fasanerie, gehörig, also jeder seiner Eigenthümlichkeit nach, abgewartet, behandelt und gefüttert werden, und daß alles angewandt wird, sie gesund zu erhalten."*

Sieber, der eine kleine Wohnung im hinteren Teil des Palmenhauses bezieht, werden der Fasanenjäger Köhler, die Tierwärter Becker und Parnemann und als Nachfolger des im Jahr zuvor verstorbenen Schäfers Elsholz, der für 120 Taler Jahreslohn eingestellte Martin Wiesenack unterstellt.

Blick vom Blockhaus Nikolskoe auf die Pfaueninsel mit der ROYAL LOUISE vor Anker. Federzeichnung von W. von Möllendorf

Ein gelegentlicher Begleiter der Pfaueninselbesuche des Königs ist sein persönlicher Seelsorger, Hofprediger Bischof Eylert, der sich später in seinem dreibändigen Werk über das Leben Friedrich Wilhelms III. auch über die Menagerie äußert, indem er mit kritischem Unterton feststellt, dass die Aufnahme und Aufbewahrung der vielen ausländischen Tiere das Interessante und Lehrreiche des Ortes zwar vermehrt, den sanften, idyllischen Charakter der Insel aber getrübt haben. Eylert schreibt, dass der König häufig allein am Ostufer den Portikus zum Gedenken an Königin Luise aufsuchte, *„und verweilte daselbst oft lange in ernsten Betrachtungen."* Und er beobachtet ihn bei den Menagerie-Rundgängen: *„Der König betrachtete die dort befindlichen verschiedenartigen Thiere und hatte seine stille reflectierende Freude an ihrer Lebensweise. Besonders zog es Ihn an, einen muthigen, herrlichen, brüllenden, die Mähnen schüttelnden, den Schweif schlagenden Löwen anzusehen, der sanft und stille wurde, wie ein Lamm, sobald sich eine sanfte Musik in seiner Nähe hören ließ."*

So sanft, wie ihn Eylert beschreibt, scheint der Löwe nicht gewesen zu sein. Gleich in Siebers ersten Dienstwochen empfiehlt der besorgte Professor Lichtenstein seine Entfernung von der Pfaueninsel, weil *„die Unterhaltung dieses furchtbaren Raub-Thieres bei immer mehr zunehmenden Kraft"* zunehmend Probleme macht. Menagerie-Besitzer Wilhelm van Aken sieht eine Chance, den Löwen auf dem Tauschweg für sein Etablissement zu erwerben. Doch der König lehnt ab, er will seinen Löwen behalten.

Auch zehn Wochen nach Ankunft der ROYAL LOUISE sind noch zwei englische Matrosen auf der Insel. Sie haben den Auftrag, die zur Bemannung der Fregatte abkommandierten Soldaten, die sogenannten *„Garde Mariniers"* der Garde-Pionier-Abteilung im Auf- und Abtakeln wie in der Handhabung der Segel zu unterweisen. Zur selben Zeit wird im Hofmarschallamt bereits an der Dienstvorschrift für die künftige ROYAL LOUISE-Mannschaft gearbeitet, in der befohlen wird, *„sich ordentlich und sittsam aufzuführen, besonders nicht sich zu betrinken"* und es wird *„ernstlich untersagt, die liederlichen Häuser und Gesellschaften zu besuchen und die Bewohner der Pfaueninsel zu verführen."*

Harry kommt seinen Dienstpflichten nur widerwillig nach. Jede freie Minute nutzt er, um sich den Fortschritt der Bauarbeiten des Fregattenhafens anzusehen, der auf dem schmalen Uferweg vom Dampfmaschinenhaus schnell zu erreichen ist. Hier verfolgt er, wie die Zimmerleute auf dem tief gegründeten Steinfundament mit erstaunlicher Schnelligkeit die Balkenkonstruktion für eine langgestreckte Halle errichten, und damit beginnen, die Außenwände mit Kieferbrettern zu beplanken. Von der Baustelle aus kann er auch die Trainingsmanöver auf der nur einen Steinwurf entfernt ankernden ROYAL LOUISE gut beobachten und er tut das mit einer solchen Ausdauer, dass es die englischen Matrosen bemerken, denen der dunkelhäutige, immer fröhlich wirkende junge Mann ohnehin schon aufgefallen ist. Sie fordern ihn schließlich auf, an Bord zu kommen. Harry wird mit dem Fregatten-Beiboot zum Schiff gerudert und darf zum ersten Mal das Deck betreten. Es ist ein besonderer Moment und starker Eindruck. Sein Blick geht vom Achterdeck über das ganze Schiff bis zum weit vorragenden Klüverbaum. Er betrachtet die Masten mit den breit ausladenden Rahen, das Netzwerk der Wanten und Stage, das im Sonnenlicht schimmernde Mahagoniholz, die hellen Planken und wundert sich über zwei pyramidenförmige, achteckige Glaskuppeln auf dem Kajütdeck. Zur Erklärung wird er aufgefordert, den steilen Niedergang herabzusteigen. Dort unten kommt das Tageslicht von oben und erhellt einen eleganten, mahagonigetäfelten Salon mit rotledernen Sitzbänken und einer Zwölf-Personen-Tafel. Harry fühlt sich jedoch an der frischen Luft wohler, mit freier Aussicht auf Insel und Festland. Obwohl alles so sehr viel kleiner ist, nichts fehlt: Die Takelage mit angeschlagenen Segeln, die Wanten und Nagelbänke, das aufgeschossene Tauwerk. Alles erscheint zwar irgendwie anders, doch trotzdem meint Harry, er stünde auf Deck der MENTOR.

Die schwimmt zu dieser Stunde im Hafen von Swinemünde. Nachdem sie siebenunddreißig Reisen nach Kingston/Jamaica, Vera Cruz und New Orleans unter dem Kommando verschiedener Kapitäne ohne Zwischenfälle durchgeführt hatte, wurde die MENTOR vor genau einem Jahr, am 6. September 1831, von der Generaldirektion der SEEHANDLUNG *„unter Ausschluss des Eisenballastes, der Kanonen, Waffen, Seekarten und Instrumente“* für 5000 Reichstaler an den Kaufmann Thomsen in Swinemünde veräußert. Ein Jahr später schreibt der neue Eigentümer an den SEEHANDLUNGS-Chef in Berlin einen Brief, in dem er um die *„gnädige Erlaubnis“* bittet, die MENTOR in PRÄSIDENT ROTHER umtaufen zu dürfen.

Die bewilligte Bitte aus Swinemünde belegt die Bedeutung Christian Rothers für das Wirtschaftsleben Preußens und insbesondere die Schifffahrt. Rother hat die Kabinettsorder des Königs umgesetzt, die anordnete, *„daß sich die Königlich Preußische Seehandlung de dato aus ihren straßenbaulichen Unternehmungen im Schlesischen zurückziehe, um Unseren Wünschen nach Begründung einer Dampf- und Segelschiffahrt auf den Berliner Gewässern und anderswo mit allen finanziellen Mitteln zu entsprechen.“*

Im Herbst 1832 gibt es mit kombinierten Passagier-Frachtschiffen eine regelmäßige Verbindung zwischen Potsdam und

Hamburg. Die HENRIETTE machte mit dem Löwen als Rückfracht im Juli des Vorjahres den Anfang. Zusammen mit der BERLIN befahren die beiden SEEHANDLUNGS-Schaufelraddampfer die Havel-Elbe-Strecke und machen vor allem den Schnellpostkutschen Konkurrenz, auch wenn es in regenarmen Zeiten mal Probleme mit den Wasserständen geben kann. Normalerweise benötigen die Schiffe stromabwärts für die 51 Meilen oder 357 km nur 24 Stunden und für die gleiche Strecke stromaufwärts 27 bis 30 Stunden. Weil es immer wieder auch zusätzliche Personentransporte von und nach Berlin gibt, hat sich das Geschehen auf dem Wasser zu beiden Uferseiten der Pfaueninsel spürbar belebt. Zu den alten Kaffenkähnen unter Segeln und kleineren, geruderten oder gestakten Frachtbooten kommen immer häufiger SEEHANDLUNGS-Dampfer und Schlepper, die mit Holz, Backsteinen oder Getreide beladene Schuten ziehen.

Anfang Dezember 1832 ist es soweit. Auf dem First des Fregattenhafens weht eine übergroße Preußenflagge. Albrecht Dietrich Schadow und die brandenburgischen Handwerker haben in nur fünf Monaten vorbildliche Arbeit geleistet. Es ist ein recht solider Bau mit schilfgedecktem Dach entstanden. Zur Wasserseite öffnet sich ein großes, bogenförmiges Eingangstor, dessen obere, seitliche Giebelbretter zwei Delphine als Glücksbringer zieren, während zur Landseite eine schmale, von zwei Fenstern flankierte Tür den Zutritt zum Wasserbecken ermöglicht. Gegenüber, nur durch den Uferweg getrennt, steht die aus Brandschutzgründen mit Ziegelsteinen gemauerte kleine Matrosenküche.

Als ein mit Holzarbeiten höchst sachkundig vertrauter Kunsthandwerker interessiert sich vor allem Maschinenmeister Friedrich für den neuen Schiffsschuppen. Zusammen mit Harry besichtigt er das Werk und ist, im Halbdunkel auf dem schmalen Umgang am Becken stehend, doch beeindruckt. Ohne jede Stütze muss das Dach eine ungewöhnlich große Grundfläche überspannen. Schadow hat die Aufgabe unter Zuhilfenahme der sogenannten „*Bohlenbinderkonstruktion*“ gelöst, einer Technik, die von David Gilly, dem Gründer der BERLINER BAUAKADEMIE, eingeführt wurde. Es ist eine kunstvolle, freitragende Bauweise, bei der ein

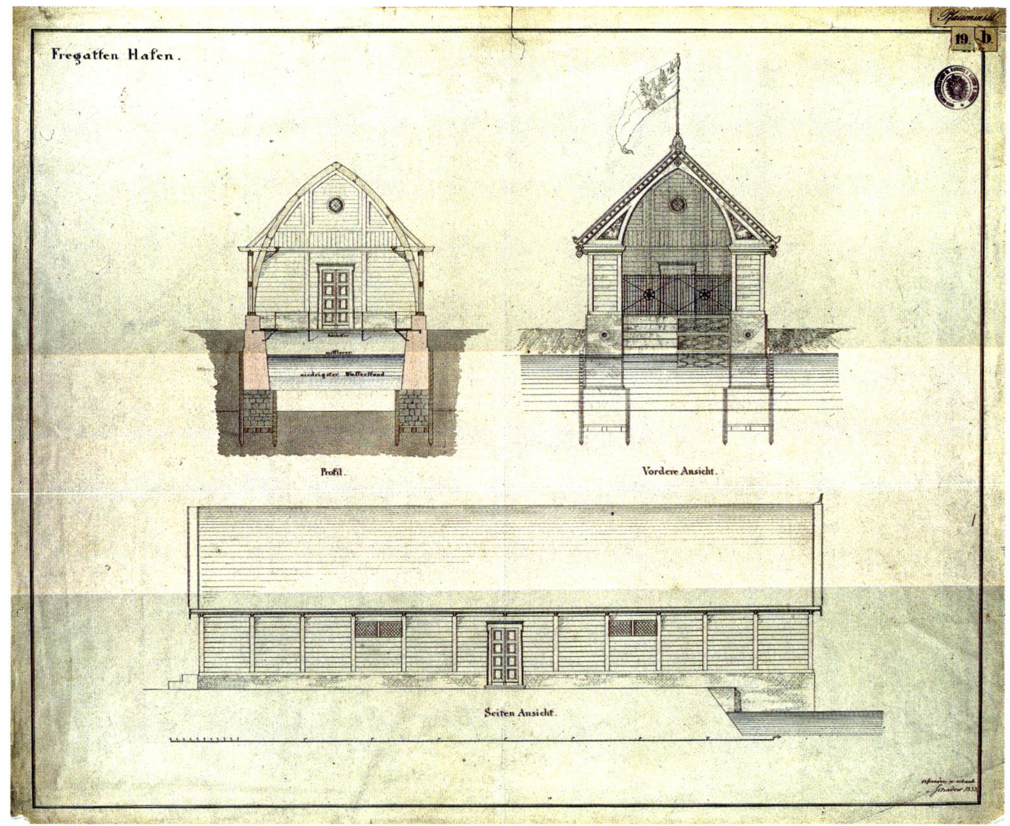

Der Fregattenhafen. Entwurfszeichnung von Albrecht Dietrich Schadow 1832

bogenförmiges Dach entsteht, das von innen einem umgedrehten Boot gleicht.

Am Tag der ersten Einfahrt der ROYAL LOUISE haben sich fast alle Inselbewohner am Fregattenhafen eingefunden. Denn jetzt kann eine zusätzliche Attraktion bewundert werden: Der von Lord FitzClarence vorgeschlagene, mit Seilwinden betriebene „*Hebeprahm*". Auf diese Einrichtung bestand der Gesandte des englischen Königs mit Nachdruck: *„Es ist unerläßlich, daß die Fregatte darauf gehoben und solche während des Winters über dem Wasser und Eis gehalten werde, weil sonst dieselbe in kurzer Zeit nicht mehr vor dem Verderben zu schützen sein würde."*

Vor den Augen der versammelten Menge wird die bis auf die Untermasten abgetakelte ROYAL LOUISE durch das Tor in das schmale Becken über den unter Wasser schwimmenden Prahm bugsiert. Nachdem der leergepumpt ist, steht das angehobene, beidseitig abgestützte Schiff auf dem Trocke-

Die Friedrichswerdersche Kirche. Elfenbeinmodell von Joseph Friedrich und Harry Maitey

nen. Nun können Herbststürme und Schneeschauer kommen, die Fregatte ist bis zum Frühjahr in Sicherheit.

Alle sind zufrieden. Nur der sparsame König nicht. Er hat *„höchstens eine eingepfählte Bucht, von einem Schuppen bedeckt, für nötig erachtet.“* Verärgert muss er zur Kenntnis nehmen, dass der Bau des Fregattenhafens nach preußisch genauer Schlussrechnung 16686 Taler 28 Groschen und 5 Pfennig kostet.

Hocherfreut ist dagegen Meister Friedrich, allerdings aus einem anderen Grund. Am 15. Oktober geruhte der König das fertiggestellte Elfenbeinmodell der Friedrichswerderschen

Kirche im Berliner Schloss in Empfang zu nehmen. Es ist tatsächlich ein kleines Kunstwerk geworden, das allgemein starken Beifall findet. Joseph Friedrich und Harry Maitey haben es in mühevoller Kleinarbeit geschafft, alle Details des Kirchenbaus vollendet nachzuformen. Auf Dachflächen wie hinter den neogotischen Fenstern schimmert Perlmutt, und sogar die beiden Uhren an den Doppeltürmen sehen aus, als ob sie die fortschreitende Zeit anzeigen können.

Wie zufrieden Friedrich Wilhelm III. mit dem Auftragswerk offensichtlich ist, zeigt nicht nur die großzügige Bezahlung, sondern auch die Weisung, dem Pfaueninsel-Maschinenmeister, wenn schon nicht den erhofften Titel eines *„Königlichen Hof-Modellierers"*, so doch am 8. Dezember 1832 die Auszeichnung *„Akademischer Künstler"* zu gewähren. Noch bedeutsamer, weil finanziell einträglich, ist aber die drei Monate später erfolgte Bestellung eines weiteren Elfenbein-Modells. Diesmal soll es die Alexander-Newski-Gedächtniskirche auf dem Potsdamer Kapellenberg sein, das Gotteshaus, das vor vier Jahren für die in der Kolonie Alexandrowka lebenden russischen Soldaten-Sänger von einem Petersburger Architekten entworfen, und unter Schinkels Regie gebaut wurde. Es ist die Kirche, deren Kuppel Friedrich und Harry bei ihrer Kletterpartie auf dem Eisensteg zwischen den Pfaueninsel-Schlosstürmen am Horizont gesehen haben. So glücklich der Meister über die Gunst des Königs auch ist, sein Gehilfe scheint seit einiger Zeit recht unglücklich zu sein.

Hochzeit in Stolpe – Honolulu – Heimat in Klein-Glienicke – eine Kirche am Havelufer

Heinrich Wilhelm Maitey will heiraten. Nach seinem Berliner Taufschein ist er jetzt 26 Jahre alt, und Dorothea Becker, die Auserwählte, hat bereits am 12. November 1832 ihren 18. Geburtstag gefeiert. Für Harry gibt es nur sie, zumal

gewesen; ich bitte darum meinen Vater, dem Sohne zu seinem Glück beförderlich zu sein, und ihn nicht durch Trauer zu betrüben und das Heimweh in ihm zu erregen. Auf die Liebe meines gütigen Vaters vertrauend höchst ehrfurchtsvoll – der arme Heinrich Meidey."

Gleich zweierlei ist rätselhaft: Warum hat Harry den Brief nicht selbst unterzeichnet und weshalb ist sein Nachname auch noch falsch geschrieben?

Trotzdem – das Gesuch hat Wirkung. Rother setzt sich wunschgemäß beim König für Harry ein, sodass Hofmarschall von Maltzahn dem SEEHANDLUNGS-Präsidenten zwei Monate später, am 18. Juli 1833, mitteilen kann, der Heiratskonsens sei nun von Seiner Majestät erteilt. Allerdings gibt es einen Wermutstropfen: Mit 80 Personen ist die Pfaueninsel derart übervölkert, dass bereits Fährleute und ROYAL LOUISE-Matrosen im Blockhaus Nikolskoe wohnen müssen. Für das künftige junge Ehepaar ist einfach kein Platz. Doch der betrüblichen Eröffnung ist die erfreuliche Nachricht beigefügt, dass der König deshalb „*huldreichst*" ein jährliches zusätzliches Quartiergeld in Höhe von 50 Talern „*zu gewähren geruht*" hat, sodass sich die Maiteys nach einer Wohnung in der Nachbarschaft umsehen können.

Harry und Doro sind nun Verlobte und als solche treten sie ihrem Landesherrn auch bei der offiziellen Vorstellung gegenüber, als dieser einige Wochen danach in Begleitung seines Schwiegersohns, des Großherzogs von Mecklenburg-Schwerin, auf die Insel kommt. Während Friedrich Wilhelm III. die ihm ja bekannten jungen Leute wie gewohnt nachdenklich schweigend mustert, soll der Mann seiner Tochter Alexandrine gesagt haben: „*Das wird eine gute Rasse.*"

Am Sonntag, 25. August 1833, ist es soweit. Der für die Heiratszeremonie extra aus Potsdam geholte Pfarrer ist in Stolpe angekommen, jenem kleinen Dorf am See, in dem die Braut geboren wurde und das mit den strohgedeckten Fischerhütten, verschwenderisch blühenden Bauerngärten, mächtigen Rosskastanien und Linden ein besonders schöner, friedlicher Ort ist. Unter dem Dach der den meisten von den Sonntagsgottesdiensten vertrauten alten Kirche hat sich eine stattliche Hochzeitsgesellschaft eingefunden, die das ungewöhnliche Brautpaar vor dem Altar erleben möchte, den Augenblick, in dem Dorothea Charlotte und Heinrich Wilhelm die Ringe tauschen und damit den ersten Schritt in ein für sie völlig neues Leben auf dem Festland machen.

HONONULU – zum dritten Mal Station der PRINCESS LOUISE auf ihren Weltumsegelungen

Es ist ein seltsamer Zufall, fast ein Zeichen, dass zur selben Stunde, als am Stolper See die kleine Dorforgel erklingt, die PRINCESS LOUISE in abendlicher Dunkelheit auf der Reede von Honolulu liegt. Ausgerechnet am Tag von Harrys Hochzeit ließ sie um acht Uhr abends Ortszeit in 16 Faden Tiefe den Anker fallen. Auf ihrer am 29. Dezember 1832 begonnenen dritten Weltumsegelung hat das SEEHANDLUNGS-Vollschiff unter dem Kommando von Wilhelm Wendt Kap Hoorn umrundet, in Valparaiso Station gemacht und nach Callao die Sandwich-Inseln angesteuert. Diesmal werden dem jungen König keine Geschenke oder Grußbotschaften überbracht und auch keine Salutschüsse abgefeuert. Es geht nur darum, möglichst schnell Frischwasser zu übernehmen. Das einzig Auffällige an Bord des preußischen Ankerliegers: Eine junge Frau, und als Fahrgast, ein Arzt. Die Dame ist Elisabeth Wendt, die Schwester Adele Weigels, die der Kapitän fünf Wochen vor Auslaufen des Schiffes in Hamburg geheiratet hat und die er auf die große, gefahrvolle Reise mitnehmen durfte.

Dies war jedoch nur mit einer Ausnahmegenehmigung möglich, die Wendt von Präsident Rother erbat. Dass der eine solche Erlaubnis überhaupt in Erwägung zog, beweist,

wie hoch er die Fähigkeiten dieses Schiffsführers einschätzte. Trotzdem machte Rother sich die Entscheidung nicht leicht und gab extra ein Gutachten in Auftrag, das zu dem Schluss kommt: *„Nach der allgemeinen Usance wird es, soweit uns bewußt, von Reedern nicht gestattet, daß Schiffs-Capitains ihre Frauen bey Reisen mitnehmen dürfen, weil in Augenblicken großer Gefahr, wo die Gegenwart des Capitains auf Deck behufs Anordnung der nötigen Sicherheitsmaßregeln durchaus notwendig ist, derselbe sich leicht durch das Angstgeschrey von Frauen verleiten lassen könne, denselben in Noth beyzustehen, statt dem anvertrauten Schiffe alle seine Kräfte und Besonnenheit zu widmen und dadurch auch möglicherweise Verlust des ganzen Schiffes eintreten kann."*

Kapitän Johann Wilhelm Wendt

Doch der SEEHANDLUNGS-Präsident setzte sich über die eindeutige Empfehlung des Gutachtergremiums souverän hinweg. Rother vertrat die Meinung, Wendt würde die Kapitänspflichten mit seiner Frau an Bord umso gewissenhafter erfüllen und gab grünes Licht für eine mehrjährige Hochzeitsreise. Als die PRINCESS LOUISE sieben Tage nach Harrys Heirat dann am 2. September 1833 die Anker lichtet und Kurs auf Manila nimmt, wissen nur der Kapitän und der Arzt, dass Elisabeth Wendt hochschwanger ist.

Harry und Doro, den frisch vermählten, von der Pfaueninsel Vertriebenen, gelingt es noch im Herbst, in der Nähe eine bescheidene Heimstatt zu finden. Klein-Glienicke ist ein 300-Seelen-Dörfchen, kaum eine halbe Meile südwestlich unterhalb des über 200 Fuß hohen Böttcherberges am Ufer der Glienicker Lake gelegen und vom 1682 erbauten Jagdschloss des Großen Kurfürsten beherrscht. Ihr erstes Quartier beziehen die Maiteys direkt neben dem gerade im Bau befindlichen Pfarrhaus, von dem Harry nun jeden Morgen in aller Frühe losmarschiert. Er braucht nicht einmal eine halbe Stunde, um zum Fähranleger zu gelangen, sich übersetzen zu lassen und den Dienst im Dampfmaschinenhaus anzutreten. Nach zehn Stunden kehrt er dann auf demselben Weg zu Doro zurück. Harry ist glücklich – über sein neues Zuhause und die neue Freiheit. Er hat Freude am Gehen, an der Bewegung nach drei Insel-Jahren, die ja für ihn doch so etwas wie eine Gefangenschaft waren. Der junge Ehemann liebt diese täglichen Wanderungen durch den stillen Wald, der eigentlich ein englischer Park ist. Die Gesamtanlage entstand erst in den letzten Jahren auf Wunsch und Weisung des Grundherrn, Prinz Carl von Preußen, des drittältesten Sohnes des Königs. Lenné, der Mann, der schon mit Fintelmann die Pfaueninsel in einen Landschaftsgarten verwandeln durfte, hat die Pläne für Wegeführungen, Baumgruppen und Sichtschneisen gezeichnet und dafür gesorgt, dass Ackerflächen durch Anpflanzen zum Teil 40 bis 60 Jahre alter Bäume in wenigen Monaten in Wald umgewandelt wurden.

So wie Harry den Park nicht als Park erkennt, kann er auch nicht ahnen, in den nächsten zwölf Jahren Augenzeuge der Verwandlung einer märkischen Wasserlandschaft zu werden, die man später einmal zum *„Preußischen Arkadien“* zählen wird. Drei Prinzenbrüder, Friedrich Wilhelm, Wilhelm und Carl verfolgen an den Havelseen ihre gestalterischen Träume, die von drei Bürgerlichen verwirklicht werden, einem Gärtner und zwei Baumeistern: Peter Joseph Lenné, Karl Friedrich Schinkel und Ludwig Persius.

Nach den Sonntagsgottesdiensten erkundet Harry in freien Stunden die neue Umwelt. Er sieht sich das kleine Sommerschloss an, das Schinkel für Prinz Carl beim Umbau des alten Herrenhauses im Stil einer italienischen Villa gestaltet hat und geht über den sogenannten *„Pleasure ground“* zu den Laubengängen, die das direkt am Jungfernsee-Ufer stehende zweigeschossige *„Casino“* flankieren. Zwischen den Säulen bietet sich von der erhöhten Stelle eine wunderbar weite Aussicht auf den See. Zur Linken die Bögen der seit zwei Jahren im Bau befindlichen, aus Stein gemauerten Glienicker-Brücke, die im kommenden Jahr fertig

Der Jungfernsee – Blick auf ROYAL LOUISE – Casino und Glienicker Brücke. Farblithographie von Franz Xaver Sandmann (1805–1856)

sein soll. Harry beobachtet, wie mehrere Lastkähne darauf warten, den provisorischen Durchlass zu passieren. Beim Blick nach rechts macht er eine verwirrende Entdeckung: Zwischen den Baumkronen ragen drei Masten eines Rahseglers empor. Näherkommend erkennt Harry den Rumpf und die Takelage einer Fregatte, die im Gegensatz zur ROYAL LOUISE kein königliches Spielzeug ist, sondern ein richtiges, seegehendes Schiff, das scheinbar auslaufbereit am Ufer liegt. Aber wie kann ein so großes Fahrzeug auf den engen Havelgewässern segeln? Überrascht muss Harry feststellen, dass die Fregatte hoch auf dem Trockenen steht. Er verfolgt, wie zwei Matrosen Geräte durch eine geöffnete Bordwandtür ins Innere des Schiffes tragen. Erst später wird er erfahren, dass dies das bekannte „*Landschiff*“ ist, ein höchst originelles, von Schinkel geplantes maritimes Dekorationsstück für den kleinen Hafen, in dem die bunte Bootsflotte des Prinzen Carl mit der zweimastigen NAVARIN als Flaggschiff ankert.

Bei einem seiner Streifzüge havelaufwärts den Jungfernsee-Uferweg entlang, nähert sich Harry, von anhaltendem

Hundegebell angelockt, einem strohgedeckten, verwinkelten, weiß getünchten Gebäude, das durch die einsame Lage rätselhaft wirkt. Es ist der von Schinkel im Tudor-Stil entworfene und von Persius gebaute, erst vor fünf Jahren in Betrieb genommene „*Jägerhof*". In diesem gewollt englisch aussehenden Bauwerk stehen Jagdpferde, leben Master und Pikeure mit einer vielköpfigen Foxhound-Meute. Ihr Brotgeber Prinz Carl ist eben nicht nur Herr auf Schloss Glienicke, mit 32 Jahren jüngster preußischer Generalleutnant und Kommandeur der 2. Gardedivision, sondern auch passionierter Kunstsammler, begeisterter Segler und verwegener Reiter auf den von ihm neu belebten großangelegten höfischen Parforce-Jagden.

Auf der Pfaueninsel kommt es am 1. April 1834 zu einer einschneidenden Veränderung.

Nach dreißig erfolgreichen Dienstjahren wird Kastellan Ferdinand Fintelmann vom Hofmarschall nach Charlottenburg versetzt und übergibt sein Amt an den bereits bewährten Neffen Gustav Adolph. Der muss nach nur achtwöchigem Dienst dem König die betrübliche Mitteilung machen, dass der von Seiner Majestät so geschätzte Löwe am 24. Mai an Lungenentzündung eingegangen ist. Erfreulicherweise kann einige Tage später vermeldet werden: Aus Hamburg sind mit einem der SEEHANDLUNGS-Dampfer für die Menagerie angekommen, „*2 große Enten von den Sandwich-Inseln, 1 amerikanischer Bär, 2 amerikanische Hirsche*".

Zum Abschluss ihrer dritten Weltumsegelung war die PRINCESS LOUISE am 20. Mai 1834 in Cuxhaven eingelaufen. Und Kapitän Wendt hat für Harry, wohl in Erinnerung an die MENTOR-Reise und die gemeinsame, mehrtägige Transportfahrt von Swinemünde nach Berlin, als besondere Geste und Überraschungsgeschenk in Honolulu ein Paar der sehr seltenen, hauptsächlich auf dem Vulkankegel der Hauptinsel lebenden, „*Nene*" genannten Hawai'igänse erworben, deren wissenschaftliche Bezeichnung „*branta sandvicensis*" lautet. Mit den beiden Gänsen, von denen außerhalb Hawai'is nur noch ein Paar im Londoner Zoo lebt, kommen auch Nachrichten von den tragisch-dramatischen Geschehnissen an

PRINCESS LOUISE im Orkan. Gemälde im Focke-Museum Bremen

Bord der PRINCESS LOUISE nach Verlassen der Reede von O'ahu auf die Pfaueninsel.

Elisabeth Wendt hatte während eines mehrere Tage wütenden, taifunartigen Sturms mit ärztlicher Hilfe Ende September auf dem Pazifischen Ozean nördlich der Karolinen einen gesunden Sohn geboren. Doch am 6. Oktober 1833 steht im Schiffsjournal der Eintrag: *„An den Folgen Ihrer Entbindung starb Madame Wendt diese Nacht um 12 Uhr. – Ein schmerzlicher Verlust für den Captain und gewiß* für uns alle." Der schwere Schicksalsschlag wurde für Wendt nur dadurch gemildert, dass es gelang, das Kind mit der Milch eines vorsorglich aus Callao mitgenommenen Lamas zu ernähren. Von der Besatzung sicher als ungewöhnlich empfunden: Der Kapitän ließ seine Frau nicht auf See bestatten, sondern vom Schiffszimmermann einen Holzsarg anfertigen, der bei Ankunft in Kanton eine Zinkhülle erhielt. Mit dem Sarg und einer zur Betreuung des kleinen Sohnes an Bord genommenen Malaiin erreichte die PRINCESS LOUISE nach 120 Tagen Hamburg. Dort wurde Elisabeth Wendt auf dem

Jacobi-Kirchhof mit einer Trauerfeier bestattet, an der auch ihre Schwester Adelheid und ihr Mann, der seit drei Jahren in der Hansestadt ein Leinenhandlungs-Unternehmen führende William O'Swald teilnahmen.

Unter den Hofbediensteten der Pfaueninsel ist es schon seit vergangenem Jahr ein Gesprächsthema: Der König hat offenbar die Absicht, für sie und die Einwohner der Dörfer Stolpe und Klein-Glienicke sowie die Angehörigen der umliegenden Forstämter eine Kirche und ein Schulhaus zu errichten. Gerüchten zufolge sollen diese Gebäude in Sichtweite, direkt neben dem Blockhaus Nikolskoe am gegenüberliegenden Ufer entstehen. Am 2. Juni 1834 wird die Sache konkreter. An diesem Montagvormittag können die Pfaueninsulaner flussabwärts ein stillliegendes Boot sehen, in dem zwei ROYAL LOUISE-Matrosen und Friedrich Wilhelm III. sitzen. Seine Majestät will den Standort der neuen Kirche höchstselbst bestimmen. Zu diesem Zweck dirigiert er am Steilufer der Haveldüne weitere Matrosen durch Signale zwischen den Fichten hin und her. Mit farbigen Fahnen bewaffnet, sollen sie die Umrisse des neuen Bauwerks markieren und nach den königlichen Handzeichen verändern. Erst nach zwei Stunden ist die ideale Position gefunden, die Matrosen rudern den König zum Anlieger beim Marstallgebäude zurück, wo ihn der Leibkutscher erwartet. Was die meisten Augenzeugen dieses denkwürdigen Vorgangs nicht wissen können, die Pläne sind schon recht weit gediehen. Der Entwurf des Schinkel-Schülers Friedrich August Stüler hat Zustimmung gefunden und Schadow bereits den Auftrag erhalten, umgehend mit dem Bau einer Kirche im russischen Stil zu beginnen. Die Mittel in Höhe von 37457 Talern, 20 Groschen und sechs Pfennigen sind aus der Privatschatulle des Königs bereitgestellt. Am nächsten Tag müssen die Inselbewohner eine traurige Nachricht zur Kenntnis nehmen: In den Stunden, als Friedrich Wilhelm III. im Boot saß und zum Ufer mit dem auf der Höhe stehenden Blockhaus aufblickte, starb dort der „*Riese*" Johann Ehrenreich Licht, nachdem sein Bruder Carl Friedrich nur zwei Monate zuvor, am 7. April, im Danziger-Haus verschieden war. Der eine wurde 36, der andere nur 30 Jahre alt.

Der Tod des Löwen hat die Anziehungskraft der Pfaueninsel nicht gemindert. Der Zustrom von Einheimischen, Fremden, Schulklassen und wissenschaftlichen Vereinen reißt an den drei Besuchstagen nicht ab. Aus Berlin kommen sie in einer Kette von Fahrzeugen oder zu Fuß über die Friedrich-Wilhelm-Brücke an Stimmings-Krug vorbei, am Wannsee entlang über einen abzweigenden Fahrweg bis zu den Stallgebäuden. Die Potsdamer landen häufig mit Kähnen und Gondeln, ohne Rücksicht auf das Durcheinander, auf Streit und Kollisionen mit den Fährbooten. Aber man muss unbedingt da gewesen sein. Für viele ist das wie ein alljährliches Familienfest, ein unvergessliches Erlebnis, das Theodor Fontane im ersten Satz des Insel-Kapitels in den *„Wanderungen durch die Mark Brandenburg"* (Band *„Havelland"*) Jahrzehnte später rückblickend so beschwört: *„Pfaueninsel! Wie ein Märchen steigt ein Bild aus meinen Kindertagen vor mir auf: ein Schloß, Palmen und Känguruhs; Papageien kreischen; Pfauen sitzen auf hoher Stange oder schlagen ein Rad, Volièren, Springbrunnen, überschattete Wiesen; Schlängelpfade, die überall hinführen und nirgends; ein rätselhaftes Eiland, eine Oase, ein Blumenteppich inmitten der Mark."*

Die Attraktivität hat Schattenseiten. Vor allem zur Zeit der Rosenblüte wird der Ansturm so stark, dass sechs Gendarmen an den Landungsbrücken postiert werden müssen. Trotzdem kommt es zu Tumulten, bei denen Besucher ins Wasser fallen. An besonders schönen Tagen drängen bis zu 6000 Ausflügler auf die Insel. Alle Hofbediensteten, Tierwärter wie Gärtner, sind völlig überfordert. Es fällt schwer, die Ordnung aufrechtzuerhalten. Vor allem die Soldaten der *„Garde du Corps Leib Schwadron"* und andere Einheiten der Potsdamer Garnison, die in großer Zahl die Insel stürmen, machen derart viel Probleme, dass Fintelmann nur ein Hilferuf an den Hofmarschall bleibt. Der Kastellan schreibt am 13. Juni 1834: *„Ew. Exzellenz hat der Unterzeichnete die unterthähnigste Bitte vorzulegen, es gnädigst veranlassen zu wollen, daß die Gemeinen vom Militair nicht ohne Aufsicht die Pfauen Insel in Massen betreten dürfen und ihnen ganz besonders eingeschärft werde, wie sie sich in einem Königlichen Garten und gegen die Aufsicht Führenden zu* *betragen haben. (...) Überhaupt aber habe ich über die Ungebührlichkeit des Militairs gegen das andere Publikum in der Art zu klagen, daß sie gern durch Drängen, Stoßen und Treten wie durch ausgezeichnete Grobheit und Gemeinheit im Reden, besonders Frauen zwingen, ihnen Platz zu machen und für Kinder gefährliches Gedränge zu verursachen suchen. Ebenso benehmen sie sich unnütz im Garten durch Betreten der Rasenflächen und bei der Menagerie durch allerlei Unfug.*"

Oberhofmarschall von Maltzahn wird wie erbeten aktiv. Er nimmt Verbindung zum Stadtkommandanten von Potsdam auf und erreicht, dass künftig nur noch Mannschaften in Abteilungen von 50 bis 60 Mann die Insel unter Führung eines Unteroffiziers betreten dürfen. Und das auch nur am Mittwoch und Freitag.

Von den Konflikten, Ärgernissen und dem zeitweise beängstigenden Trubel an den Besuchstagen bekommt Harry wenig mit. Er erscheint früh, geht spät und meidet Begegnungen mit dem Publikum, das in ihm doch nur den „*Wilden*" in zivilisierter Verkleidung sehen würde. Im Spätsommer dieses Jahres ist er neben der Bedienung der Dampfmaschine fast nur in der Werkstatt tätig, um zusammen mit dem Meister letzte Hand an das Modell der Alexander-Newski-Kirche zu legen. Die Zeit drängt, der Hof hat angefragt, wann eine Übergabe erfolgen kann. Offenbar scheint der König Interesse geäußert zu haben, das jüngste Exemplar der Friedrich'schen Schnitzkunst persönlich in Empfang zu nehmen.

Die Glienicker Brücke – St. Peter und Paul – Große Neugierde – das Ende einer Ära

Die Maiteys haben eine neue Unterkunft gefunden. Ein Haus auf großem Grundstück mit kleinem Stallgebäude in der Kurfürstenstraße Nummer 10. Die zweigt von der Berlin-Potsdamer-Chaussee ab und führt baumbestanden direkt auf das Jagdschloss und den schmalen Kanal zu, über den die vom Griebnitzsee kommende Bäke in die Glienicker Lake fließt. Harry und Doro können von ihrer Haustür mit wenigen Schritten den Haupteingang des alten, kurfürstlichen Schlosses erreichen, das Friedrich der Große einst einem Fabrikanten schenkte, der in den Gebäuden handgemalte und gedruckte Wandtapeten vornehmlich für den Adel produzieren ließ. Seit 1827 gehört der Besitz dem Juristen und Erzieher Wilhelm von Türk, der hier seit 1832, nach Aufbau einer Maulbeerplantage, ein *„Civil-Waisenhaus für Knaben"* eingerichtet hat und nun die etwa 50 Zöglinge nach dem Unterricht mit Landwirtschaft und Seidenraupenzucht beschäftigt.

In Klein-Glienicke konnten sich die Nachbarn inzwischen an die Neubürger von der Pfaueninsel gewöhnen. Nach anfänglicher überraschter Neugier gehört Harry nun mit seiner jungen, ja aus Stolpe stammenden Ehefrau zum Alltagsbild. Und als der *„Sandwich-Insulaner des Königs"* genießt er ohnehin eine Sonderstellung, ist, wie auf der MENTOR, für alle Tabu. Das Haus in der Kurfürstenstraße wird zum Ausgangspunkt der eifrigen Erkundungsgänge, die Harry in seiner Freizeit unternimmt. Im September läuft er häufiger die wenigen Schritte zur neuen Brücke über die Havelenge zwischen Jungfernsee und Glienicker Lake, die beide Residenzen, Berlin und Potsdam, miteinander verbindet. Es ist ein imposantes Bauwerk. Zehn, aus hellen Steinen gemauerte Bögen tragen den massiven, von einem Geländer eingefassten Straßenaufbau, während in der Mitte viereckige Pfeilervorbauten den Schiffs-Durchlass anzeigen. Obwohl die Brücke offiziell noch nicht freigeben ist, dürfen sie Fußgänger passieren, sodass Harry am anderen Ende, auf der Potsdamer Seite, die Vorbereitungen zum Festakt der offiziellen Eröffnung besichtigen kann. Arbeiter sind damit beschäftigt, ein 34 Fuß hohes, von Säulen geformtes Portal zu errichten, einen Triumphbogen aus Tannengrün, Orangenbäumen und blühenden Pflanzen, den die kaiserlich-russischen und königlich-preußischen Adlerwappen krönen. Am 30. September 1834 soll das große Ereignis stattfinden. An diesem Tag versammeln sich an Brückenzufahrten und Ufern Tausende von Untertanen, hohe Militärs, zivile Honoratioren, Magistrat und Stadtverordnete. Sie alle wollen zusammen mit ihrem König den feierlichen Augenblick erleben, an dem die Kaiserin von Russland über die von Schinkel erbaute *„Glienicker Brücke“* durch die Ehrenpforte nach Potsdam einfährt. Charlotte, die älteste Tochter Friedrich Wilhelms III., umschwärmt und schön wie ihre Mutter Luise, ist seit 1817 mit Nikolaus I. verheiratet und inzwischen als Alexandra Fjodorowna neun Jahre Zarin. Seit ihrer Hochzeit zum vierten Mal wieder in Berlin hat sie diesmal Tochter Marija Nikolajewa mitgebracht, mit der sie, lautstark bejubelt, in der offenen Hofkutsche über die fahnengeschmückte Havelbrücke rollt. Auch Harry kann einen kurzen Blick auf die 34-jährige werfen und ist beeindruckt, wie edel und anmutig sie aussieht. Er bedauert nicht, an diesem Dienstag dem Maschinenhaus ohne Erlaubnis ferngeblieben zu sein und damit Augenzeuge der Einweihung einer Brücke zu werden, die Zeitgenossen dann *„als vorzüglichstes Bauwerk – ebenso köstlich wie wohlgeraten“* preisen.

Auf der Pfaueninsel gibt es Ärger. Nicht wegen Harrys Pflichtversäumnis, das liegt schon Wochen zurück. Es ist erheblich ernster. Es geht um den Tod von Tieren. Am 15. November 1834 sieht sich der Hofmarschall gezwungen, an den Königlichen Justizrat Körner in Potsdam zu schreiben: *„Auf der Pfauen Insel ist durch Vergiftung mehrerer Thiere ein unerhörter Frevel begangen worden. Ich muss die strengste Untersuchung dieser bösen That wünschen und ersuche Sie daher, schleunigst die geeigneten Einleitungen zur Ermittlung des Thäters zu treffen.“* Was war geschehen? 18 Pfauen, 3 Puten und 3 Hühner sind innerhalb von 24 Stunden tot aufgefunden worden, ganz offensichtlich vergiftet. Menagerie-Aufseher Sieber ist fassungslos. Aus Potsdam kommt Körner, um die gewünschte Untersuchung durchzuführen. Doch er kann keine *„speziellen Verdachtsgründe feststellen“*, ein Missetäter wird nicht gefasst.

Im Dampfmaschinenhaus sind die Probleme der Menagerie nur ein Randthema. Viel wichtiger ist die Fertigstellung des Elfenbeinmodells der russischen Kirche auf dem Kapel-

Die Alexander Newski-Gedächtniskirche auf dem Kapellenberg. Elfenbeinmodell von Joseph Friedrich und Harry Maitey

lenberg. Friedrich und Harry arbeiten am letzten Schliff, den Vergoldungen über den Eingangstüren der kaum einen Fuß breiten Fassade sowie dem Aufsetzen der goldenen, auf Kugeln stehenden Kreuze an den Spitzen der fünf Kuppeln. Die Kirche ist von einem Gitterzaun eingefasst. Allein diese filigrane Elfenbeinschnitzerei muss nach Friedrichs Überzeugung Bewunderung auslösen. Wie viel großartiger wird dann das Gesamtwerk auf den königlichen Betrachter wirken.

Am 14. Dezember 1834 ist es soweit, das Modell ist fertig und der Maschinenmeister kann an Friedrich Wilhelm III. schreiben: *„Mögte diese Arbeit die Gnade so wie* *die hohe Zufriedenheit Ew. Majestät erlangen und ich fühle mich unendlich glücklich! Nicht Fleiß, nicht unsägliche Mühe, vereint mit täglich neuer Erfahrung, in dieser Weise zu arbeiten werde ich nicht sparen, sodaß ich auch fernere Aufgaben dieser Art, um welche ich Ew. Majestät hiermit auf das ganz unterthänigste zu bitten wage, zu Höchstihrer Zufriedenheit zu lösen gedenke. Meine Auslagen für Elfenbein, Perlmutter und dergl. betragen 272 Thaler und 25 Groschen.*"

Es gibt keine überlieferte Reaktion oder schriftliche Antwort des Königs. Doch der muss mit der Arbeit zufrieden gewesen sein, denn bereits zwei Wochen später, mit Datum des Heiligen Abends, erhält Friedrich vom Geheimen Kabinettsrat Albrecht aus den Mitteln des Königlichen-Zivil-Kabinetts 500 Taler zugewiesen. Mit dieser Honorierung dürfte er einverstanden gewesen sein, liegt der Gewinn doch fast bei einem halben Jahreslohn. Zudem scheint zweifelhaft, dass er Harry beteiligt hat, obwohl dem ein nicht unbeträchtlicher Anteil am Gelingen zukommt. Friedrich hofft nun ungeduldig auf den nächsten Auftrag. Die Wochen gehen ins Land und nichts geschieht. Am 3. März 1835 wendet er sich schließlich in dem ihm eigenen Stil an den „*Allergnädigsten König und Herrn*" und schreibt:

„*Ew. Majestät wage ich meinen unterthänigsten Dank für die Gratifikation von 500 Thalern für die in Elfenbein angefertigte Kapelle der Russischen-Colonie bei Potsdam in tiefster Ehrfurcht zu Füßen zu legen. In der Überzeugung, daß ich bei täglich neuer Erfahrung und bei alljährlich größerer Vervollkommnung meiner Werkzeuge in der Folge auch noch vollkommenere Arbeiten liefern zu können glaube, da, indem ich außerdem schon mit ganzer Seele hierbei zu Werke gehe, mich die hohe Gnade und Ehre, von meinem Könige diese Arbeiten anerkannt und gewürdigt zu sehen, zu noch größeren Eifer anfeuert, um auch ferner dieser hohen Gnade mich erfreuen zu dürfen, so erkühne ich mich bei Ew. Majestät um die Aufgabe einer neuen Arbeit aufs ganz unterthänigste anzusuchen.*"

Zur Überraschung und Genugtuung des Briefschreibers erfolgt noch im selben Monat eine Antwort mit der Aufforderung, ein Elfenbeinmodell der neuen Kirche von Nikolskoe anzufertigen, mit deren Bau im Sommer des Vorjahres begonnen wurde. Der Auftrag zeigt, wie sehr dem König das Projekt am Havelufer am Herzen liegt. Es ist ein weiteres Zeichen seiner Bewunderung für alles Russische, der Wertschätzung des Schwiegersohns Nikolaus, und wohl auch der Freude über dessen so überaus glückliche Ehe, die ihn an die eigenen Jahre mit der noch immer betrauerten Luise erinnert. Auf Wunsch des Bauherrn soll die Kirche den Namen *„St. Peter und Paul"* erhalten. Auch das eine Verbeugung vor Russland, hat der König doch bei seinen Besuchen in St. Petersburg die *„Peter und Paul-Festung"* besichtigt, kennt die Ikonen der Heiligen und weiß um die besondere Verehrung des Jüngers Petrus und Apostels Paulus in der alt-russischen Kirche.

Seit einigen Tagen sind von der Pfaueninsel aus flussabwärts die ersten Lastkähne dieses Jahres zu sehen, die unterhalb des Steilufers festmachen und Ziegelsteine ausladen. Auf der Anhöhe, nur einige hundert Fuß vom russischen Blockhaus Richtung Anlegebrücke und Stallungen entfernt, entsteht auf dem *„Plateau von Nikolskoe"* innerhalb einer von Lenné festgelegten, gerodeten Fläche der neue Andachtsort. Bisher sind von Weitem über das Wasser hinweg nur Baugerüste zu erkennen.

Während am jenseitigen Ufer gemauert wird, liegen auf dem großen Werkstatttisch im Dampfmaschinenhaus die von Hofbaurat Stüler gezeichneten Pläne. Sie zeigen das Ergebnis längerer Debatten und der Vorentwürfe Schinkels, Schadows wie des architekturbegeisterten Kronprinzen. Schon beim ersten Blick fällt auf, dass St. Peter und Paul, statt der für russische Kirchen typischen fünf Kuppeln, nur einen Turm, allerdings mit Zwiebelkuppel erhalten soll. Friedrich wundert sich, nimmt aber die neue Arbeit mit Harry sofort in Angriff, wohl wissend, dass dies ein recht ungewöhnliches Vorhaben ist. Zeitgleich mit dem Bau der Kirche soll eine Miniaturversion entstehen. Es wird also eine Art Wettlauf geben: Was ist zuerst fertig, das Modell oder das Gotteshaus?

Harry hat sich die Baustelle bereits mehrfach angesehen und dabei die zum Wasser führenden Seilzüge gemustert, mit denen die Maurer ihre Steine in schweren Packen nach oben ziehen, mit Vorrichtungen, die ihn an die Taljen des Ladegeschirrs erinnern, mit dem in Whampoa die Teekisten an Bord der MENTOR gehievt wurden. Nikolskoe ist aber nicht die einzige Baustelle. Direkt vor der neuen Glienicker Brücke wird nach Abbruch des *„Chausseegeld-Einnehmerhäuschen“*, an der äußersten Grenze des *„Pleasure-Grounds“*, ein erhöhter Aussichtspunkt errichtet. Schinkel hat Prinz Carl mit dem Entwurf einer tempelartigen Rotunde überzeugt. Von einer Säulengalerie umfasst, soll die neue Bastion Teegesellschaften Platz bieten, die, ohne gesehen zu werden, das Geschehen auf Chaussee und Brücke besichtigen können, den täglichen Reigen von Kutschen, Reitern, marschierenden Kompanien, Kurieren, Händlerkarren und Wanderern. Noch ist hier keine Hofgesellschaft erschienen, sodass Harry unbemerkt die Stufen hochsteigen und das luftige Bauwerk betreten kann, das man *„Große Neugierde“* nennen wird. Der Blick ist großartig. Zur Linken, über die Glienicker Lake hinweg, ist auf der Höhe des Babelsberges ein gerade fertiggestelltes, nicht sehr großes Gebäude im Stil eines *„Cottage“*, eines englischen Landhauses zu erkennen. Von Doro, die es von ihren Nachbarn weiß, hat Harry gehört, dass dort Prinz Wilhelm von Preußen für sich und seine Frau Augusta einen Sommersitz beziehen will, so wie das die Brüder Kronprinz Friedrich Wilhelm und Carl bereits mit Charlottenhof und Glienicke getan haben.

Von seinem erhöhten Standpunkt kann Harry ein prachtvolles Panorama betrachten: Im Südwesten die Residenz Potsdam mit den hohen Türmen der Heilig-Geist- und Garnisonkirche, im Vordergrund die Glienicker Brücke und weiter nach rechts, das ausgedehnte Rund des Jungfernsees, dessen nach Nordwesten weisender Arm die Illusion schafft, dass dahinter das Meer beginnt. Mit hoher Fahrt hält gerade ein von Norden kommender Schaufelraddampfer flussabwärts auf die Brücke zu. Fast jeder kennt inzwischen die PRINZ CARL VON PREUSSEN, das erste, in deutschen Landen gebaute Passagierschiff mit einem Rumpf aus Eisenblechen. Es wurde vor einem Jahr (1834) von der Maschinenbauanstalt und Eisengießerei der SEEHANDLUNG nach Plänen eines englischen Konstrukteurs in Moabit gebaut. Der Dampfer fährt bemerkenswert schnell und ist mit einem Tiefgang von

Schloss Glienicke mit der Aussicht auf Potsdam um 1838. Gemälde von Carl Daniel Freydanck (1811–1887)

nicht einmal zwei Fuß auch bei niedrigen Wasserständen einsetzbar. Interessiert verfolgt Harry von seinem Ausguck wie die PRINZ CARL mit rückwärts laufenden Schaufelrädern die Fahrt abstoppt und schließlich still liegt. So wie die zu beiden Seiten der Chaussee wartenden Passanten hat es auch der Dampferkapitän gesehen: Über die hochgestellten hölzernen Zugklappen der Glienicker Brücke ragen drei Masten und mittschiffs gestellte Rahen. Harry ist sofort klar, das ist die ROYAL LOUISE, die ihre Ausfahrten fast immer in Begleitung der *„blauen Schaluppe"*, einem mit sechs Matrosen besetzten Ruderboot unternimmt. Heute kann er zum ersten Mal erleben, dass die Ruderer nicht nur bei Flauten, sondern auch in anderen Lagen zum Einsatz kommen. Er beobachtet, wie die Fregatte mit einer Schleppleine aus der Durchfahrt gezogen wird, ein Manöver, bei dem sich die durch ihre weißen Strohhüte und blauen Uniformblusen als *„Mariniers“* erkennbaren Männer kräftig in die Riemen legen müssen. Als die Fregatte im freien Wasser des Jungfernsees schwimmt, nimmt die PRINZ CARL langsam Fahrt auf und dampft zwischen den Klappen Richtung Potsdam davon. Auf der ROYAL LOUISE klettert die Mannschaft in die Takelage, um bei günstiger Südwestwindlage Segel für die Heimfahrt zur Pfaueninsel zu setzen.

Seit Abriss der alten Holzbrücke aus dem Jahr 1777 und Eröffnung des Stein-Neubaus hat der Schiffsverkehr stark zugenommen. Das ist vor allem der mit 30 Fuß erheblich breiteren *„Öffnung zur Durchfahrt der Schiffsgefäße“* und der sinnreichen Mechanik der beiden gegeneinanderschlagenden Zugklappen zu verdanken. Von diesem Vorteil wollen möglichst viele profitieren. Aber der Passagierverkehr auf den märkischen Gewässern liegt in den Händen eines staatlichen Monopols, der PREUSSISCHEN SEEHANDLUNG. Präsident Rother hat außerdem erkannt, dass zusätzliche *„Lustfahrten“* ein lukrativer Geschäftszweig sein könnten. Mit der vor vier Jahren übernommenen *„Berliner Dampfschiffahrts-Gesellschaft“* wird zu Beginn der Sommersaison 1835 eine Verbindung zwischen Potsdam und der Pfaueninsel in Betrieb genommen. An Besuchstagen fährt die neu in Dienst gestellte HAVEL fünf Mal am Tag von Potsdam aus hin- und zurück. Die Passage Erster Klasse kostet 3, die zweiter Klasse 2 Silbergroschen. Um sieben Uhr abends erfolgt die letzte Rückfahrt. An guten Tagen werden bis zu 2000 Personen befördert.

War 1830 das Jahr der Palmen, so ist 1836 ein Jahr der Tiere, der Menagerie, die erheblichen Zuwachs verkraften muss. Über Elbe und Havel kommen mit Seehandlungsdampfern Enten, Schweine und Schildkröten, die von Seehandlungsseglern aus Kolumbien und vom Mississippi nach Hamburg gebracht wurden. Menagerie-Aufseher Sieber kauft in Leipzig ein Kondor-Paar, ein Stachelschwein, fünf Mufflons und einen schwarzen Papagei, Professor Lichtenstein in Hamburg sechs amerikanische Hockohühner, sechs ostindische Tauben und einen Goldadler. Und nach wie vor werden dem König Geschenke angeboten. Eine Madame Hardenberg schickt einen Affen, ein Potsdamer Fabrikbesitzer eine indische Kuh und der Graditzer Landstallmeister einen Dachs, „*Dieser ist wie ein Hund gewöhnt und frißt Suppe, Fleisch, Brod.*“ Der König von Schweden sendet seinem preußischen Amtsbruder drei männliche und drei weibliche Rentiere, die während der Seereise drei Kälber bekommen. Von zwei Lappländern und einem Rostocker Kapitän als Dolmetscher begleitet, erreichen die Transportwagen auftragsgemäß die Pfaueninsel. Der König belohnt den Kapitän mit einer goldenen Tabatière, die beiden Lappländer mit 200 Talern.

Die Anzahl der Tiere bleibt ein ernstes Problem. Es gibt in der Fasanerie zu viel Federvieh und auf der Insel zu viele Hirsche, Schafe und Ziegen. 1836 stehen in den Tabellen: 46 Hirsche, 56 Schafe und 55 Ziegen. Die in großen Abständen durchgeführten Versteigerungen bringen nicht die gewünschte Entlastung. Der Platzmangel ist so drückend, dass Futtervorräte an Land, also in den Dachräumen der Marstallgebäude untergebracht werden müssen.

Im Dampfmaschinenhaus wird zwar über die Sorgen Fintelmanns und Siebers gesprochen, aber Friedrich und Harry kümmern sich um den Betrieb der „*Wasserhebeanlage*“, um vorschriftsmäßig gefüllte Becken, intakte Rohre und Ausbesserungsarbeiten an Gebäuden. In den Abendstunden feilen sie am Modell von St. Peter und Paul, dessen Fertigstellung wegen der am anderen Ufer sichtbaren Baufortschritte unter Zeitdruck steht.

Zu Beginn des Jahres 1837 geht es im einige Meilen entfernten Berlin um Harrys Muttersprache. Dort legt Adelbert von Chamisso, inzwischen Kustos im Botanischen Garten, am 12. Januar der KÖNIGLICHEN AKADEMIE DER WISSENSCHAFTEN das Ergebnis einer mehrjährigen Arbeit vor, Titel: „*Über die Hawaiische Sprache.*“ Es ist weltweit die erste wissenschaftliche Abhandlung über die Sprache der Sandwich-Inseln, eine Grammatik mit Wortlisten, die als grundlegendes Werk wenige Monate später im Druck erscheint. Im Jahr zuvor hat Chamisso seine Erinnerungen an die Erlebnisse der RURIK-Expedition veröffentlicht: „*Reise um die Welt in den Jahren 1815–1818*“, ein Buch, das sofort eine begeisterte Leserschaft fand. Sogar Kronprinz Friedrich Wilhelm ließ den Autor wissen, dass er sich veranlasst gefühlt habe, „*das Werk dem Könige* für die Abendlektüre zu empfehlen.“

Chamisso war zu diesem Zeitpunkt schon seit längerem schwer lungenkrank und zusätzlich durch unerfreuliche Auseinandersetzungen um die Herausgabe einer Zeitschrift mit hässlichen Anfeindungen in der Presse zermürbt. Weil er dem allen entkommen wollte, bat er am 1. September 1836 in einem Gespräch mit Alexander von Humboldt um die Chance, noch einmal an einer Expedition teilnehmen zu dürfen. „*Es geht in diesem Herbst ein preußisches Schiff nach der Südsee und zu den Sandwichinseln*“, schreibt Chamisso später, „*Ich wollte lieber in meinem Beruf sterben, als mich hier zu überleben.*“ Das Schiff war die PRINCESS LOUISE, die im Hamburger Hafen auf die Ausreise zu ihrer vierten Weltumsegelung wartete. Humboldt erkannte, dass er einem Todkranken gegenüberstand und es gelang ihm, Chamisso den Fluchtplan auszureden. Die PRINCESS LOUISE ging am 19. November 1836 elbeabwärts auf die große Reise – ohne einen 55-jährigen Naturforscher an Bord, der zwei Jahre später an seinem Lungenleiden stirbt.

Weithin sichtbar, hoch über den Havelfluten steht die von August Stüler entworfene und Albert Dietrich Schadow als Baumeister errichtete „*St. Peter und Paul Kirche auf Nikolskoe*“, eine markante Landmarke aus blassrotem Ziegelsteinmauerwerk mit schlankem Turm, dessen Zwiebelkuppel auf Weisung des Königs aus Sparsamkeitsgründen nicht vergoldet, sondern nur grün gestrichen wurde. Am Sonntag, 13. August 1837, findet um 11 Uhr die feierliche Einweihung statt, die der Probst von St. Petri zu Berlin, Bischof und Generalsuperintendent Daniel Amadeus Neander vornimmt. In Gegenwart von Friedrich Wilhelm III. übergibt Schadow dem Bischof den Kirchenschlüssel, der ihn an den ersten Pfarrer von St. Peter und Paul, Julius Fintelmann, den Bruder des Hofgärtners, weiterreicht. Im Innenraum der protestantisch schlichten Kirche dürfen die Gläubigen aus Stolpe, Klein-Glienicke und von der Pfaueninsel nun den ersten Gottesdienst erleben, alle wohlversehen mit einem neuen Gesangbuch, das ihnen der König aus Anlass des Tages geschenkt hat. Auch Harry und Dorothea sitzen auf

St. Peter und Paul auf Nikolskoe. Gemälde von Maximilian Rauch um 1838

der Kirchenbank, verfolgen die durch Einsätze des Chors der Garnisonkirche ungewöhnlich festliche Liturgie und blicken auf die an den Seiten der Kanzelbrüstung angebrachten Mosaikmedaillons der Apostel Petrus und Paulus, die einst Papst Clemens XIII. Friedrich dem Großen geschenkt hat. Die Eheleute Maitey empfinden die weihevolle Stimmung besonders intensiv, geht doch nach vier Jahren endlich ein sehnlicher Wunsch in Erfüllung: Doro ist im sechsten Monat schwanger. Nach dem Gottesdienst lädt der König Bischof und Würdenträger, einschließlich des Sängerchores, zu einer Festtafel auf die Pfaueninsel.

Vor Abgabe des Elfenbeinmodells von St. Peter und Paul haben Friedrich und Harry das auf Hochglanz polierte Kunstwerk Gustav Adolph Fintelmann und seiner Frau Eulalia gezeigt. Beide sind sehr interessiert, zumal der Pfarrherr ja zur Familie gehört. Der Hofgärtner hat vor wenigen

Wochen den ersten *„Wegweiser auf der Pfaueninsel"* herausgegeben, ein 36-seitiger Führer über die Insel mit einer hilfreichen Karte. Das kleine, wenn auch sehr detail- und kenntnisreich geschriebene Büchlein, das räumen die Fintelmanns ein, ist natürlich etwas ganz anderes als die wundervoll gearbeitete wertvolle Architektur-Miniatur. Joseph Friedrich weiß, dass er den Wettlauf mit Schadow verloren hat. Er kann dem König das kostbares Stück erst drei Monate nach Einweihung der Kirche übergeben und tut das am 5. November 1837 mit den beigefügten Zeilen: *„Mit besonderer Liebe und ich darf es unbescholten sagen, mit ununterbrochenem Eifer arbeitete ich seit jener Zeit daran, ich kam ja so dem Willen meines Allergnädigsten König nach, konnte der Kunst dienen und freundliche Menschen machten mich sogar noch vor der Ausführung des Baues desselben bekannt, und somit verlebte ich bei dieser Arbeit glückliche Stunden."*

Für den im März 1835 erteilten Auftrag erhält der Maschinenmeister bei Angabe eigener Kosten in Höhe von 297 Reichstalern und 17 Silbergroschen erneut 500 Taler. Offenbar hat Friedrich diesmal die Möglichkeit, seinem König das Kirchenmodell persönlich zu überreichen, denn es gibt eine Kanzleinotiz vom 8. November 1837, in der es heißt: *„Seine Majestät hat bei Seiner letzten Anwesenheit in Potsdam eine sehr schöne Arbeit des Maschinen-Meisters Friedrich auf der Pfaueninsel, die Peter und Paul-Kirche darstellend, größtenteils von Elfenbein, aber mit Verzierungen in Gold, Silber und Perlmutter allergnädigst angenommen, und dem Friedrich die allerhöchste Zufriedenheit mit der künstlerischen Ausführung dieser Arbeit mündlich ausgedrückt."*

In der Klein-Glienicker Kurfürstenstraße Nummer 10 wird am 2. Dezember 1837 ein Knabe geboren. Harry ist stolzer Vater und überglücklich, als die Taufe einige Tage später in St. Peter und Paul stattfindet, der Kirche, in der er mit Hingabe im Chor singt und die ihm durch die monatelange Arbeit am Modell so überaus vertraut ist. Pfarrer Fintelmann tauft den Sprössling auf den Namen Heinrich Wilhelm Otto in Gegenwart von acht Zeugen: Den stolzen Großeltern Hermann und Charlotte Becker, Frau Rother mit ihrem Bruder, dem Arzt Dr. Erhardt, Marie Strakow und den freudestrahlenden Eltern.

Tragischerweise können sich die Maiteys aber nur drei Monate an ihrem Nachwuchs erfreuen. Der kleine Otto stirbt am 2. März 1838. Für Harry geht der Arbeitsalltag aber weiter. Täglich läuft er die Strecke zur Pfaueninsel hin und zurück, wird manchmal von der Glienicker Brücke oder den Insel-Landebrücken in einem Boot mitgenommen. Während des Tagewerks im Dampfmaschinenhaus gibt es nur selten ernsthafte Spannungen. Er ist beliebt, hat auch mit Kastellan Fintelmann, mit Sieber, den Tierwärter- oder Gärtnerfamilien keinen Ärger und steht mit der kleinen Marie Strakow, die im Vorjahr ihren Bruder Christian verloren hat, auf vertrautem Fuß. Besonders innig bleibt das Verhältnis zu den Schwiegereltern, die er häufig im Danziger-Haus aufsucht. Sein Dienstherr Friedrich ist in dieser Zeit nur daran interessiert, vom König einen neuen Modellbauauftrag zu erhalten und schreibt daher am 20. März 1838 an Friedrich Wilhelm III.: *„Ich hatte das Glück fünf Gebäude in Perlmutter und Elfenbein modellieren zu dürfen, und da ich jetzt im Besitz einer Kunst-Drehbank mich befinde, so ist es mir möglich, diese Arbeiten schneller und sauberer anfertigen zu können, und es ist mein innigster Wunsch, noch ein Kunst Werk für Euer Königliche Majestät auf diese Weise anfertigen zu können.“*

Als monatelanges Warten vergeblich bleibt, verfasst Friedrich am 6. Oktober einen *„unterthänigsten“* Erinnerungsbrief, dem am 10. November ein weiteres Schreiben mit dem Vorschlag folgt, das vor acht Jahren eingeweihte Schinkelsche *„Königliche Museum“* am Lustgarten zu modellieren, wobei er verspricht, dass sich die Kosten diesmal auf *„höchstens 300 Thaler belaufen mögten.“*

Bei seinen morgendlichen wie abendlichen Pfaueninsel-Dienstgängen registriert Harry mit neugierigem Interesse die Fortschritte umfangreicher Bauarbeiten am Glienicker Schloss und im weitläufigen, nach englischem Vorbild angelegten Park. Prinz Carl, inzwischen Kommandierender General des IV. Armee-Korps, lässt gegen Ende des Jahrzehnts die Wasserkünste seines Besitzes nach Plänen von Lenné und

Persius vervollkommnen. Nördlich des Casinos ist unweit des Jungfernseeufers das neue Hofgärtner- und Dampfmaschinenhaus in Betrieb genommen worden, von dem Havelwasser in den vergrößerten Schloss-See und zu der am 2. Juni 1838 in Anwesenheit des russischen Kaiserpaares und des Kronprinzen eingeweihten „*Löwenfontäne*“ direkt an der Berlin-Potsdamer-Chaussee gepumpt wird. Gleichzeitig entsteht neben der Remise ein großes Orangen-Treibhaus, und Persius baut das leerstehende alte Weinmeisterhaus kunstvoll klassizistisch zum Matrosenhaus um. Dabei krönt der Bauinspektor das kleine, etwas ungünstig landeinwärts stehende Haus mit einem Delphin und der Spitze eines Narwal-Zahns. Hier sollen künftig die Männer leben, die sich um die wachsende Bootsflotte des Prinzen kümmern. Was Harry aber am meisten staunen lässt, ist die zufällig vom Schloss havelaufwärts am Steilufer entdeckte „*Teufelsbrücke*“. Sie überspannt eine romantische, in Form einer künstlichen Felsenlandschaft gebaute Schlucht, in die das Wasser mit donnerndem Rauschen 50 Fuß in die Tiefe herabstürzt. Das Merkwürdigste ist aber die Brücke selbst, die als Ruine gestaltet, vom Wanderer beim Überqueren Mut verlangt. Harry vermag sich nicht zu erklären, warum die Brücke, so wie das Pfaueninsel-Schloss und die Meierei, nicht ordentlich fertiggebaut werden.

Im Frühjahr 1839 können die Maiteys ihren Eltern im Danziger-Haus die gute Nachricht überbringen, dass die inzwischen 25-jährige Doro wieder guter Hoffnung ist. Am 8. Dezember kommt ein Sohn zur Welt, der bei der Taufe in St. Peter und Paul wieder das väterliche Heinrich Wilhelm, dazu den Rufnamen Eduard erhält.

So groß die Freude über den erneuten Familienzuwachs ist, im neuen Jahr liegt über allem ein Schatten. Friedrich Wilhelm III. kränkelt. Es steht zu befürchten, dass das Ende der fast 43-jährigen Regentschaft naht. Nach wie vor ist der farblos-nüchterne König allseits geschätzt, lebte er doch pflichtbewusst in bürgerlicher Bescheidenheit, liebte den Frieden und brachte dem Land Aufschwung, auch wenn das Bild durch den Bruch des 1810 gemachten Versprechens, eine Verfassung mit Volksvertretung zu schaffen, wie durch die scharfe Zensur und Verfolgung Andersdenkender verdunkelt

Pfaueninsel-Panorama mit Schloss und Palmenhaus 1839. Carl Daniel Freydanck (1811–1887)

wird. Zum Zeitpunkt seines Todes am 7. Juni 1840 ist Berlin trotz allem ein glanzvoll-lebendiger Mittelpunkt von Wissenschaft und Künsten. Auf der Pfaueninsel löst das Ableben Seiner Majestät ehrliche Trauer aus. Hinzu kommen Gefühle der Unsicherheit mit der bangen Frage: Was wird aus dem Eiland unter dem neuen König?

DER PENSIONÄR DES KÖNIGS
1840 bis 1872

Menagerie und Matrosenstation – Seehandlung im Kreuzfeuer – die Dampfbootfahrt

„Pensionär des Königs" steht aus Anlass der Taufe von Heinrich Wilhelm Maiteys erstem Sohn Otto in der Rubrik *„Vater"* im Kirchenregister von St. Peter und Paul. Der Eintrag dokumentiert: Der Sandwich-Insulaner gehört zu den Lakaien des Hofes. Und der weiß genau, sein Wohl hängt von der Gunst und Gnade des Königs ab. Was aber, wenn dieser Mann stirbt? Wird auch ein Nachfolger die Hand über ihn halten? So wie Maschinenmeister Friedrich fürchtet, die königlichen Aufträge für die Elfenbeinmodelle verloren zu haben, rätseln Fintelmann und Sieber besorgt: Was wird aus der Menagerie? Welche Zukunft haben die Tierwärter- und Gärtnerfamilien auf der Insel?

Beide kennen den Kronprinzen seit Jahren, wissen um seine Leidenschaft für die Architektur, die nostalgische Mittelalterverehrung und Sehnsucht nach Italien. Preußens neuer König Friedrich Wilhelm IV. ist beim Tod des Vaters 45 Jahre alt. Ohne Zögern beginnt er, sich bisher versagte Bauwünsche zu erfüllen. Zusammen mit dem frisch zum Hofarchitekten ernannten Ludwig Persius geht es los. Zuerst mit einem eher bescheidenen Forsthaus. An der Moorlake, einer tief eingeschnittenen Havelbucht, entsteht ein Gebäude im alpenländischen Stil, weil der König seiner aus München stammenden Gemahlin, Prinzessin Elisabeth Ludovika von Bayern, in Preußen ein Stück Heimat schenken will. Schräg gegenüber, am anderen Havelufer, sollen Fundamente für ein erheblich glanzvolleres Vorhaben gelegt werden. Nach Erwerb des Besitztums kann am *„Port von Sacrow"* einer der königlichen Träume von südlicher Schönheit unweit des alten Sacrower Schlosses Wirklichkeit werden. Friedrich Wilhelm IV. hat Persius Entwürfe für ein Gotteshaus übergeben, dessen Erscheinungsbild für die Mark höchst ungewöhnlich ist: Eine fast im Wasser stehende kleine Basilika im römischen Stil mit freistehendem Campanile. Die *„Heilandskirche"* soll als weithin sichtbarer Blickfang den

Die Heilandskirche am Port von Sacrow. Ferdinand Marohn, um 1850

Jungfernsee schmücken. Zur selben Zeit gibt es den Plan, an der Neustädter Havelbucht, eine knappe Meile südwestlich am Potsdamer Stadtrand, ein Pumpwerk zu bauen, das endlich die maroden Wasserkünste im Park von Sanssouci zum Sprudeln bringt. Nach den eigenwilligen Vorstellungen des Königs soll Persius das neue Dampfmaschinenhaus im Stil einer maurischen Moschee errichten, wobei das Innere nach dem Vorbild der Kathedrale von Cordoba zu gestalten ist.

Dass sich Friedrich Wilhelm IV. eher für seine Bauten als für die Lieblingsinsel des Vaters, geschweige denn dessen Menagerie-Passion interessiert, zeigen seine Entscheidungen. Gleich nach der Thronbesteigung ist ihm durch Alexander von Humboldt ein Memorandum von Professor Lichtenstein mit dem Titel „*Gedanken über die Errichtung zoologischer Gärten bei Berlin*" übergeben worden, das dazu führt, dass Seine Majestät mit „*Allerhöchster Kabinettsordre*" am 31. Januar 1841 die Gründung eines „*Zoologischen Gartens*" in Berlin verfügt. Vorher hat ihn der Professor an der FRIEDRICH-WILHELMS-UNIVERSITÄT überredet, dem

König Friedrich Wilhelm IV. Gemälde von Franz Krüger (1797–1857)

Gründungskomitee einen Teil des Geländes der Fasanerie am Berliner Tiergarten zur Verfügung zu stellen. Das Ende der Pfaueninsel-Menagerie wird dann am 30. Oktober 1841 eingeläutet, als der neue König verfügt, die geplante Umfriedung des Hirschgartens nicht zu errichten, sondern das *„Rothwild“* in den neuen Tiergarten in der Pirschheide bei Potsdam und das Forstrevier Grunewald zu bringen. Und im Mai 1842 fragen die Berliner Zoogründer dann beim Hofmarschallamt an, welche Tiere und *„Behältnisse“* sie von der Pfaueninsel übernehmen dürfen, wobei sie gleichzeitig schreiben: *„Es erscheint uns in mehrfacher Hinsicht ratsam und dienlich, den gegenwärtigen Inspektor der Menagerie auf der Pfaueninsel, Sieber, als einen redlichen, zuverlässigen und in seinem Fache geübten Mann für den zoologischen Garten in ähnlicher Stellung zu gewinnen.“* Dem Wunsch, die begehrten Tiere nach Berlin in den entstehenden Zoo zu holen, wird stattgegeben. Und so werden Gazellen, Kängurus, Papageien, Marabou-Störche und Kapuzineraffen mit Dampfschlepper und Frachtkahn havel- und spreeaufwärts zum neuen Berliner Zoo transportiert. Nur die Pfauen, einige Schafe und Ziegen bleiben.

Als Kronprinz hat sich Friedrich Wilhelm immer wieder über das Privileg seiner beiden jüngeren Brüder geärgert, die ihre Boote für Lustfahrten auf den Havelgewässern mit wenigen Schritten erreichen konnten. Wilhelm vom Sommersitz Babelsberg den Hang hinunter zum Anleger am Tiefen See, und Carls kleine Flotte ankert einen Steinwurf vom Schloss entfernt vor der Landfregatte. Er, der Thronfolger, musste jedes Mal einen reitenden Boten losschicken, um die ROYAL LOUISE oder eines der anderen höfischen Wasserfahrzeuge zur Glienicker Brücke oder zum Potsdamer Stadtschloss zu beordern. Doch jetzt ist er der König. Persius erhält Anweisung, am Südufer des Jungfernsees nach einer geeigneten Stelle für die Königliche Lustflotte zu suchen. Der Hofbaumeister wird schnell fündig. Zwischen Glienicker Brücke und Hasengraben, der Kanalzufahrt zum Marmorpalais, eignet sich eine kleine Bucht, an der nur eine alte, stillgelegte Holzschneidemühle steht. Persius erwirbt die Liegenschaft im Auftrag Friedrich Wilhelms IV., der sie aus der eigenen Schatulle bezahlt und der Garten-Intendantur unterstellt. Bereits im Frühjahr 1842 sind sämtliche baldachinüberdachten Gondeln, Ruderboote, die *„Stralsunder Schaluppe"* und das königliche Flaggschiff, die ROYAL LOUISE, von der Pfaueninsel zur neugeschaffenen *„Matrosenstation"* am Jungfernsee verlegt. Nur die Fregatte soll künftig jeweils mit Herbstbeginn für ein halbes Jahr ins sichere Winterlager in den überdachten Inselschuppen zurückkehren.

Harry bedauert das Verschwinden der Schiffe. Er vermisst das malerische Bild der an ihren Ankerleinen herumschwingenden Boote, ein Anblick, der auch den Inselbesuchern bei Eintreffen am Fähranleger Freude machte. Was ihn aber noch mehr bekümmert, ist der Verlust der Verbindung zu den Matrosen der Fregatte, die ja als erfahrene Seeleute von der Küste kamen, Männer, mit denen man über das Meer und die Erlebnisse auf großen Rahseglern sprechen konnte. Überhaupt – die Pfaueninsel macht jetzt auf Harry einen völlig veränderten, eher traurigen Eindruck. Nach dem Abtransport der meisten Tiere stehen Ställe, Käfige, Wolfszwinger und Bärengrube leer. Das Affen- und Känguru-Haus soll abgebrochen und nach Berlin gebracht werden. Zum Jahresbeginn ist das Lamahaus abgebrannt. Alle spüren eine Art Stillstand. Es kommen zwar noch Besucher, doch die Zeiten, als die „*Mariniers*", die Besatzungsmitglieder der ROYAL LOUISE, zu Hilfe gerufen werden mussten, um die andrängende Menge im Zaum zu halten, sind längst vorbei. Im Maschinenhaus bewirtet Frau Friedrich nach wie vor immer mal wieder kleine, honorige Gästegruppen mit Kaffeegedecken und lässt sich für die Topfsammlung ihres „*Porzellancabinetts*", – so wie es Fontane in seinem Pfaueninsel-Kapitel im Band „*Havelland*" liebevoll beschreibt, – einen bemalten Milch- oder Sahnepott schenken. Aber auch sie spürt die Veränderung. Es ist nicht nur die Schließung der Menagerie, sondern auch eine Frage der Zeitläufe, der Mode, zumal die neue Eisenbahn zwischen Berlin und Potsdam die Entwicklung begünstigt, sich die Rosenblüte nicht wie gewohnt auf der Pfaueninsel anzusehen, sondern im weithin gerühmten Rosengarten in der Parkanlage des nun königlichen Sommersitzes Charlottenhof.

Maschinenmeister Friedrich und sein Gehilfe gehen ihrem Tagewerk nach. Auch wenn sich die Zahl der Tiere erheblich verringert hat, die verbliebenen, wie die Pflanzen, brauchen Wasser, die Dampfmaschine muss laufen, der Speicher hat gefüllt zu sein und zu reparieren gibt es immer etwas. In ihrer Freizeit gehen die beiden einer vertrauten Beschäftigung nach: Sie schneiden, feilen, bohren und leimen Elfenbeinplatten, bereiten hauchdünne Perlmuttscheiben zur Auflage von Dachflächen vor. Erfreulicherweise hat Friedrich Wilhelm III. vor seinem Tod zugestimmt, dass SEIN Museum am Lustgarten als Modell entsteht. Obwohl noch an diesem anspruchsvollen Stück gearbeitet wird, versucht Friedrich, auch den königlichen Nachfolger für die Fortsetzung der Modellserie bedeutender Preußischer Bauten zu gewinnen und schreibt ihm am 8. November 1842: „*Seit einer Reihe von Jahren verwendete ich Fleiß und Mühe auf die Bildung von Kunstwerken, namentlich fertigte ich nach und nach, von Sr. Majestät, dem höchstseligen Könige, dazu befehligt in Elfenbein gearbeitete Modelle ausgezeichneter Gebäude, welche huldreich aufgenommen, im Königl. Schlosse der*

Pfaueninsel aufgestellt wurden, auch der Berliner akademischen Kunstausstellung zur Schau standen und ihrer eines Sr. Majestät dem Kaiser von Rußland übersendet ward.“

Selbstbewusst erinnert Joseph Friedrich an den Zaren, an die öffentliche Präsentation der von allen bewunderten Elfenbeinarbeiten in Berlin und im Pfaueninselschloss, wo sie nun von den Besuchern, zusammen mit Uniformen des verstorbenen Königs, betrachtet werden können. Am Schluss des Briefes an Friedrich Wilhelm IV. macht der Maschinenmeister den Vorschlag, *„die neue Kirche bei Sacrow als ein königl. schönes Bauwerk zu einem Modell zu verarbeiten.“* Erstaunlich schnell reagiert der König. Schon zwei Wochen später, mit einer in Charlottenburg erlassenen Kabinettsorder vom 21. November 1842, wird angeordnet, *„die Heilandskirche zu Sacrow in Elfenbein und Perlmutter zu modellieren.“* So wie vor acht Jahren Friedrich Wilhelm III. die St. Peter und Paul-Kirche in Auftrag gab, als gerade mit dem Bau begonnen wurde, so lässt Friedrich Wilhelm IV. nun sein Lieblingsprojekt am Havelufer, die Heilandskirche, von den beiden Männern auf der Pfaueninsel schnitzen, ehe die Bauhandwerker den freistehenden Glockenturm hochgemauert haben.

Vier Wochen zuvor, am 23. Oktober 1842, erlebte eine Versammlung erlauchter, extra geladener Gäste an der Potsdamer Neustädter Bucht im neuerbauten Pumpenhaus eine Premiere. Die von August Borsig in Moabit gebaute stärkste Dampfmaschine Preußens beförderte zum ersten Mal Havelwasser in das Reservoir auf den Ruinenberg, von dem es dann zu den Springbrunnen und zur *„Großen Fontäne“* zu Füßen der Weinbergterrasse von Schloss Sanssouci strömte. Unter großem Jubel der dort wartenden Menge stieg der Strahl bis zur Rekordhöhe von über 120 Fuß.

Meister Friedrich und Harry war es nicht vergönnt, Augenzeugen des historischen Augenblicks der feierlichen Inbetriebnahme zu sein, aber es ist vorstellbar, dass sie sich gleich danach, am letzten Oktobersonntag, in aller Frühe mit einem Boot havelabwärts auf Weg nach Potsdam gemacht haben, um die neue Pumptechnik zu begutachten. Schon von der Wasserseite muss der Anblick des Gebäudes auf die beiden

Das Dampfmaschinenhaus in Potsdam. Ferdinand Marohn um 1845

Dampfmaschinen-Kenner von der Pfaueninsel eher befremdlich gewirkt haben. Im Vordergrund, weiße Gebäudeblöcke mit dunklen Streifenbändern, dahinter, hoch aufragend, ein schlankes, sogenanntes Minarett, in dem sich der Schornstein verbergen soll und eine grüne Kuppel. Das also ist die „*Moschee von Potsdam*", von der es heißt, sie sei nach maurischen Vorbildern wie der Alhambra von Granada erbaut. Im Innern sind die an diesem Besichtigungstag zugelassenen Besucher von der Pracht der kunstvoll verzierten Säulen, Bögen und farbigen Wandornamente geradezu überwältigt. Auch Friedrich und Harry, die sich zuvor die langestreckte Kesselhalle angesehen haben, stehen im Maschinenraum andächtig vor den beiden übermannshohen Antriebszylindern, hören die Sauggeräusche, das Surren der ledernen Treibriemen und beobachten das senkrechte Gestänge, das die hoch über ihnen angebrachte Welle in Bewegung hält.

Am eindrucksvollsten ist für alle aber der Blick in die Kuppel. Dort oben wird das Wunderwerk von einem vergoldeten preußischen Adler gekrönt, unter dem sich die beiden gusseisernen Kugeln des „*Regulators*", des Fliehkraftreglers, munter drehen. Alle empfinden diesen Moment wohl so, wie der Verfasser eines zeitgenössischen Textes: „*Die gleichmässige Bewegung der imposanten Massen und Kräfte dieser hydraulischen Maschine erwecken eine Regung des Erstaunens über die riesige Macht des Menschengeistes, der sich selbst die Elemente dienstbar zu machen weiss, um wahre Titanenarbeit ohne Anstrengung verrichten zu lassen.*"

Natürlich wollen Friedrich und Harry technische Einzelheiten wissen. Der Moschee-Maschinenmeister erklärt den Inselkollegen, dass die Maschine die kaum glaubliche Kraft von 80 PS entwickelt, dabei gleichzeitig 14 Pumpen antreibt, täglich vier Tonnen Steinkohle verbraucht und den Preußischen Staat den stattlichen Betrag von 199.410 Talern gekostet hat. Nach ihrer abendlichen Rückkehr kommt den beiden ihre vertraute alte Dampfmaschine doch sehr klein und wenig leistungsfähig vor.

Auf Insel und Festland läuft alles den gewohnten Gang. Die Maiteys kümmern sich in ihrem Klein-Glienicker Häuschen um den inzwischen vierjährigen Eduard und versuchen, mit den Nachbarn in Frieden zu leben. Doro fällt auf, dass dem Haushaltsvorstand der alltägliche Weg zur Pfaueninsel zunehmend schwerer fällt. Harry hat immer weniger Lust die immer gleichen Tätigkeiten im Kesselhaus und Maschinenraum auszuführen, seinem Meister stundenlang bei den schwierigen Schnitzarbeiten zu helfen, ohne dafür Lob oder zusätzlichen Lohn zu erhalten. Nicht einmal sein Name wird genannt. Friedrich lässt alle im Glauben, er mache alles allein. Noch mehr bedrücken Harry aber die wechselnden Jahreszeiten. Jedes Mal fürchtet er sich vor dem Herbst, vor den kürzer werdenden Tagen, vor dem durch Regenfälle aufgeweichten Boden, der das Gehen auf den Waldwegen zum Fähranleger erschwert. Noch schlimmer sind die Wintermonate. Harry leidet wie schon am Gendarmenmarkt unter der Kälte, dem schneidenden Ostwind, der Dunkelheit. Oft bleibt er tagelang zu Hause. Dann liegt der Schnee zu hoch oder eine fiebrige Erkältung zwingt ihn zur Bettruhe. Niemand weiß was in ihm vorgeht. Hat der inzwischen nach dem Taufregister der Berliner „*Neuen Kirche*" 35-Jährige in diesen Tagen Heimweh? Sehnt er sich nach den Weiten des Pazifiks, nach Licht, blauem Himmel, Sonne, Meer und dem Anblick des schneebedeckten Manua Loa?

Erst im Frühjahr lebt der fremdartige dunkelhäutige Mann, den die meisten noch immer „*Sandwich-Insulaner*" nennen, wieder auf. Bei ausgiebigen Spaziergängen kann Harry die überall sichtbaren Veränderungen wahrnehmen. Im Jagdschloss-Park am Wasser der Glienicker Lake entlanggehend, sind am gegenüberliegenden Ufer Bauarbeiten zu sehen. Im Auftrag Prinz Wilhelms errichtet Persius das nächste Dampfmaschinenhaus. Dieses soll die von Lenné entworfenen Parkanlagen des Babelsberges bewässern. Oben auf der Hügelkuppe geht der seit Jahren laufende Ausbau des Schlosses weiter. Im Dorf kursieren Gerüchte, dass es ständig Streit zwischen der als Bauherrin allzu energisch auftretenden Prinzessin Augusta und den Architekten gibt. Zuerst mit dem vor zwei Jahren verstorbenen Schinkel, jetzt mit Persius, der nach Vorgaben der Prinzessin einen Sommersitz im englischen Stil erschaffen muss. Wenn Harry dann über die Glienicker Brücke weiter in Richtung Potsdam geht, stößt er auf die nächste Baustelle. Unmittelbar am Brückenende ist das unscheinbare Haus eines Schiffbauers verschwunden. Persius baut dort auf Wunsch Friedrich Wilhelms IV. für Wolfgang von Schöning, den Hofmarschall des Bruders Prinz Carl, eine Turmvilla in klassizistisch-italienischer Manier. Dem König geht es nur darum, die Einfahrt nach Potsdam zu verschönern.

Das Ziel der kleinen Ausflüge über die Glienicker Brücke ist die Matrosenstation. Harry geht gern bis zu den Obstwiesen, an deren Rand, direkt am Wasser, die ehemaligen Mühlengebäude stehen, in denen jetzt die abkommandierten Matrosen ihren sechsmonatigen Saison-Dienst verrichten. Auch wenn die Mannschaften wechseln, es spricht sich immer schnell herum, dass der stets sorgfältig gekleidete Ausländer mit den auffallend blankgeputzten Stiefeln eigentlich ein ehemaliger Seemann ist, einer, der Teer gerochen, Salz geschmeckt und den Äquator überquert hat. Harry unterhält

Die ROYAL LOUISE mit dem „Landschiff" am Glienicker Ufer. Gemälde von Johann Joseph Destrée (1827–1888), 1847

sich oft mit einem der „*Garde-Mariniers*" aus dem Achtmann-Trupp, manchmal sogar mit dem kommandoführenden Unteroffizier. Die Männer fragen dann nach seiner Heimat, wollen etwas über die Sandwich-Inseln wissen oder die MENTOR, das Schiff der ersten Weltumsegelung. Am liebsten sitzt Harry etwas abseits am Ufer, um auf die teils schwimmende, teils an Land gezogene Bootsflotte des Hofes zu blicken. Dabei gilt sein Hauptaugenmerk der ROYAL LOUISE, die vom Ufer in hundert Fuß Entfernung an ihrer Ankerboje liegt, am Heck ein kleines Ruderboot, über dem an der Gaffel des Besanmasts weithin sichtbar die Preußische Kriegsflagge weht. Den gekrönten schwarzen Adler mit Zepter und Reichsapfel in den Fängen auf weißem Leinentuch, den hat Harry vor achtzehn Jahren zum ersten Mal bei dem Zwangsaufenthalt vor Helsingör gesehen, als Wilhelm Oswald den Sundzoll zahlen sollte.

Auf dem Jungfernsee gibt es keine Grenzen oder Zollsperren. Einsam und friedlich liegt die kleine Fregatte auf der sonnenüberglänzten Wasserfläche. Mit Freude betrachtet Harry die drei aufragenden Masten und weit ausladenden Rahen, das Gewirr des Tauwerks von Wanten und Stagen. Er erinnert sich an das Aufentern in die Takelage der MENTOR während des Passatsegelns im Atlantik, die Angst beim Blick in die Tiefe und das Gefühl von Freiheit. Obwohl ihm der Anblick der ROYAL LOUISE vor der Pfaueninsel vertraut ist, hier wirkt das Schiff so völlig anders. Hier schwimmt es auf der großen Bühne eines ausgedehnten Sees: Im Norden, als unübersehbare Landmarke, die neuerbaute Heilandskirche, im Osten das Casino von Schloss Glienicke mit den hohen Masten der Landfregatte zwischen den Bäumen, daneben der viereckige Turm des vor sechs Jahren von Persius im Stil einer italienischen Villa erbauten Dampfmaschinenhauses. Dort kann Prinz Carl aus dem Salon im vierten Stock eine Teegesellschaft auf den Balkon herausbitten und in Richtung Matrosenstation blickend erklären, dass er seinem Bruder Fritz, dem König, für die Hafenentscheidung dankbar ist, beschenkt sie ihn doch alljährlich im Sommer mit dem romantischen Bild einer vor Anker liegenden britischen Fregatte.

Im Dezember 1843 kommt William O'Swald in seine Geburtsstadt Berlin. Seit zwölf Jahren versucht er in Hamburg die von ihm gegründete Firma Wm. O'Swald & Co. mit dem Leinenhandel über Wasser zu halten, kämpft aber mit der Konkurrenz der englischen, aus Maschinengarn gewebten Ware, gegen die das deutsche Leinen wegen schlechter Qualität kaum eine Chance hat. Die Verbindung zur SEEHANDLUNG ist immer sehr eng geblieben. Deshalb hat es der ehemalige Supercargo und zweimalige Weltumsegler wesentlich Christian Rother zu verdanken, dass er 1836 Preußischer Vizekonsul, drei Jahre später Konsul wurde und jetzt, seit Januar, Generalkonsul für Hamburg, Dänemark und Hannover ist. Wenige Wochen nach der Beförderung hat O'Swald den Berliner Ministerien eine ehrgeizige Denkschrift zum Chinahandel vorgelegt, in der er vorschlägt, mit neugebauten, eigenen 520-Registertonnen-Schiffen den

Die 1836 von der SEEHANDLUNG gegründete Maschinenbauanstalt in Moabit

Übersee-Verkehr erheblich auszuweiten und in Südamerika, den Sandwich-Inseln, Manila und Singapore Zwischenhäfen einzurichten. Aber Rother ist skeptisch, er meint, O'Swald verfolge mit diesen Plänen als Kaufmann allzu sehr den eigenen Nutzen. Hinzukommt, dass die Lage ohnehin heikel ist. Die SEEHANDLUNG steht seit einiger Zeit verstärkt im Kreuzfeuer der Kritik. Doch O'Swald ist nicht nach Berlin gekommen, um mit Rother über die Probleme des Instituts zu sprechen, sondern reist in einer anderen, ganz persönlichen Mission. Aus Hamburg hat er zwei Ölgemälde mitgebracht, auf denen jene beiden Schiffe porträtiert sind, mit denen Preußen verspätet in den Kreis der Weltumsegler-Nationen eingetreten ist. Das eine Bild zeigt die MENTOR vor Kap Hoorn, an der Gaffel die allerdings erst bei der Heimreise im Öresund gesetzte Preußische Flagge, das andere die PRINCESS LOUISE mit der peruanischen Küste und Stadt Lima im Hintergrund. Bei einer kleinen Zeremonie im Berliner Schloss übergibt der neue Generalkonsul diese Bilder dem König von Preußen als Geschenk.

Im Lauf des nächsten Jahres verstärkt sich die öffentliche Ablehnung fast aller Unternehmungen der SEEHANDLUNG. Rothers Industrialisierungsprogramm wird erneut als Eingriff in das private Gewerbe, als unzulässige Konkurrenz des Staates gebrandmarkt. Friedrich Wilhelm IV. stellt sich zwar mit einer Kabinettsorder vom 1. Februar 1845 vor den in Bedrängnis geratenen Präsidenten, indem er lobend verlauten lässt: „... *daß dieses Institut unter Ihrer, nunmehr fünfundzwanzigjährigen eben so kräftigen wie einsichtsvollen Leitung stets bemüht gewesen ist, dem vaterländischen Handel und Gewerbefleiße neue Bahnen zu brechen und das Gedeihen derselben durch sachkundige Anleitung, eigenes Beispiel und Unterstützungen aller Art zu fördern.*"

Doch die Angriffe gehen weiter. Sie richten sich gegen den Betrieb der Maschinenbau-Anstalt und Eisengießerei in Moabit und verschärft gegen die SEEHANDLUNGS- Dampfschifffahrt auf Spree, Havel, Elbe und Oder. Schon seit Jahren protestieren die Kahnschiffer gegen den, wie sie finden, unfairen Wettbewerb. Rother kontert mit Hinweis auf Regelmäßigkeit und Pünktlichkeit der Passagier- und Frachtbeförderung, den Vorzug der Dampfkraft. Sein Argument: Wenn man die SEEHANDLUNGS-Schifffahrt verbieten würde, müsste auch die im Bau befindliche neue Eisenbahnstrecke von Berlin nach Hamburg, und damit der Fortschritt verboten werden. Im Lager der Kritiker besteht nur in einem Punkt Einigkeit: Den Reedereibetrieb des risikoreichen Überseehandels soll die SEEHANDLUNG ruhig weiterführen.

Für Harry ist Berlin ein ferner Ort geworden, die Generaldirektion am Gendarmenmarkt fast vergessene Vergangenheit. Er lebt im begrenzten Revier der Havelseen und ist immer froh, wenn sich eine Gelegenheit bietet, auf dem bequemen Wasserweg zur Pfaueninsel mitgenommen zu werden. Im Hochsommer 1845 gibt es eine besondere Gelegenheit. Das kleine Dampfboot, das sich Prinz Carl angeschafft hat, soll vom alten kurfürstlichen Jagdschloss einige Kisten nach Charlottenburg befördern. Harry kann also fast vor der Haustür, direkt am Ufer der Glienicker Lake, an Bord gehen. Am meisten interessiert ihn die kleine, schwarz glänzende Dampfmaschine mit den blinkenden Messingarmaturen. Bisher hat er nur die Rauchfahnen von Schleppern und SEEHANDLUNGS-Dampfern gesehen, jetzt ist es möglich, das Funktionieren des Antriebs zu Wasser aus der Nähe zu erleben. Die Fahrt mit Dampfkraft ist etwas völlig Neues, Aufregendes. Gleichzeitig macht er, ohne es zu wissen, ei-

Glienicker Lake – die ROYAL LOUISE vor dem Dampfmaschinenhaus von Schloss Babelsberg.
Gemälde von Johann Wilhelm Gottfried Barth (1779–1852)

ne Art Besichtigungsfahrt dessen, was später einmal zum *„Preußischen Arkadien"* gehören wird. In diesem Jahr ist auch im Bereich der Havelseen der 1833 von Peter Joseph Lenné entworfene *„Verschönerungsplan der Umgebung von Potsdam"* mit all den kunstvoll angelegten Parks und Sichtachsen durch die von ihm geschickt gelenkten Gestaltungswünsche zweier Könige und dreier Hohenzollernprinzen Wirklichkeit geworden.

Harry weiß nicht was Tudor-Gotik, Barock, Klassizismus, normannischer, russischer oder alpenländischer Baustil ist und vermag auch nicht zu beurteilen, dass dies alles eine absichtsvoll aufgebaute Kulisse ist, – aber die friedlich-heitere *„südliche"* Stimmung muss er gespürt haben. Beim Ablegen sind zur Rechten die Giebel des Jagdschlosses zu sehen, gegenüber, am anderen Ufer das gerade vollendete Dampfmaschinenhaus, das mit Zinnen und kleinen Ecktürmen wie eine Ritterburg aussieht und dessen Schornstein, wie im Potsdamer Minarett, in einem ähnlich schlanken Turm versteckt ist. Auf der Hügelkuppe zeigen mächtige Rundtürme an, dass der äußere Bau von Schloss Babelsberg bald abgeschlossen sein wird. Während das kleine Boot zügig auf die Bögen der Glienicker Brücke zuhält, wird zur Linken, am Ende des Tiefen Sees, die Stadt Potsdam sichtbar. Der hohe, spitze Turm der Heilig Geist Kirche, neben dem die St. Nikolaikirche stehen muss, die nach dem Willen Friedrich Wilhelms IV. die von Schinkel vorgeschlagene große Kuppel erhalten soll. Noch sind nur Gerüste von Bauarbeiten zu erkennen. Harry erinnert sich, dass Meister Friedrich von dieser Kirche gesprochen hat, vom Plan, dem König nach Übergabe des fast fertigstellten Modells der Heilandskirche als nächstes Projekt St. Nikolai vorzuschlagen, und dass Friedrich erwähnte, Bauleiter Persius sei vor wenigen Wochen, Mitte Juli 1845, im Alter von nur 42 Jahren überraschend gestorben.

Weil der Dampfbootschornstein umlegbar ist, fahren sie ohne Wartezeit bei geschlossenen Brückenklappen zwischen den Steinpfeilern hindurch, über ihnen für Augenblicke Hufgetrappel und das Geräusch von Eisenreifen rollender Wagenräder. Dann öffnet sich das weite Rund des Jungfernsees. Der in Diensten Prinz Carls stehende alte Bootsführer, den Harry von Besuchen im Glienicker Matrosenhaus kennt, möchte seinem Fahrgast etwas Besonderes bieten. Er steuert in die Mitte des Sees, stoppt die Maschine und weist Harry auf eine Aussicht hin, die man nur von diesem Punkt aus haben kann: Im Südwesten leuchtet über den schmalen Hasengraben hinweg am jenseitigen Ufer des Heiligen Sees das von Friedrich Wilhelm II. erbaute Marmorpalais, und bei einer Drehung um 180 Grad, etwas weiter entfernt, sein kleines, weißes Schloss auf der Pfaueninsel. Und sehr viel näher, in derselben Richtung, steht das Bauwerk des Enkels am Havelufer, die Heilandskirche Friedrich Wilhelms IV. Erst beim ruhigen Rundumblick präsentiert sich die Schönheit der gesamten Szenerie: Im Osten der Park von Glienicke, der Turm des Dampfmaschinenhauses, das Casino, – im Süden die Schinkelsche Brücke mit Schloss Babelsberg und der Villa Schöningen, nicht weit davon die ankende ROYAL LOUISE vor der Matrosenstation, und ganz im Westen steht die nach einem Entwurf von Persius in den letzten

Panoramaansicht des Glienicker Ufers, um 1840

beiden Jahren auf Wunsch des Königs ausgebaute Meierei, die durch Zinnenkranz und zusätzlichen Turm normannisch wirken soll. Mit einem Pfeifton kommt das Boot wieder in Fahrt und dampft havelaufwärts, vorbei an der Heilandskirche, am Forsthaus Moorlake und den Bauten Friedrich Wilhelm III., dem Blockhaus Nikolskoe und St. Peter und Paul. Mit Annäherung an die Pfaueninsel sind immer deutlicher Einzelheiten des Schlosses zu unterscheiden, die abgebrochenen Zinnen der ungleichen Türme, die Verzierungen an den Stützstreben der gusseisernen Brücke, auf der Meister und Gehilfe vor fünfzehn Jahren standen und gemeinsam nach Südwesten, nach Potsdam blickten. Vor dem Kastellanhaus legt das Boot kurz an, Harry hat sein Ziel erreicht. Er wird im Dampfmaschinenhaus erwartet.

Der erste Wasserkorso – Revolutionstage – Ehrung und Abschied – das Fest für die Zarin

Ein Jahr später. Obwohl der 25. Juni 1846 ein Donnerstag ist, sind fast alle Einwohner Klein-Glienickes auf den Beinen. Es hat sich herumgesprochen: Der König von Sachsen, Friedrich August II., kommt mit Gemahlin Maria Anna, einer Schwester der preußischen Königin, zum Staatsbesuch nach Potsdam. Aus diesem Anlass soll zu Ehren der Majestäten etwas Ungewöhnliches in Szene gesetzt werden: Ein

1846 Schloss Babelsberg – Versammeln der Korso-Flotte

festlicher Gondelkorso auf dem Jungfernsee. Am Ufer des Jagdschloss-Parks hat sich eine ansehnliche Menge versammelt, die aufmerksam verfolgt, wie unterhalb des Schlosses Babelsberg Segelboote, Gondeln und Ruderkähne eintreffen, um sich dort für die Wasserparade zu formieren. Bereits dieser Auftakt begeistert die Zuschauer. Es ist ein farbenprächtiges, so noch nie gesehenes Bild: Dutzende bunt beflaggter Boote unterschiedlichster Größe und Bauform schwimmen auf der Suche nach der zugewiesenen Position durcheinander. Hauptblickfang ist natürlich die ROYAL LOUISE, deren Mastspitzen in der Höhe nur vom Wasser der Fontäne im „*Havelbassin*" vor dem Schlosspark übertroffen werden.

Unter dem fröhlich gestimmten Publikum dieses Festtages befindet sich, wie könnte es anders sein, auch die Familie Maitey mit dem siebenjährigen Eduard an der Hand. Für Harry ist der neue Seehandlungs-Schaufelraddampfer ALEXANDRIA mit seinem schwarzen, goldverzierten Rumpf, dem preußischen Königswappen am Heck und goldenen Seepferd als Galionsfigur, das interessanteste Fahrzeug. Dichtgedrängt stehen dort an Deck die ungeduldig auf das Signal zum Beginn des Korsos wartenden Ehrengäste.

Das Seitenrad-Dampfschiff ALEXANDRIA Baujahr 1844

Protokollgemäß setzt sich dann die ALEXANDRIA an die Spitze der Bootsprozession und steuert mit langsamer Fahrt auf die Durchfahrt der Glienicker Brücke zu, während die Zuschauer mitwandernd versuchen, einen Platz auf der Brücke oder am Ufer vor dem Casino zu finden. Nun dürfen sie eine Premiere miterleben, den Tag, an dem der Jungfernsee zur Bühne eines königlichen Wasserschauspiels wird, das so großartig gelingt, dass es in den Wochen danach zu zwei Wiederholungen mit zusätzlichem Feuerwerk kommt. Im Abschlussbericht einer Zeitung heißt es: „*Das überaus stille Potsdam, diese reizende Königstadt der Hohenzollern, tauchte inmitten des Jahres aus seinem ruhigen Wasserelemente glanzvoll auf und zeigte sich so liebenswürdig und anmuthsvoll, daß man nicht länger daran zweifeln konnte, die harmlose Havelstadt wolle mit einem Male ein Venedig der Mark sein. Es gelang nämlich, eine eigenthümliche Unterhaltung der Südländer, namentlich der wasserkundigen Venetianer, hierher zu verpflanzen, und eben dadurch die volle Aufmerksamkeit in erhöhtem Maße auf sich zu ziehen, und sogar den Neid anderer Haupt- und Residenzstädte rege zu machen.*“

Harry hat sich keines der Wasserspektakel entgehen lassen, sehr zum Unmut des Maschinenmeisters Friedrich. Der ärgert sich über die ständigen Abwesenheiten seines Gehilfen, nicht, weil er ihn zur Bedienung der Dampfmaschine braucht, sondern Harry fehlt bei der Fertigstellung des vor einem halben Jahr begonnenen Elfenbeinmodells der Potsdamer Nikolaikirche. Friedrich ist jetzt 58 Jahre und die Briefe an den König zeigen, dass er spürbar altert. Aus der einst gestochen schönen Schrift ist ein schwer lesbares Gekrakel geworden. Ohne die ruhige Hand und scharfen Augen Harrys wollen die Feinarbeiten vor allem an der großen Kirchenkuppel nicht gelingen. Das Problem des häufigen Nichterscheinens besteht schon seit längerer Zeit. Erst vor vier Monaten, am 14. Februar 1846, hat Friedrich zuletzt einen Beschwerdebrief an das Oberhofmarschallamt geschrieben: „*Der Neuseeländer* (!) *Maytey, den ich auf Verfügung seiner Exzellenz des verstorbenen Oberhofmarschalls bevormunde, und der in der Zeit seines Aufenthaltes auf der Insel in der Drechsler-, Schlosser- und Tischlerarbeit unterrichtet und ganz brauchbar geworden ist, hat sich seit dem Herbst 1844 wenig oder gar nicht bei mir sehen lassen, hat auch in der Gärtnerei nichts getan.*“ So wie zwei Jahre zuvor, als Friedrich darum bat, Harry eine Wohnung im Danziger-Haus anzuweisen, „*da ihn bei seiner Kränklichkeit die Witterung sehr oft abhält, den Weg von Kl. Glienicke zu machen,*“ geschieht auch diesmal nichts nach Friedrichs Wunsch. Im Gegenteil: Harry wird ihm sogar entzogen und dem Hofgärtner Fintelmann unterstellt, der sich aber, offenbar mit stillschweigender Billigung der Obrigkeit, nicht weiter um den Sandwich-Insulaner kümmert. Das Interesse des Hofes an der Pfaueninsel ist zu diesem Zeitpunkt ohnehin weitgehend erloschen, auch wenn das Palmenhaus im Vorjahr wegen einer im Zentrum stehenden, schnellwachsenden Fächerpalme noch den notwendigen Dachaufsatz mit einer Kuppel im indischen Stil erhalten hat. Der Etat des Königs für die Insel ist jetzt so niedrig, dass nur das Notwendigste getan werden kann. Und ohne die Attraktion der „*wilden Tiere*“ der Menagerie ist die Zahl der Besucher stark gesunken.

Für Harry, den „*Pensionär des Königs*“, beginnt ein Lebensabschnitt völliger Freiheit, eine Zeit des Müßiggangs. Er hat wenig Ehrgeiz, seine Fertigkeiten im Schnitzen für eigene Arbeiten einzusetzen, hilft aber ab und zu, das Modell der Nikolaikirche zu vollenden. Als Hausvater kann er sich nun ungestört der Familie, dem großen Garten und den geliebten, ausgedehnten Wanderungen zuwenden. Im Umkreis etlicher Meilen ist der *„Sandwich-Insulaner"* für viele eine vertraute Erscheinung: Ein nicht sehr großer, sorgfältig modisch gekleideter, knapp 40-jähriger Mann kräftiger Statur mit pechschwarzem Haar und stets auf Hochglanz geputzten Stiefeln. Niemand weiß, ob ihn das Tagesgeschehen interessiert, ob er eine Zeitung liest oder als Kirchenchormitglied mit Pfarrer Fintelmann über Ereignisse in der Gemeinde spricht. Doch im Herbst 1847 erfährt Harry mit Sicherheit auch in Klein-Glienicke, dass seinem *„lieben Herrn Präsident"*, dem Geheimen Rat und Staatsminister Exzellenz Christian Rother in Berlin aus Anlass des 50. Dienstjubiläums höchste Ehrungen zu Teil werden. Friedrich Wilhelm IV. erhebt ihn in den erblichen Adelsstand und verleiht den Schwarzen Adlerorden, die Stadt Berlin ernennt Rother am 14. Oktober 1847 zum Ehrenbürger. Die Auszeichnung des Königs gilt der Lebensleistung an der Spitze der SEEHANDLUNG wie im FINANZMINISTERIUM. Die Ehrung durch die Stadt belohnt sein vorbildliches soziales Engagement mit Einsatz für verwahrloste junge Männer und unverheiratete Töchter von Offizieren und Beamten im Alter, der 1840 gegründeten *„Rother-Stiftung"*, und nicht zuletzt die ungewöhnlich fortschrittlichen Maßnahmen im Bereich gerechter Löhne und Krankenfürsorge.

Für den fast 70-Jährigen ist das Jahr 1847 der Höhepunkt öffentlicher Anerkennung. Und so erscheint es irgendwie bitter, ausgerechnet zu diesem Zeitpunkt häufen sich die schlechten Nachrichten. Im Juni musste Rother dem König berichten, *„daß die Seehandlung mit ihren überseeischen Unternehmungen keine sonderlichen Geschäfte gemacht, sondern dabei die Zinsen und zuweilen auch Hundertteile des Kapitals mehr verloren habe."* Und auch in Preußen läuft nicht alles wie gewünscht: Die Dampferverbindung zwischen Stettin und Swinemünde muss wegen mangelnder Nachfrage eingestellt werden.

In der Hansestadt Hamburg hat dagegen ein anderer Unternehmer Erfolg. William O'Swald gibt 1847 das wenig lukrative Leinengeschäft auf und erwirbt sein erstes Schiff, eine gut erhaltene Brigg. Mit diesem Schritt beginnt der Aufstieg der Firma Wm. O'Swald & Co. zu einem führenden Ost-Afrika Handelshaus. Dem Preußischen Generalkonsul gelingt es, die Gunst des Sultans von Sansibar zu gewinnen, sodass er Kauri-Muscheln von den Seyschellen auf die Insel und nach Westafrika, wo sie Zahlungsmittel sind, transportieren darf. Im nächsten Schritt exportiert er deutsche Manufakturwaren und Spirituosen nach Ostafrika, um bei Rückreise der Schiffe nach Hamburg Gewürze, Palmenkerne, Kautschuk und Häute in den Frachträumen zu stauen.

Vermutlich bekommt die Familie Maitey in der dörflichen Abgeschiedenheit Klein-Glienickes von der Revolution im März 1848 nicht viel mit. Nach der Weigerung Friedrich Wilhelms IV., Forderungen nach einer neuen Verfassung, nach freien Wahlen und Pressefreiheit zur Kenntnis zu nehmen, flammen in der Hauptstadt Unruhen auf. Daraus wird ein gewalttätiger Aufstand, als sich am 18. März bei einer Kundgebung mit 10 000 Berlinern auf dem Schlossplatz, nach Verlesung einer zu Zugeständnissen bereiten Erklärung, wohl eher aus Versehen, zwei Schüsse in den Reihen des aufmarschierten Militärs lösen. Es gibt tagelange Kämpfe mit Schusswechseln und 183 Toten. Auch die SEEHANDLUNG am Gendarmenmarkt bleibt nicht verschont. Im Innern des Gebäudes sind fast alle Räume verwüstet. Tische, Stühle und Bänke wurden zum Barrikadenbau verwendet, über dem Portal steckt eine Kanonenkugel im Mauerwerk, das Dach muss neu gedeckt werden.

Es ist für Christian Rother schmerzlich, so sichtbar vor Augen geführt zu bekommen, dass sich sein Lebenswerk aufzulösen beginnt. Zur selben Zeit, offenbar durch die Revolutionswirren befördert, gerät der Seehandlungspräsident auch noch in den Strudel öffentlicher Angriffe. In der Presse wird ihm nach Auftauchen eines anonymen Flugblatts persönliche Bereicherung in Millionenhöhe vorgeworfen. Rother, der untadelige, unbestechliche preußische Staatsdiener, der sich Jahrzehnte unermüdlich mit scheinbar unerschöpflicher Schaffenskraft und bewundernswerten Erfolgen für das Wohl des Landes eingesetzt hat, empfindet diese Kampagne als so tief demütigend, dass er im April 1848 den König um die Entlassung bittet und sich zermürbt und krank auf Gut Rogau zurückzieht, wo er ein Jahr später stirbt.

Während der Revolutionstage sollte der stillen Pfaueninsel eine kleine Nebenrolle zufallen. Prinz Wilhelm von Preußen, als General der Infanterie entschlossener Befürworter der harten militärischen Niederschlagung des Aufstands, und deshalb von den Berlinern gehasst und als *„Kartät-*

schenprinz“ beschimpft, wurde vom Bruder, dem König, zu seinem Schutz auf die Flucht nach England geschickt. Am 19. März 1848 entkam Wilhelm weisungsgemäß mit abrasiertem Bart und als Lakai verkleidet, zuerst auf die Spandauer Zitadelle und dann mit Kutsche und Kahn auf die Pfaueninsel. Dort fand er im Kastellanhaus am 21. März bei Hofgärtner Fintelmann für zwei Nächte Unterschlupf und konnte sogar mit Frau, Kindern wie heimlich herbeigeeilten Freunden seinen 51. Geburtstag feiern. Während auf den Dächern der Schlösser Glienicke und Babelsberg die Trikolore als Zeichen von Freiheit, Gleichheit und Brüderlichkeit wehte, reiste der Kronprinz in Begleitung seines Adjudanten Friedrich Oelrich, als dessen Bruder ausgegeben, über Havelberg nach Hamburg. Dort bemühte sich erwartungsgemäß der Preußische Generalkonsul O'Swald um den Flüchtling und verschaffte ihm unter dem Decknamen Wilhelm Oelrich auf dem britischen Dampfer JOHN BULL eine Passage nach London. Das „politische Asyl“ im Land von Königin Victoria endete aber schon nach sechs Wochen, weil sämtliche preußische Staatsminister den „*Kartätschenprinzen*“ zur Rückkehr in die Heimat aufgefordert hatten. Trotz größerer Demonstrationen und Proteste – Mitte Juni 1848 war Wilhelm zur Eröffnung des Landtags wieder an der Spree.

Obwohl die Revolution weder die erhoffte Pressefreiheit noch soziale Reformen gebracht hat, – es gibt Veränderungen. Die PREUSSISCHE SEEHANDLUNG wird dem Finanzminister und der Aufsicht des Landtages unterstellt. Sie übernimmt die Aufgaben eines Staatsbankhauses, darf aber den traditionsreichen Namen weiterführen, auch wenn sie angewiesen ist, alle wirtschaftlichen Unternehmungen, wie den Überseehandel, einzustellen. Rothers Nachfolger lösen den Reedereibetrieb auf. Bereits im September 1849 ist einer Hamburger Maklerfirma der Auftrag zum Verkauf der Seeschiffe übertragen worden. Doch wegen der wirtschaftlich denkbar ungünstigen Lage finden sich kaum Käufer, und deren Preisangebote sind wenig erfreulich. Wieder ist es O'Swald, der profitiert. Er kann von der SEEHANDLUNG überaus günstig die Brigg ELISABETH LOUISE kaufen, nachdem er das Vollschiff PRINCESS LOUISE bereits vier

Jahre zuvor erworben hat, den Segler, auf dem er vor über zwanzig Jahren die Erde mit dem seit der MENTOR-Reise vertrauten Wilhelm Wendt umrundet hat. Dieser ist vor drei Jahren (1847), nur 45 Jahre alt, in Bremen gestorben. Nach Rückkehr von der damals so unglücklich verlaufenen vierten Weltumsegelung fuhr Wendt nur noch einmal als Kapitän eines Auswandererschiffes nach Amerika zur See und hat sich danach als Erfinder und treibende Kraft der in Europa ersten öffentlichen Telegrafenlinie von Bremen nach Bremerhaven noch einen Namen gemacht.

So wie in Hamburg die Segelschiffe den Besitzer wechseln, werden in Berlin die Dampfer und Schlepper verkauft. Die SEEHANDLUNG hätte aber auch ohne die politischen Vorgaben den Binnenschiffs-Reedereibetrieb aufgeben müssen. Denn seit Eröffnung der neuen Eisenbahnstrecke Berlin-Hamburg vor vier Jahren (1846) besteht für die Passagierfahrt über Havel und Elbe keine Existenzberechtigung mehr. Die Bahn kann ihre Fahrgäste mit einer Geschwindigkeit von 4 Meilen (30 Kilometer) in der Stunde in neun Stunden ans Ziel bringen, während Dampfer die dreifache Zeit benötigen. Selbst das „Flaggschiff", die erst 1844 gebaute ALEXANDRIA II, hat mit ihrer ebenso komfortablen wie geschmackvollen Luxusausstattung schon länger keine zahlungskräftigen Erster-Klasse-Reisegäste für die Flusspassage mehr gewinnen können. In den letzten Jahren wurde das Schiff daher gern von der SEEHANDLUNG für Ausflüge oder einen Einsatz auf dem Jungfernsee an den Hof verchartert. Und so ist beiden Seiten gedient, als Friedrich Wilhelm IV. im Herbst 1849 zustimmt, die ALEXANDRIA als Staatsyacht anzukaufen und der Königlichen Gartenintendantur Befehl erteilt, sie bei der Matrosenstation vor Anker zu legen.

Seit dem ersten Korso für den König von Sachsen ist der Jungfernsee zur sommerlichen Hohenzollern-Wasserbühne geworden. Immer wieder, wenn es gilt, hohe Gäste zu beeindrucken, findet dort zu deren Ehren eine Bootsparade mit abschließender abendlicher Festtafel bei bengalischer Beleuchtung auf der Pfaueninsel statt. Es sind Unternehmungen, bei denen sich an den Ufern stets Zuschauer versammeln, die das

Schauplatz Jungfernsee – der große Gondelkorso auf dem Jungfernsee

königliche Treiben mit Applaus verfolgen. Zu ihnen gehört auch der die Gewässer ständig umwandernde Klein-Glienicker Harry Maitey, der keines dieser so unterhaltsamen Schauspiele auslässt. So auch am 7. Juli 1852, als der Jungfernsee zur Arena für den größten und prächtigsten jemals veranstalteten Korso wird. Am frühen Abend dieses denkwürdigen Tages treffen über zweihundert Wasserfahrzeuge unterhalb des Casinos von Schloss Glienicke in Ufernähe ein. Die Teilnehmer *„aus allen Kreisen der Gesellschaft"* kommen havelabwärts aus dem Norden von Berlin und Spandau, oder aus Richtung Potsdam durch die Schiffsdurchfahrt und Rundbögen der Schinkel-Brücke. Die mit Blumengirlanden, Kränzen und Fahnen geschmückten Ruderboote, Gondeln, Segelkutter und Kähne sammeln sich zu einer *„Seeschlacht"*, die es so noch nie gegeben hat. Der nasse „Kampfplatz" wird durch einige mit Musikern der Husaren- und Ulanen-Gardekapellen vollbesetzte Barkassen wie von den beiden Fregatten eingerahmt. Vor der Matrosenstation ankert die über alle Toppen festlich beflaggte ROYAL LOUISE, gegenüber beim Casino steht das *„Seeschiff auf dem Trockenen"*, dessen Takelage mit Nationalflaggen und bunten Wimpeln behängt ist. An den Ufern verfolgen Tausende von Zuschauern das ungewöhnliche Spektakel, das mit einem Kanonenschuss beginnt. Nach diesem Signal nähert sich mit langsamer Fahrt vom Neuen Garten kommend die ALEXANDRIA, am Hauptmast die gelbe russische Flagge mit dem kaiserlichen Doppeladler. Auf dem Vordeck stehen die preußische Königsfamilie mit ihren Ehrengästen, Zar Nikolaus I. und Gemahlin Alexandra Fjodrowona, die geborene Prinzessin Charlotte von Preußen, die zum siebten Mal seit ihrer Eheschließung wieder in der Heimat, der *„geliebten freien Luft von Potsdam"* ist. Für sie wird das Großereignis auf dem Jungfernsee veranstaltet: Eine Blumenschlacht zu Wasser. Es ist ein lautstarker, fröhlicher Krieg, bei dem die nassen Geschosse von Bord zu Bord fliegen und *„wohl manche ängstliche Dame fürchtet, das Boot werde umschlagen, wenn die Kämpfer zu hitzig sich überbeugen, die zu kurz geworfenen Sträuße zu erhaschen."* Hunderte von *„zierlichen Blumensträußen mit Rosen und Vergissmeinnicht werden als Wurfgeschosse von schönen Händen geschleudert oder aufgefangen."* Auch die erlauchten Dampferpassagiere haben Freude am Getümmel. Von Booten umringt, wird die ALEXANDRIA mit trockenen wie nässetriefenden Sträußen beworfen, die von den hohen Herrschaften mit Eifer und Begeisterung zurückgeschleudert werden. Erst die beginnende Abenddämmerung zwingt zum Abbruch der floralen Kampfhandlungen. Die preußische Staatsyacht nimmt mit ihren Ehrengästen und einem langen Abschieds-Pfeifton Kurs auf den heimatlichen Liegeplatz.

Sechs Tage nach dieser gelungenen Wasserdarbietung gerät die Pfaueninsel noch einmal in den Lichtkegel königlichen Interesses. Friedrich Wilhelm IV. will seiner Schwester, der Zarin, nach dem Blumenkorso noch ein zweites außergewöhnliches Erlebnis bieten. Deshalb sind am Abend des 13. Juli 1852, dem Tag ihres 54. Geburts- und 35. Hochzeitstages, Zarin und Zar nebst hochrangiger preußischer Würdenträger bei hochsommerlichen Temperaturen eingeladen, auf der großen Wiese vor dem Schloss bei Fackelschein einen Kunstgenuss ganz eigener Art zu genießen. Dem preußischen König ist es gelungen, für diesen Inselabend die europaweit berühmte französische Tragödin Elisa Rachel nach Berlin zu locken. Diese rezitiert im schlichten altgriechischen Gewand mit beseeltem Spiel, ohne das zu jener Zeit übliche Pathos, Monologe aus großen Dramen derart eindringlich, dass die königliche Festversammlung tief beeindruckt ist, so wie die in gebotener Entfernung mithörenden Pfaueninselbewohner, die Fintelmanns, die Friedrichs und die Beckers. Und nachdem das letzte Boot der Hofgesellschaft abgelegt hat, fällt die Pfaueninsel in einen Dornröschenschlaf, der gut acht Jahrzehnte dauern soll.

Ein neuer König – Loggia Alexandra – Post aus Hawai'i – die verhängnisvolle Wanderung

Heinrich Wilhelm Maitey lebt noch zwanzig Jahre in der Kurfürstenstraße Nummer 10, – ein Zeitgenosse in einer für Preußen entscheidenden Epoche, ohne zum Zeitzeugen zu werden. Denn Harry schreibt keinen Brief und führt kein Tagebuch. Und in den Briefen und Tagebüchern der anderen wird er nicht erwähnt, dazu ist er zu unbedeutend. Abgesichert durch das lebenslange Wohnrecht auf königlichem Grund und die regelmäßig vom Hofmarschallamt ausgezahlten jährlich 350 Taler ist der *„Sandwich-Insulaner"* nichts weiter als ein rüstiger Mittfünfziger, der die Veränderungen als unbeteiligter Beobachter wahrnimmt. Es hat für ihn keine besondere Bedeutung, dass sich Prinz Wilhelm nach dem Tod des geistig umnachteten Bruders bei einer feierlichen Zeremonie in Königsberg im Oktober 1861 als Wilhelm I. die Krone selbst auf den Kopf setzt, und damit ein weiterer König von Preußen zu seinem nun dritten Herrn und Gönner wird.

Möglicherweise hat Harry dann zwei Jahre später, im November 1863 von der Ehrung gehört, die Joseph Friedrich

König Wilhelm I.

widerfährt. Auf Vorschlag des Hofmarschallamtes wird dem Maschinenmeister *„für seine höchst mühsame und kunstvolle Arbeit in Anerkennung die „Große Goldene Medaille für Kunst“* verliehen, obwohl dieser nach Ablieferung des Modells der Nikolaikirche im Dezember 1849, bis auf eine acht Jahre zuvor dem König übersandte Schale aus Elfenbein und Perlmutt, nichts mehr kunstvoll gestaltete. Offenbar gelingt Friedrich ohne Mitarbeit seines Gehilfen kein neues Werk.

Harry hat viel Zeit. Das Nichtstun will ausgefüllt sein. Er verfolgt die Bauaktivitäten des Herrn auf Schloss Glienicke aus der Nähe. Prinz Carl hat das nachbarliche Jagdschloss erworben und in den letzten Jahren mit dem Hofarchitekten Ferdinand von Arnim barockisierend umgebaut und

Die Nikolaikirche zu Potsdam. Elfenbeinmodell von Joseph Friedrich und Harry Maitey

dem einzigen Sohn, Prinz Friedrich Karl, als Sommersitz geschenkt. Der bewährt sich 1864 als General der Kavallerie und Oberbefehlshaber im Preußisch-Österreichischen Krieg gegen Dänemark und wird durch einen entscheidenden Sieg berühmt, die Erstürmung der *„Düppeler Schanzen“*. Alle Klein-Glienicker sind auf ihren „Kriegshelden“ stolz, aber reichlich verwundert, als dessen Vater nach einer Schweiz-Reise den kleinen Ort nachhaltig zu verändern beginnt. Prinz Carl kauft Grundstücke auf und lässt für seine Bediensteten zehn Häuser errichten, die Schinkel-Schüler von Arnim im alpenländischen Stil zu erbauen hat. Es entsteht ein kleines, malerisch wirkendes *„Schweizer-Dorf“*

inmitten einer mit Findlingen alpin dekorierten Waldlandschaft. Harry geht häufiger an diesen eigenartigen Bauten vorbei, um auf den am Dorfrand ansteigenden, 220 Fuß hohen Böttcherberg zu kommen. Dabei muss er den Weg durch eine Schlucht mit aus Ton gebrannten Felsbrocken nehmen, eine künstlich gestaltete Gebirgsformation, die ihn an die Teufelsbrücke im Schlosspark Glienicke erinnert. Sein Ziel ist die *„Loggia Alexandra"*. Auf Bergeshöhe hat Prinz Carl zum Andenken an seine Lieblingsschwester Charlotte, die 1860 gestorbene Zarin, zehn Jahre später ein Teehaus bauen lassen, von dessen Dachterrasse sich ein phantastischer Blick auf die Potsdamer Parklandschaft öffnet. Es ist ein kleiner, halbkreisförmiger Ziegelbau mit einer von drei Arkadenbögen gebildeten Front, hinter der in einer mit Wandmalereien und Mosaiken geschmückten offenen Halle die Marmorbüste Alexandra Fjodorownas steht. Die *„Loggia auf dem Böttcherberg"* soll für den im Juni 1871 runde 70 Jahre alt werdenden General und Herrenmeister des wiedergegründeten Johanniterordens das letzte, und zugleich höchstgelegene Bauwerk werden. Fast fünf Jahrzehnte hat der *„Kenner und Beschützer des Schönen"* seine Leidenschaften als Bauherr, Naturgestalter und Kunstsammler ausgelebt. Mit Schinkel der Umbau des Landhauses zum Schloss Glienicke, mit Lenné und Fürst Pückler die Verwandlung des Schlossparks, und als Liebhaber antiker Kunstwerke hat Prinz Carl auf großen Italienreisen Prachtstücke angekauft, für deren stilvolle Präsentation Ferdinand von Arnim vor zwanzig Jahren neben der Orangerie den Klosterhof erbaute.

In jenen Sommertagen des Jahres 1871 ist Harry wieder einmal zum einsam im Wald stehenden Zarinnen-Denkmal aufgestiegen. Er betrachtet die bunten Bilder, ohne zu wissen, dass es pompejanische Fresken sein sollen und alles im Stil florentinischer Frührenaissance errichtet ist. Ihn lockt vor allem die über eine Treppe erreichbare Aussichtsplattform. Und stellen wir uns vor – dort sitzt Harry völlig allein auf einem Rohrstuhl und schaut in die Weite. Im Vordergrund die von Hochwald eingefasste Felsschlucht, dahinter die Dächer des Jagdschlosses und gegenüber in der Höhe, die Türme von Schloss Babelsberg, zu dessen Füßen im Havelgewässer der *„Geyser"*, die große Fontäne, nach Einbau einer stärkeren Dampfmaschine, seit zwei Jahren 120 Fuß in die Höhe steigt. Es ist ein überwältigend schöner Ausblick mit der Silhouette der Residenzstadt Potsdam am Horizont.

Seit drei Monaten, seit Ausrufung des Preußischen Königs Wilhelm I. zum Deutschen Kaiser am 1. März 1871 im Schloss von Versailles ist Harry nun sogar *„Pensionär des Kaisers"*, was allerdings nicht zu einer Aufbesserung des Jahreslohnes führt. Trotzdem ist er zufrieden, obwohl es in der Familie viel Leid mit den früh verlorenen Kindern gab. Heinrich Wilhelm Otto, der nach nur einem Monat starb, und Friederike Wilhelmine, die nur fünf Tage alt werden durfte. Dafür macht der inzwischen 32-jährige Eduard als Gerichtssekretär in Potsdam Freude und hat Harry und Dorothea vor vier Monaten mit einem ersten, Ernst David Johann getauften Enkel beglückt. Schwiegervater Johann Becker ist schon vor fünf Jahren gestorben. Nach Auflösung der Pfaueninsel-Menagerie hatte er mit Doppelflinte, Kavalleriesäbel, Hellebarde und Laterne bewaffnet, als Nachtwächter gedient.

So schön die Aussicht vom Dach der Loggia ist, Harry hätte gern auch noch die weite Wasserfläche des Jungfernsees im Blick. Leider bleiben die Glienicker Brücke, die Heilandskirche und Matrosenstation hinter Buchenkronen verborgen. Doch er weiß ja, dort ankert die ROYAL LOUISE. Aber interessiert sich der Großvater Maitey überhaupt noch für das Schiff, das beim ersten Anblick vor vier Jahrzehnten wie eine durch Zauber verkleinerte MENTOR auf ihn wirkte? Erinnert er sich noch manchmal an die große Fahrt, an Whampoa, St. Helena und Swinemünde, denkt er an die Kindheit auf der Heimatinsel O'ahu, an Hawai'i?

Im Jahr 1871 regiert Kamehameha V. das Inselreich. Die *„Goldene Zeit"*, der Höhepunkt der Walfang-Ära, liegt 25 Jahre zurück. Es lohnt nicht mehr, in dieser Region des Pazifik für die Pottwal-Jagd Segel zu setzen. In Honolulu sind daher zwar die meisten Spelunken, Bordelle und Glücksspielhöhlen verschwunden, doch die Folgen der jährlich während der Fangsaison erfolgten Invasion hunderter Schiffsbesatzungen dauern an. Krankheiten wie Syphilis, Masern, Keuchhusten, Typhus, Grippe grassieren und haben die Anzahl der *„Sandwich-Insulaner“* dramatisch verringert. Es gibt längst kein Sandelholz mehr und der vor zwei Jahrzehnten begonnene Anbau von Zuckerrohr liegt in den Händen von Amerikanern und Engländern, die ihre Plantagen von Chinesen bearbeiten lassen und seit zwei Jahren die ersten Japaner auf die Inseln holen.

Ein Vierteljahrhundert zuvor fühlte sich der damalige hawai‘ianische König Kamehameha III. von amerikanischen, britischen und französischen Begehrlichkeiten, die strategisch wertvolle Inselgruppe unter ihren Einfluss zu bringen, derart stark bedrängt, dass er beschloss, Ausschau nach Verbündeten zu halten. Er erinnerte sich an Preußen, an die damals an Bord der PRINCESS LOUISE gehörten Erzählungen von den militärischen Großtaten Marschall Blüchers. So schrieb der König am 24. Juni 1846 einen Brief an König Friedrich Wilhelm IV., bedankte sich noch einmal für die vor fünfzehn Jahren erhaltenen Geschenke und vergaß nicht, die wenigen, als Kaufleute oder Vorarbeiter auf den Inseln tätigen preußischen Untertanen zu loben: *„keine Ausländer sind ordentlicher und in ihrem Benehmen korrekter.“*

Zwei Jahre später traf in Honolulu die Antwort aus Berlin ein. Bei einer feierlichen Audienz übergab ein britischer Fregattenkapitän das Schreiben am 14. Juni 1848 zusammen mit einem Porträtgemälde des preußischen Königs. Beides musste, weil die SEEHANDLUNG keine Schiffe in den Pazifik schickte, mit der HMS ASIA, einem 84-Kanonen-Linienschiff der Royal Navy, von London nach O’ahu transportiert werden. Dieser Umstand führte zur raschen Abkühlung des hawai‘ianischen Interesses. Ein Land ohne Seemacht, das konnte kein lohnender Alliierter sein.

Erst 1871 kommt wieder Post aus Honolulu in Berlin an. Kamehameha V. hat einen ungewöhnlichen Wunsch: Er bittet um Entsendung eines Militär-Kapellmeisters. Das Ganze hat eine Vorgeschichte. Im November 1869 geriet die österreichische Fregatte DONAU bei ihrer Weltumsegelung von Yokohama auslaufend in einen Taifun. Schwer mitgenommen musste sie Honolulu als Nothafen anlaufen. Während des fünfmonatigen Werftaufenthalts gab die k.-u.-k. Bordkapelle im Stadtzentrum mit derartigem Erfolg Marschmu-

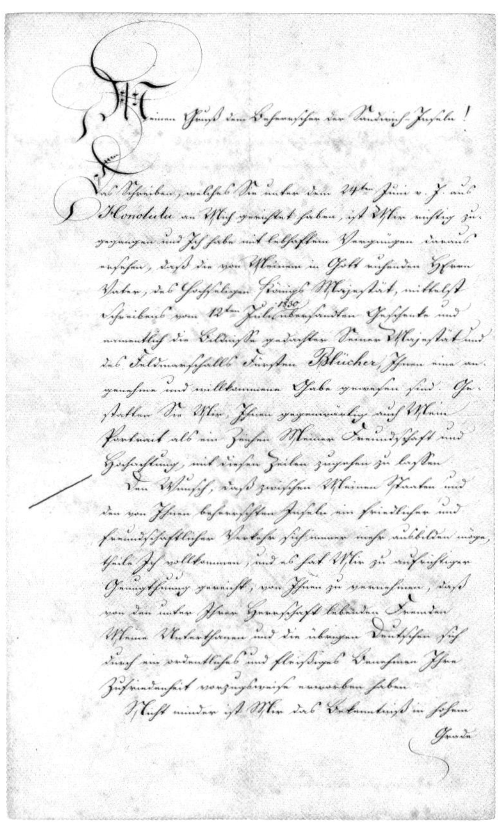

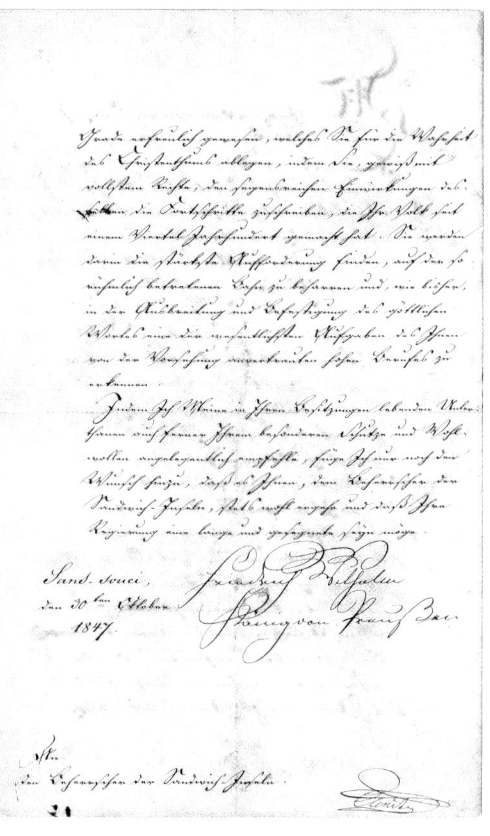

Brief von Friedrich-Wilhelm IV. an Kamehameha III. vom 20. Oktober 1847

sik-Platzkonzerte, dass die Bevölkerung eine Neugründung der vor etlichen Jahren abgeschafften heimischen „*Kings Band*“ verlangt. Doch dazu fehlt ein fähiger Kapellmeister. Das Preußische Kriegsministerium in Berlin nimmt das königliche Gesuch aus dem fernen Hawai‘i sehr ernst. Es wird sogar ein Dirigenten-Wettbewerb mit zwölf Kandidaten veranstaltet, aus dem der 27-jährige stellvertretende Kapellmeister des 2. Garderegiments zu Fuß, der Berliner Heinrich Berger, als Sieger hervorgeht. Er bekommt den Marschbefehl mit vierjähriger Abkommandierung an den Hof des Königs von Hawai‘i und ist zur selben Zeit auf dem Tausende-Seemeilen-Weg nach O’ahu, zu der Harry Maitey die märkische Landschaft durchwandert.

Anfang Februar 1872 läuft Harry trotz Kälte und dünner Schneedecke mehrere Kilometer nach Osten, am Griebnitzsee, Stolper See und Stolper Loch entlang bis zum Jagdschloss Dreilinden. Das erst vor drei Jahren im Schweizer Stil erbaute Haus gehört Prinz Friedrich Karl, dem Herrn auf Gut Düppel. Diesen Namen mit dem Zusatz „Rittergut“, erhielt der erst 1859 angekaufte Besitz nach dem Krieg gegen Dänemark in Anerkennung der militärischen Verdienste des Prinzen. Der kümmert sich als leidenschaftlicher Jäger um den Aufbau der Wildbestände und seit Ende des Deutsch-Französischen Krieges um die großflächige Aufforstung. Für die winterlichen Waldarbeiten kann der Neffe des Kaisers in Baracken untergebrachte französische Kriegsgefangene aus der Festung Spandau einsetzen. Niemand weiß, was Harry in ihrer Nähe gesucht hat, warum er sich ausgerechnet in dieser Jahreszeit auf den weiten Weg machte. Wenige Tage nach dem Besuch in Drei Linden kommt es zu schweren Krankheitssymptomen, zu Kopfschmerzen, hohem Fieber und Schüttelfrost. Die Kriegsgefangenen haben ihn mit den „*schwarzen Pocken*“ angesteckt. Es gibt keine ärztliche Hilfe. Heinrich Wilhelm Maitey stirbt am 26. Februar 1872 mit 64 Jahren in seinem Haus in Klein-Glienicke und wird auf dem kleinen Waldfriedhof hinter der St. Peter und Paul Kirche zu Nikolskoe begraben. Dort ist bereits im Jahr zuvor der am 1. März 1871, dem Tag der Kaiserproklamation in Versailles, verschiedene Hofgärtner Gustav Fintelmann neben anderen Pfaueninselbewohnern und der Dienerschaft von Schloss Glienicke bestattet.

Siebzehn Jahre später, nach dem Tod der Mutter, lässt Eduard Maitey auf dem Familiengrab das Granitkreuz beschriften: „*Hier ruhet in Gott – Frau Dorothea Maitey geb. Becker 1889*“ – „*der Sandwichs-Insulaner Maitey 1872*“. Und auf der Rückseite des Kreuzes steht, wohl als Zeichen des Stolzes der Großeltern auf den Mann aus der Ferne: „*Hier ruhen in Gott die Thierwärter Beckerschen Eheleute, Schwiegereltern des Sandwichs-Insulaner Maitey.*“

Sechzig Jahre nach dem Tod des „*Königlichen Pfleglings*“ beschäftigte sich der Berliner Heimatforscher Caesar von der Ahé in zwei Abhandlungen, – „*Heinrich Wilhelm Maitey, der Südsee-Insulaner auf der Pfaueninsel*“ und „*Der Hawaianer auf der Pfaueninsel*“, – als erster ausführlicher mit dessen Leben. Dabei kam er zu dem Schluss: „*Maitey war zweifellos*

nicht, wie man annimmt, ein auf der Pfaueninsel als Sehenswürdigkeit benutzter Wilder, sondern ein gesitteter Mensch, der sich der besonderen Fürsorge mancher hochstehender Persönlichkeit in Berlin und Potsdam erfreuen konnte. – Als einen lieben, guten Mann haben wir unsern Heinrich Wilhelm Maitey zu achten."

Als Nachwort ein Brief des Autors an Heinrich Wilhelm Maitey

Aloha lieber Harry,
darf ich das vertrauliche „Du“ verwenden? Ich bin der Ältere und außerdem kenne ich Dich jetzt seit sechs Jahren, seit den ersten Recherchen zu dem 2014 im Berliner Nicolai-Verlag erschienenen Buch „*UFERBLICKE Geschichten rund um den Wannsee*“ und den zwei Jahre danach bei Hendrik Bäßler veröffentlichten Band „*AUF BLAUEN HAVELFLUTEN*“. In beiden Büchern kommst Du vor. Schon damals hat mich Dein auch für jene Zeit vor fast 200 Jahren außergewöhnliches Schicksal fasziniert. Aber um wirklich ehrlich zu sein: Ich sah vor allem die Chance, mit Deinem Leben über die Geschichte der ersten deutschen Weltumsegelung, die Blütezeit der Pfaueninsel und Schönheit der Potsdamer Wasserlandschaft zu schreiben. Natürlich frage ich mich: War das zulässig? Durfte ich Dich „benutzen“, durfte ich mich an eine Biografie über eine Person wagen, von der niemand wirklich etwas weiß? Angefangen von Deinem Entschluss, an Bord der MENTOR zu klettern. Keiner kennt Deine Gefühle, Gedanken, hat festgehalten, wie Du auf die so völlig fremde Umwelt, ob an Bord oder an Land, reagiert und geblickt hast. Es bleiben nur die wenigen Hinweise in den Originalquellen. Und die beschreiben Dich als *„von sehr guter Gemüthsart, besonders treu, pünktlich“*, als *„gelehrig, freundlich, munter, arbeitsam.“* Ja, Du musst ein angenehmer Zeitgenosse, *„ein äußerst gutmüthiger Mensch“* gewesen sein.

Ursprünglich warst Du wohl tatsächlich ein junger Abenteurer, möglicherweise sogar ein Flüchtling, der durch Zufall in Preußen Asyl fand. Du hattest großes Glück in diesem Land, warst keiner Willkür ausgesetzt und musstest keinerlei Not erleiden. Eine erstaunliche Riege von einflussreichen und toleranten Gönnern hat sich um Dein Wohlergehen bemüht. Höchstwahrscheinlich hast Du es sogar Alexander von Humboldt zu verdanken, dass Du Dich in einem Staat, in dem Arbeit und Pflichterfüllung höchste Werte waren, über so viele Jahre nach Verlassen der Pfaueninsel unbehelligt in Klein-Glienicke bezahltem Müßiggang hingeben konntest. Denn Humboldt hatte durch seine Weltreisen als einer der Wenigen Verständnis für fremde Kulturen und konnte sich als Kammerherr des Königs für die Respektierung Deiner Andersartigkeit an höchster Stelle einsetzen.

Lieber Harry, in Ermangelung von Augenzeugenberichten und aussagekräftigen schriftlichen Zeugnissen musste ich mir einige Freiheiten erlauben. Ich habe Dich im Passatgürtel in die Takelage der MENTOR steigen lassen, Dich im Zentrum von Berlin, auf der Pfaueninsel wie im Umkreis von Klein-Glienicke auf lange Erkundungsspaziergänge geschickt und in Potsdam das neue Dampfmaschinenhaus besichtigen lassen. Obwohl diese Schilderungen nicht mit Dokumenten zu belegen sind, könnte sich aber doch alles genau so abgespielt haben. Ich hoffe, Du bist mit meinem Vorgehen einverstanden.

Unmittelbar nach Deiner Beerdigung hat Sohn Eduard öffentlich behauptet, Du seist in Wirklichkeit ein hawai'ianischer Prinz mit dem Namen *„Kaparena"* gewesen. Das hat zu einigen Spekulationen und Diskussionen geführt, die noch durch Gerüchte befeuert wurden, die Besatzung der MENTOR hätte Dich damals gegen Deinen Willen aus Honolulu entführt. Wir wissen, beides stimmt nicht, haben aber Verständnis, dass sich Eduard nach etwas Glanz sehnte.

In den Jahren nach Deinem unglücklichen Ende hat sich sehr viel, und einiges leider auch zum Unguten verändert. In Hamburg begannen im Tierpark Hagenbeck sogenannte *„Völkerschauen"*, bei denen *„Wilde"* aus überseeischen Weltgegenden zur Schau gestellt wurden. Damit sollte der „Kolonialgedanke" verbreitet, die Eroberung ferner Länder vorbereitet werden. Im Sommer 1878 strömten in Berlin Zehntausende in den Zoo, um *„17 dunkelhäutige Nubier vom Blauen Nil"* zu begaffen. Das hätte Dir sicher nicht gefallen, Menschen mit anderer Hautfarbe, vorgeführt wie die Tiere in der Pfaueninsel-Menagerie.

Auf der Pfaueninsel kam es übrigens in der Nacht vom 19. zum 20. Mai 1880 zu einem tragischen Ereignis. Das wunderbare Palmenhaus brannte bis auf die Grundmauern nieder und rätselhafterweise ging in denselben Stunden Prinz Carls *„Landschiff"* in Flammen auf, jene große Fregatten-Attrappe unterhalb des Casinos, die auf Dich beim ersten Anblick einen so tiefen Eindruck gemacht hat. Beides, Palmenhaus wie Schiff, waren für immer vernichtet und die Brandursache wurde nie geklärt.

Erfreut hätte Dich dagegen, – Du wärst dann 74 Jahre alt gewesen, – der hohe Besuch aus Deinem Herkunftsland, das schon längst nicht mehr Sandwich-Inseln hieß. König Kalakaua I. von Hawai'i machte Ende Juli 1881 auf seiner Weltreise in Berlin Station. Er kam zu einem Zeitpunkt in der deutschen Reichshauptstadt an, als sein pazifisches Inselreich mit nur 48 000 Einwohnern den höchst traurigen, historischen Tiefpunkt der Bevölkerungsentwicklung erreicht hatte. Der 45-jährige Monarch stieg mit einem zwei Mann-Gefolge zuerst völlig unerkannt im Hotel de Rome ab. Es dauerte etwas, – Kaiser Wilhelm I. weilte zur Kur in Gastein, – bis die überraschte preußische Protokollmaschinerie in Gang kam. Dann wurden dem Besucher aus dem Pazifik aber als erstes die Prunkräume des Schlosses gezeigt, wobei er im Ethnologischen Museum den Federmantel Kamehamehas I. und neue *„Schätze"* bewundern konnte, die dessen Direktor vor zwei Jahren von einer Hawai'i-Forschungsreise mitgebracht hatte. Nach der Fahrt durch den Tiergarten mit Besuch im Zoo gab es am Abend Oper im Kroll'schen Etablissement und in den Tagen danach, Gefechtsexerzieren des 2. Bataillons des 2. Garderegiments zu Fuß auf dem Tempelhofer Feld. Am Sonntag, dem 31. Juli, reiste der König mit dem Dampfzug nach Potsdam. Vor dem Bahnhof *„wogte die neugierige Menge"*, und im Stadtschloss empfingen ihn Kronprinz Wilhelm und Prinz Carl, der vier Wochen zuvor seinen 80. Geburtstag feiern konnte. Gemeinsam wurden die Sehenswürdigkeiten Potsdams besichtigt. Zwei Tage später, zum Abschluss des Aufenthaltes in Berlin, fuhr *„Se. braune Majestät"* in großer Generalsuniform preußischen Zuschnitts, mit dem frisch erhaltenen Roten Adlerorden dekoriert, den Schleppsäbel im Goldgehänge und weiß-roten Federbusch auf der sogenannten *„Pickelhaube"*, in einer Equipage nach

Klein-Glienicke. Prinz Carl hatte im Schloss zum Galadinner eingeladen. Dadurch kamen Deine einstigen nachbarlichen Dorfbewohner und sicher auch Dorothea und Eduard in den Genuss, den eindrucksvoll auftretenden fremden Herrscher gebührend bestaunen zu können. In der *Berliner Börsenzeitung* vom 31. Juli 1881 habe ich eine Beschreibung seines Aussehens gefunden, die ich zitieren will: „*Der König war leutselig und machte von vornherein den besten Eindruck. Er ist nahezu 6 Fuß hoch, starkleibig, keineswegs aber schwarz wie Ebenholz, ja nicht einmal ‚Nußbraun', sondern vielmehr ‚Mahagoni' und trägt sein Civilkleid mit den Allüren eines Gentleman. Ein schwarzer Bart umrahmt sein Gesicht und giebt ihm ein festes, männliches Aussehen.*"

Meine Frage: Hattest Du auch einen Bart? Es existiert ja nur die von Schadow angefertigte Zeichnung, auf der Du als junger Mann zu sehen bist. Jedenfalls gibt es verbürgte Reaktionen von Zeitzeugen, die behaupten, die Glienicker hätten damals ausgerufen: „*Der König, – der sieht ja aus wie unser Harry.*"

Wenn Du heute nach Klein-Glienicke kommen würdest, Du fändest vieles verändert, aber auch Vertrautes. Euer Haus ist verschwunden. Doch einige übriggebliebene, etwas ramponierte Schweizerhäuser sind zu entdecken und das Jagdschloss ist wiederzuerkennen. Die Loggia Alexandra oben am Berg, die gibt es noch. Leider ist die Front mit einer dicken Glasscheibe verschlossen, sodass Du nicht mehr auf das Dach steigen kannst. Aber die Aussicht auf Potsdam ist ohnehin zugewachsen. Unten am Wasser der Glienicker Lake stehen die bekannten Gebäude: Das Dampfmaschinenhaus am Ufer und oberhalb Schloss Babelsberg. Auch Schloss Glienicke mit der Großen Neugierde hat sich in den fast zweihundert Jahren kaum verändert. Nur der Blick auf die Glienicker Brücke würde Dich erschrecken. Wo sind die hellen, eleganten Schinkel'schen Bögen geblieben? Heute ist da nur ein inzwischen auch schon über 110 Jahre altes, eigentlich hässliches Eisengestänge.

Völlig unproblematisch wäre eine Bootsfahrt. Vom Wasser sieht alles unversehrt und fast so aus, wie Du es kennst: Das Casino, die Heilandskirche, Moorlake, das russische

Blockhaus und die St. Peter und Paul Kirche. Das gilt auch für die Pfaueninsel. Du würdest die Meierei so vorfinden, wie Du sie zum ersten Mal mit Maschinenmeister Friedrich betreten hast. Der kleine Luisentempel mit der Kopfbüste der Königin existiert noch, so wie das Dampfmaschinenhaus und der Fregattenschuppen. Im Kastellanhaus wohnt seit einigen Jahrzehnten ein später Nachfolger Fintelmanns, der sogar Professor wurde und mehrere Bücher über die Insel geschrieben hat. Glücklicherweise hat auch der Blickfang und Glanzpunkt, das weiße Schloss, die Wirren der Zeit, die politischen Umbrüche und Kriege heil überstanden. Es wird gerade grundlegend renoviert, sodass es leider für einige Jahre nicht mehr besichtigt werden kann. Aber Du würdest dort bei der Suche nach Euren Elfenbein-Architekturmodellen ohnehin nicht fündig. Zwei Stücke, – das Königliche Museum am Lustgarten und die Friedrichswerdersche Kirche, – sind in einer Glasvitrine in dem von Schinkel erbauten Neuen Pavillon im Garten von Schloss Charlottenburg ausgestellt, die anderen werden in Potsdam in den Magazinräumen der STIFTUNG PREUSSISCHE SCHLÖSSER UND GÄRTEN BERLIN-BRANDENBURG sorgsam gehütet.

Lohnend wäre natürlich noch ein kurzer Besuch des kleinen, verwunschen zugewachsenen Waldfriedhofs hinter dem blassroten Backsteingebäude der alten königlichen Freischule, die heute die Försterei Nikolskoe ist. Dort sind sie alle bestattet: die Königlichen Hofgärtner, die *„Schloßjungfer Fräulein Marie Strakow“* und auch Dein Sohn Eduard. Im Zentrum steht unübersehbar das von einer hohen Linde beschattete Steinkreuz mit Deinem und dem Namen Deiner 75 Jahre alt gewordenen Dorothea. Im April 1945, in den letzten Tagen eines furchtbaren Krieges, wurde der Friedhof verwüstet, die Grabsteine umgestürzt. Doch Euer Kreuz ist längst wieder aufgerichtet und in jüngster Zeit hat man die Inschrift des außerhalb Hawai‘is wohl weltweit ältesten Grabes eines Sandwich-Insulaners sogar vergoldet. Ich habe diesen Ort in den letzten Jahren häufiger besucht und mich dabei immer wieder über eine von Unbekannten auf den Kreuzbalken gelegte bunte Tritonmuschel gefreut, – ein wahrlich sinnreicher Gruß für einen Mann, der die Weltmeere befahren hat.

Zum Abschluss bitte ich Dich noch mal die paar Schritte Richtung Havel auf die halbrunde Terrassenbastion vor der Peter und Paul-Kirche. Es ist ein Dir vertrauter Aussichtspunkt, von dem man, wie Dein Zeitgenosse Theodor Fontane schrieb: „*das vielfach bewegte Waldterrain , das Flußgebiet mit zahlreichen Buchten und großen Wasserflächen sowie die eine kleine Meile entfernte Residenz Potsdam mit ihren Schlössern und ihren rings um die Stadt gelegenen romantischen Villen übersieht.*" Der Schriftsteller war überzeugt, dass „*die Aussicht gerade von diesem Punkt zu den schönsten hiesiger Gegend* zählt." Heute würdest Du wegen hoher Bäume nichts von Potsdam sehen. Außerdem wäre ohnehin alles verändert, die spitzen Türme der Heilig-Geist- und Garnisonkirche fehlen, die grüne Kuppel von St. Nikolai wird von hohen, rechteckigen Betonbauten fast verdeckt. Von der einstigen Schönheit der Stadtsilhouette zu Zeiten Schinkels, Persius' und Lennés ist durch Zerstörung und Unverstand nicht viel geblieben.

Aber es gibt ja die Nähe, den Blick auf die Wasserlandschaft zu Deinen Füßen. Auf der Havel schwimmen Schwäne, Segelboote und Ausflugsschiffe, die etwas anders aussehen als die Dampfer zu Deiner Zeit. Manchmal liegt die weit ausgedehnte, von Wäldern umrahmte Seefläche jedoch völlig leer und verlassen da. Und dann, – stell Dir vor, – kommt tief unten aus Richtung Glienicker Brücke, vom Südwestwind angetrieben, eine historisch aussehende Fregatte mit geblähten Segeln. Ja – es ist die ROYAL LOUISE! Zwar nicht das Original, das wurde 1945 zerstört, sondern ein wunderbar gelungener Nachbau aus dem Jahr 1998. Du kannst von oben die Wanten und Wimpel genau erkennen und vorn am Bug die auf dem Klüverbaum als Gösch gesetzte Stadtflagge von Potsdam. Einsam hält das zeitlos schöne Segelschiff flussaufwärts Kurs nach Norden und entschwindet hinter den Baumkronen in Richtung Pfaueninsel ...

Es grüßt Dich, lieber, leider doch fremd gebliebener
Sandwich-Insulaner, über bald zwei Jahrhunderte hinweg,
Dein Biograf und Spurensucher

PERSONENREGISTER

QUELLEN UND LITERATUR

Ahé, Caesar von der: Heinrich Wilhelm Maitey, der Südseeinsulaner auf der Pfaueninsel. In: Heimat und Ferne, Beilage des Heimatmuseumsvereins Kreis Teltow zum Teltower Kreisblatt, Nr. 36–9. September 1930 u. Nr. 37–16. September 1930.

ders.: Die Menagerie auf der „Königlichen Pfaueninsel". Der Ursprung des Berliner Zoologischen Gartens. In: Mitteilungen des Vereins für die Geschichte Berlins, Heft I, 47. Jahrgang, 1930

ders.: Das Palmenhaus auf der Königlichen Pfaueninsel 1830–1880. In: Teltower Kreiskalender 1930

ders.: Das Maschinenhaus auf der Pfaueninsel und seine Bewohner. In: Mitteilungen des Vereins für die Geschichte Berlins, Heft I, 50. Jahrgang 1933

ders.: Der Hawaiianer auf der Pfaueninsel. In: Potsdamer Jahresschau 1933

Berghaus, Heinrich: Sechs Reisen um die Erde der Königlich Preußischen Seehandlungsschiffe MENTOR und PRINZESS LOUISE innerhalb der Jahre 1822–1842. Auszüge aus den Schiffs-Journalen in Bezug auf Physik und Hydrographie, Breslau 1842

Breuer, Karl: Die Pfaueninsel bei Potsdam. Eine Schöpfung Friedrich Wilhelm II. und Friedrich Wilhelm III. Diss. Technische Hochschule Berlin 1923

Burmester, Heinz: Weltumseglung unter Preußens Flagge – Die Königliche Seehandlung und ihre Schiffe, Hamburg 1988

Chamisso, Adalbert von: Reise um die Welt mit der Romanzoffischen Entdeckungs-Expedition in den Jahren 1815–18 auf der Brigg Rurik Zweiter Theil, Berlin 1835

Cook, James: Entdeckungsfahrten im Pacific – Die Logbücher der Reisen 1768–1779, Tübingen 1971

Engelmann, Gerhard: Alexander von Humboldt in Potsdam, Veröffentlichungen des Bezirksheimatmuseums Potsdam Nr. 19, Potsdam 1969

Eylert, Rulemann Friedrich: Charakter-Züge und historische Fragmente aus dem Leben des Königs von Preußen Friedrich Wilhelm III., Magdeburg 1842

Feldkamp, Ursula: Wendt, Elisabeth, geb. Weigel. In: Frauen Geschichte(n), Bremer Frauenmuseum (Hg.), Bremen 2016

Fintelmann, Gustav Adolph: Wegweiser auf der Pfaueninsel, Berlin 1837

Fontane, Theodor: Meine Kinderjahre, München 1961

Fontane, Theodor: Havelland – Wanderungen durch die Mark Brandenburg, Berlin 2009

Fontane, Theodor: Fünf Schlösser – Wanderungen durch die Mark Brandenburg, Berlin 2011

Forster, Georg: Weltumsegelung mit Kapitän Cook, München 1963

Groggert, Kurt: Spreefahrt tut not! Berlin 1972

Heidemann, Wilfried M.: Der Sandwich-Insulaner von der Pfaueninsel. Mitteilungen des Vereins für die Geschichte Berlins, Heft 2 1984

Hoffmann, E. T. A: Dichtungen und Schriften, Werke 11, Erzählungen, Weimar 1924

Kern, W.: Dienstgebäude der Königlichen Seehandlungs-Societät in Berlin, Jägerstraße Nr. 21, in: Zeitschrift für Bauwesen LH 1902

Kopisch, August: Die Königlichen Schlösser und Gärten zu Potsdam, Berlin 1854

Langner, Beatrix: Der wilde Europäer – Adelbert von Chamisso, Berlin 2008

Meuß, Johann Friedrich: Die Unternehmungen des Königlichen Seehandlungs-Instituts zur Emporbringung des Handels zur See, Berlin 1913

Meuß, Johann Friedrich: Die Beziehungen König Friedrich Wilhelms III. und König Friedrich Wilhelm IV. zu Kamehameha III. von Hawaii, Hohenzollern-Jahrbuch 1912

Meyen, Franz Julius Ferdinand: Reise um die Erde – ausgeführt auf dem Königlich Preussischen Seehandlungs-Schiff Prinzess Louise, Berlin 1835

Moore, Anneliese W.: Harry Maitey: From Polynesia to Prussia, Hawaiian Journal of History, Volume 11, Honolulu 1977

Moore, Anneliese W.: Beziehungen zwischen Hawaii und Berlin, Jahrbuch für Brandenburgische Landesgeschichte, 31. Band Berlin 1980

Moore, Anneliese W.: Prussian Presents – Military and Millinery o. J.

Nicolai, Friedrich: Wegweiser für Freunde und Einheimische durch Berlin, Potsdam und die umliegende Gegend Berlin, 1827

Norton Wise M.: Wasser als Kunst in den Parks – Mithilfe von Dampfmaschinen. In: Historische Gärten im Klimawandel, Potsdam/Leipzig 2014

O'Swald, W.: Erlebnisse von Johann Carl Heinrich Wilhelm Oswald auf seiner ersten Reise um die Welt in den Jahren 1822–1824 (Manuskript gedruckt 1915)

O'Swald, J. C. H. W.: Bericht von J. C. H. W. O'Swald über die Expedition um die Welt mit dem Königl. Schiff „Prinzeß Louise" in den Jahren 1825–1829 (als Manuskript gedruckt Hamburg 1917)

Radtke, Wolfgang: Die Preußische Seehandlung. In: Wolfgang Kirchner: Bankier für Preußen, Berlin 1987

Radtke, Wolfgang: Die Preußische Seehandlung zwischen Staat und Wirtschaft, Berlin 1981

Radtke, Wolfgang: Armut in Berlin, Berlin 1993

Sahlins, Marshall: Der Tod des Kapitän Cook – Geschichte als Metapher und Mythos in der Frühgeschichte des Königreiches Hawaii, Berlin 1986

Seiler, Michael: Das Palmenhaus auf der Pfaueninsel, Berlin 1989

Seiler, Michael: Pfaueninsel, Berlin 1993

Siedler, Wolf Jobst: Auf der Pfaueninsel, München 2007

Stamm-Kuhlmann, Thomas: König in Preußens großer Zeit, Berlin 1992

Stoffregen-Büller, Michael: Uferblicke – Geschichten rund um den Wannsee, Berlin 2014

Stoffregen-Büller, Michael: Auf blauen Havelfluten – ROYAL LOUISE – die Fregatte der Preußenkönige und die Kaiserliche Matrosenstation zu Potsdam, Berlin 2016

Suhr, F. W.: Kurze Beschreibung der Abkunft und der Schicksale des aus dem Innern von Afrika gebürtigen Wilden

Itissa nebst einigen Nachrichten von den Sitten und Gebräuchen seiner Nation, Sonderdruck Frankfurt a. d. O. (um 1830)

Walter, M. Richard: Des Herrn Admiral Lord Ansons Reise um die Welt, (dt. Übersetzung von 1749) Berlin 1983

GEHEIMES STAATSARCHIV PREUSSISCHER KULTURBESITZ BERLIN: „Journal des Schiffes MENTOR auf der Reise von Bremen nach Canton und von da zurück nach Swinemünde in der Jahren 1822–1824".

Archivmaterialien: ACTA MAITEY. Königl. Commisarius und Chef des Seehandlungsinstituts. Acta den durch das Seehandlungsschiff „Mentor" mitgebrachten Sandwich-Insulaner Harry Maitey betreffend, document 1–58.

Acta betreffend den durch das Seehandlungsschiff „Prinzeßin Louise" mitgebrachten Sandwich-Insulaner Jony 1830–1831.

Acta Geschwister Strakow/Riese Licht/ Afrikanischer Diener Itissa/Friedrich, Maschinenmeister auf der Pfaueninsel 1828–1863.

STAATSBIBLIOTHEK ZU BERLIN PREUSSICHER KULTURBESITZ

Königlich privilegirte Berlinische Zeitung von Staats und gelehrten Sachen im Verlag Vossischer Erben JG 1824/1829/ 1843/1845

Berlinische Nachrichten von Staats- und gelehrten Sachen (Haude-Spenersche Buchhandlung) JG 1824/1829/1834/18 43/1845

Berliner Tageblatt und Handels-Zeitung 1881

Berliner Börsenzeitung 1881

BUNDESARCHIV KOBLENZ

STAATSARCHIV HAMBURG

UNIVERSITÄTS- UND LANDESBIBLIOTHEK MÜNSTER

SCHIFFSNAMEN

LÄNGENMASSE

Preußischer Fuß – 12 Zoll = 30,9725 cm/Preußische Meile = 7 779,240 Meter

Englische Meile = 1 609,344 Meter

Faden (Klafter) 1 fm (fathom) – 182,88 cm = 1,8288 m

Seemeile = 1,852 km (1 Knoten = 1,852 km/h)

SEEMÄNNISCHE FACHAUSDRÜCKE

Achteraus – Richtungsangabe für alles, was sich hinter dem Heck befindet
Achtern – hinten an Bord
Back – Vorschiff
Backbord – die linke Seite des Schiffes
Bark – Segelschiffstyp mit mindestens 3 Masten, an den vorderen Masten Rahsegel am hinteren letzten Mast Schratsegel
Barkasse – größeres Beiboot
Barkholz – an der Außenseite eines Schiffes herumlaufende verstärkte Planke oberhalb der Wasserlinie zum Schutz des Rumpfes
Block – Holzgehäuse mit einge-bauter(n) Rolle(n) zur Führung von Tauwerk
Bramrah – das oberste Rundholz am Mast, an dem das Bramsegel angeschlagen ist
Bramsegel – oberstes (reguläres) Rahsegel
Brassen – Taue um die Rahen am Mast zu schwenken
Brigg – zweimastiges, rahgetakeltes Handelsschiff
Bugspriet – den Bug überragende kurze Spiere
Davit – Bordkran mit Taljen für Beiboote
Entern – in den Mast klettern, ein gegnerisches Schiff erobern
Etmal – die von Mittag bis Mittag zurückgelegte Strecke
Fieren – Tau ablaufen lassen, nachlassen
Fregatte – dreimastiges Segel-Kriegsschiff, auch Handelsschiff das so gebaut ist
Gangspill – drehbare Vorrichtung zum Einholen der Ankerkette
Geitau – Leine zum Aufholen eines Rahsegels
Gig – leichtes Ruderboot
Glasen – Anschlagen der Schiffsglocke beim halbstündigen Umdrehen der Sanduhr
Gösch – Bugflagge, zumeist an Kriegsschiffen
Gording – wie Geitau

Großmast – Haupt – oder mittlerer Mast
Halsen – mit dem Heck durch den Wind gehen
Hieven – hochziehen
Kaffenkahn – hölzernes Binnenschiff bis zu 50 Meter lang, mit trapezförmigem Segel
Kajüte – Wohnraum des Kapitäns
Kalfatern – Abdichten der Nähte hölzerner Schiffsplanken mit Werk oder Baumwolle und Pech
Kimm – Horizont, sichtbare Linie zwischen Himmel und Wasser
Klüverbaum – über den Bugspriet hinausragende Spiere
Knoten – (Geschwindigkeitsangabe) eine Seemeile pro Stunde
Kombüse – Schiffsküche
Labsalben – Tränken des Tauwerks mit Teer um es wetterfest zu machen
Laschen – festlaschen, festbinden
Last – Maßeinheit um die Transportkapazität von Schiffen zu bestimmen
Lee – die vom Wind abgewandte Seite, die Richtung, in die der Wind weht
Loggen – Verfahren zur Messung der Geschwindigkeit eines Schiffes
Loten – Wassertiefe messen
Luv – die dem Wind zugewandte Seite, die Richtung, aus der der Wind kommt
Marssegel – mittlere Segeletage
Niedergang – hüttenartig überwölbter Eingang oder Treppe zu tieferliegenden Decks
Poop – begehbares Dach des Aufbaus auf dem Achterdeck
Prahm – einfaches flaches Wasserfahrzeug
Rah – bewegliches Querholz zum Anschlagen der Segel
Rahnock – das jeweils äußere Ende einer Rah
Ree! – Ausführungsbefehl zur Wende
Raumschots – mit achterlichem Wind segeln
Reffen – Segelfläche verkleinern
Riemen – Vortriebsmittel für Ruderboote
Rigg – Antriebseinheit eines Segelschiffs mit allem stehenden und laufenden Gut (Tauwerk) einschließlich Masten und Spieren
Royals – oberste, zusätzliche Segeletage am Mast
Ruder – Anlage zum Steuern des Schiffes
Schaluppe – größeres Beiboot
Schanzkleid – Brüstung an der Deckskante
Schot – Leine zum Einstellen der Segel
Schratsegel – Segel, dessen Unterkante in Längsrichtung steht
Schwojen – hin- und herschwingen
Spiere – Bezeichnung für Stangen und Rundhölzer
Spriet – Stange zum Ausspreizen eines Segels
Sprietsegel – viereckiges Schratsegel, das am Mast angeschlagen ist und mit einer Spiere (Spriet) ausgespreizt wird
Stag – Tauwerk zum Absteifen der Masten
Steuerbord – die rechte Seite des Schiffes
Steven – die den Rumpf vorn und achtern verlängernden schrägen oder senkrechten Teile des Kiels
Takelage – siehe Rigg
Talje – Flaschenzug
Topp – Spitze eines Mastes
Toppgast – an einem festgelegten Mast für die Segelmanöver zuständiger Vollmatrose
Vollschiff – Segelschiff mit Rahsegeln an allen drei oder vier Masten

Want – Tau zur seitlichen Verspannung des Mastes

Wende – mit dem Bug durch den Wind drehen

Zeising – kurzes Tauwerk zum Einbinden der Segel

Zille – flachbordiges bis 30 Meter langes Fahrzeug zum Frachttransport auf Binnengewässern

ABBILDUNGSNACHWEIS

akg-images Berlin 28, 30, 32, 116, 121, 205, 257

Archiv der Akademie der Künste Berlin/Kunstsammlung 79, 90, 91

Bildagentur der Stiftung Preußischer Kulturbesitz (bpk) 81, 84, 159, 162, 170, 192

bpk/Staatliche Kunstsammlung Dresden/Elke Estrel 75

bpk/Bayerische Staatsbibliothek 87

bpk/Geheimes Staatsarchiv 251

bpk/Kupferstichkabinett 95, 167, 174, 195

bpk/Hamburger Kunsthalle Elke Walford 181

bpk/Hermann Buresch 103

bpk/Jörg P. Anders 105

Bremer Landesmuseum für Kunst und Kulturgeschichte/Focke-Museum 14, 185, 206, 210

bridgeman images (Bridgeman Art Library Ltd. Berlin) 10, 12

Das Bundesarchiv Koblenz 42

Deutsches Schifffahrtsmuseum Bremerhaven 123

Ethnologisches Museum/Staatliche Museen zu Berlin/Stiftung Preußischer Kulturbesitz/Foto: Martin Franken 124

Geheimes Staatsarchiv Berlin 128

Hawai'i State Archives Honolulu 141, 262

National Maritime Museum Greenwich 54, 56, 59, 65

Stiftung Deutsches Technikmuseum Berlin/Historisches Archiv 241

Stiftung Historische Museen Hamburg/Altonaer Museum 131, 143

Stiftung Stadtmuseum Berlin 109

Stiftung Preußische Schlösser und Gärten Berlin-Brandenburg/Bildarchiv 147, 157, 180, 228, 236, 245
Daniel Lindner 199, 208, 224
Jörg P. Anders 220, 229, 239
Achim Hatzius 200, 216, 258
Roland Handrick 182

Vorsatz vorn: WELTKARTE
Die MENTOR kreuzt die Kurse der Weltreisen Captain Cooks.
Quelle: John Tallis Illustrated Atlas, and Modern History of the World, 1851. British Library Board, London, Bridgeman images.

Vorsatz hinten: Situationsplan der Pfaueninsel von Hofgärtner Joachim Anton Ferdinand Fintelmann, 1810
Foto: SPSG/Stiftung Preußische Schlösser und Gärten Berlin-Brandenburg

Danksagung

Mit dem Satz: „Was für eine schöne Idee – das hat Harry verdient“, war Susanne Fontaine die erste, die mich im März 2017 ermutigt hat, dieses Buch zu schreiben.

Als Kastellanin von Schloss Glienicke und dem Schloss auf der Pfaueninsel bot die Kunsthistorikerin Rat und Hilfe an, ein freudig akzeptiertes Angebot, das leider nicht mehr angenommen werden konnte. Susanne Fontaine wurde tragischerweise sechs Monate später auf dem abendlichen Nachhauseweg im Berliner Tiergarten ermordet. Was sie nicht mehr vermochte, haben dann ihre Kolleginnen in der STIFTUNG SCHLÖSSER UND GÄRTEN BERLIN-BRANDENBURG übernommen. Ich danke allen Mitarbeiterinnen des Archivs, der Graphischen Sammlung und des Dokumentations- und Informationszentrums in Potsdam (DIZ) für das Interesse am Thema, die Hilfsbereitschaft und großzügige Zurverfügungstellung historischer Abbildungen.

Ganz besonderer Dank gilt jedoch der STIFTUNG PREUSSISCHE SEEHANDLUNG für die freundliche Unterstützung des Buchprojekts.

Ohne die glücklicherweise im GEHEIMEN STAATSARCHIV ZU BERLIN bewahrten Aktenbestände der SEEHANDLUNG hätten die Geschichte der Weltumsegelung und das Leben von Harry Maitey nicht erzählt werden können. Hier danke ich Johanna Aberle, die mit Quellenkenntnis, ideenreichen Hinweisen und Beistand beim Entziffern unlesbarer Handschriften wesentlich zum Gelingen der Recherchen beigetragen hat.

Ebenso ist meinen beiden erst spät gewonnenen Berliner Freunden Lothar Voß und Harthmut Weinholz zu danken. Sie haben das Manuskript gelesen und mich auf Unrichtigkeiten und Unvollkommenheiten hingewiesen, wobei die Verantwortung für möglicherweise doch noch vorhandene Fehler oder Fehlbewertungen nur beim Autor liegt.

Auch die zweite, erfreuliche Zusammenarbeit mit dem Verleger Hendrik Bäßler verdient es, ausdrücklich erwähnt zu werden, zumal sich dieser intensiv für das Gelingen und die Gestaltung der vorliegenden Arbeit eingesetzt hat.

Nach sechsfachem DANK muss noch ein letztes Mal gedankt werden: Der seit 55 Jahren geliebten Hilke, die als allererste, höchst kritische Leserin Verdienste um das Zustandekommen dieses Buches hat, und mit der ich vor zwölf Jahren am Kleinen Wannsee eine kleine Wohnung mit Blick auf die Waldparzelle des Kleist-Grabes und ein kleines Boot am Steg erwerben konnte. Erst dadurch erhielt ich die Chance und das Privileg, die einzigartigen Schönheiten der Berlin-Brandenburgischen Kulturlandschaft, und damit das Thema „Preußisches Arkadien", vom Wasser aus zu entdecken.

Michael Stoffregen-Büller
Münster i. W./Berlin – Kleiner Wannsee
im November 2018

Der Autor

MICHAEL STOFFREGEN-BÜLLER, 1939 in Göttingen geboren, war viele Jahre für die ARD tätig, als Reporter und Redakteur der Informationsmagazine MONITOR und WELTSPIEGEL in Köln, als Chefredakteur Fernsehen beim HR in Frankfurt und WDR-Landesstudioleiter in Münster.

Er hat zahlreiche Filme und Bücher publiziert, unter anderem über die Anfänge der Aeronautik, Rundfunkgeschichte, die kulturelle Bedeutung des Pferdes und Geschichte der Havellandschaft zwischen Potsdam und Berlin.

Er lebt in Münster und am Kleinen Wannsee.

Plan de…

Feldbestellung auf der Pfauen Insel

Anno	Feld No. I, 12 Morgen	Feld No. II, 12 Morgen	Feld No. III 12 Morgen	Feld No. IV, 12 Morgen	Feld No. V, 12 Morgen	Feld No. VI, 12 Morgen
1810.	Klee oder Hütung 2te Tracht im Herbst gestürzt	Roggen	Gerste und Hafer mit weißem und rothem Klee besäet	Klee oder Hütung 1te Tracht	Hafer	Stark gedüngt Kartoffeln und andere Gartengewächse
1811.	Halber Dung Wicken zu Heu gemacht	Hafer zu Heu gemacht	Klee oder Hütung 1te Tracht	Klee oder Hütung 2te Tracht im Herbst gestürzt	Stark gedüngt Kartoffeln und andere Gartengewächse	Gerste oder Hafer mit weißem und rothem Klee
1812.	Roggen	Stark gedüngt Kartoffeln und andere Gartengewächse	Klee oder Hütung 2te Tracht im Herbst gestürzt	Halber Dung Wicken zu Heu gemacht	Gerste oder Hafer mit weißem und rothem Klee	Klee oder Hütung 1te Tracht
1813.	Stark gedüngt Kartoffeln und andere Gartengewächse	Gerste und Hafer mit weißem und rothem Klee	Halber Dung Wicken zu Heu gemacht	Roggen	Klee oder Hütung 1te Tracht	Klee oder Hütung 2te Tracht im Herbst gestürzt
1814.	Gerste und Hafer mit weißem und rothem Klee	Klee oder Hütung 1te Tracht	Roggen	Stark gedüngt Kartoffeln und andere Gartengewächse	Klee oder Hütung 2te Tracht im Herbst gestürzt	Halber Dung Wicken zu Heu gemacht
1815.	Klee oder Hütung 1te Tracht	Klee oder Hütung 2te Tracht im Herbst gestürzt	Stark gedüngt Kartoffeln und andere Gartengewächse	Gerste und Hafer mit weißem und rothem Klee	Halber Dung Wicken zu Heu gemacht	Roggen
1816.	Klee oder Hütung 2te Tracht im Herbst gestürzt	Halber Dung Wicken zu Heu gemacht	Gerste oder Hafer mit weißem und rothem Klee	Klee oder Hütung 1te Tracht	Roggen	Stark gedüngt Kartoffeln und andere Gartengewächse

Erklärung

a, Königliches Lust-Schloss
b, Küche mit Eiskeller
c, Pfauenstall
d, Castellans-Wohnung
e, Kugelbahn
f, Baumschule
g, Cavalier-Haus
h, Scheune und Stallung
i, Hirschbucht
k, Kleiner Obstgarten
l, Kleiner Weinberg
m, Jagdschirm
n, Künstl. Bade-Ort
o, Meierey nebst Ställe und Keller
p, Büffel-Bucht
q, Gärten zum Anbau der Gemüse

Königlicher Lustschlo…

Cavalier Haus

Meierey